臺灣歷史與文化 研究輯刊

五 編

第 9 冊

施梅樵及其漢詩研究（上）

林翠鳳 著

花木蘭文化出版社

國家圖書館出版品預行編目資料

施梅樵及其漢詩研究（上）／林翠鳳 著─初版─新北市：
花木蘭文化出版社，2014〔民 103〕
目 2+212 面；19×26 公分
（臺灣歷史與文化研究輯刊 五編：第 9 冊）
ISBN：978-986-322-641-3（精裝）
1. 施梅樵　2. 臺灣詩　3. 詩評
733.08　　　　　　　　　　　　　　　　　103001765

ISBN-978-986-322-641-3

9 789863 226413

臺灣歷史與文化研究輯刊
五 編 第 九 冊　　　　　　ISBN：978-986-322-641-3

施梅樵及其漢詩研究（上）

作　　者　林翠鳳
總 編 輯　杜潔祥
副總編輯　楊嘉樂
編　　輯　許郁翎
出　　版　花木蘭文化出版社
社　　長　高小娟
聯絡地址　235 新北市中和區中安街七二號十三樓
　　　　　電話：02-2923-1455／傳眞：02-2923-1452
網　　址　http://www.huamulan.tw 信箱 hml 810518@gmail.com
印　　刷　普羅文化出版廣告事業
初　　版　2014 年 3 月
定　　價　五編 24 冊（精裝）新台幣 48,000 元

施梅樵及其漢詩研究（上）

林翠鳳　著

作者簡介

林翠鳳，臺灣彰化人。國立中山大學中文研究所博士，國立臺中科技大學應用中文系教授兼系[主]任。現任彰化縣詩學研究協會理事、中國詩人文化會副理事長等。主要研究方向為臺灣文學[、]民俗信仰等。著作《陳肇興及其《陶村詩稿》之研究》、《鄭坤五研究》、《黃金川集》。主編《臺灣旅遊文學論文集》、《洪寶昆詩文集》、《大彰化地區近當代漢詩論文集》、《宗教皈依科儀彙編》等。另發表〈藍鼎元《東征集》的文學表現〉、〈田中蘭社百年史〉、〈臺灣慚愧祖師神格論〉等論文數十篇。

提　　要

　　本論文以施梅樵（1870～1949）生平經歷及其漢詩創作進行主題性研究。

　　經文獻閱讀與田野調查綜合整理第一手資料，深入瞭解其生平經歷。並耙梳施梅樵於臺灣詩壇的交遊網絡，釐清其在詩社詩會與書房教學雙主脈並進下，所累積出一代詩壇祭酒的地位。藉由施梅樵的創作質量與在詩壇的影響力，側面反映日治時期臺灣詩壇為數眾多的民間詩人與詩社，如何透過漢詩書寫生活化、社群網絡緊密化的建構，成就了傳統詩歌在臺灣的巔峰發展。

　　在文學文獻方面，本文分就其知見者與佚作二項進行鑑別。對前者考察版本優劣，因知見施梅樵傳世代表作《捲濤閣詩草》與《鹿江集》在編輯與校勘等方面，都存在著相當大的修正空間。對其佚作廣加搜尋，目前計得 650 題 925 首。

　　在詩觀方面，施梅樵標榜者：其一、著作的價值意義，正乃是名山大業，千秋盛事。施梅樵重視歷史評價，也以鄭重的態度創作，勤於鍛鍊。其二、創發的重要推力在於江山之助，並側重神重於形。

　　在漢詩風格方面，可區分為早期、中期、晚期三階段。施梅樵早期才氣充沛，詩風偏豔麗，至中期局勢激變而趨向於悲慨風格。晚期筆觸則雙軌並出，其一脈仍延續原來的悲慨風格，另一脈則多見淺直明切，展現出簡淡的風格。施梅樵一生的漢詩創作可推《捲濤閣詩草》為巔峰之作，充分代表其天分才氣與後天學力雙成就。

目

次

圖像集

一、人 物

施梅樵晚年肖像照。

（施景明家藏，2008.6.16）

左施梅樵、右許劍漁「一漁一樵」寫眞照。
（施景明家藏、鹿港民俗文物館藏，2008.6.16）

右起施梅樵、妻施李却夫婦肖像畫、子媳劉悅肖像照。
（施景明家藏，2008.6.16）

施梅樵裔孫施景明伉儷於接受筆者採訪後合影於自宅。（2008.6.16）

「櫟社四十週年紀念大會」。施景明家藏。「昭和十七年壬午十二月廿七日寫於
菜園」。〔註1〕（前排左五爲施梅樵，施景明家藏，2008.6.16）

〔註1〕「廿」，照片上文字原誤作「念」，今改。

乙丑三月施福濮堂第五回同宗懇親會攝影。

（前排右三為施梅樵，施景明家藏，2008.6.16）

現供奉於施景明家的公媽龕，據孫媳施林錦霞表示：

為梅樵生前親自設計刻製。（2008.6.16）

筆者親訪施梅樵裔孫施景明伉儷,攝於客廳梅樵畫像前。(2008.6.16)

施梅樵鹿港大有街故居今貌。(2008.7.30)

施梅樵生前最後居所——彰化市孔廟東廡外觀現況。（2008.8.22）

施梅樵生前最後居所——彰化市孔廟東廡內部現況。（2008.8.22）

二、文　獻

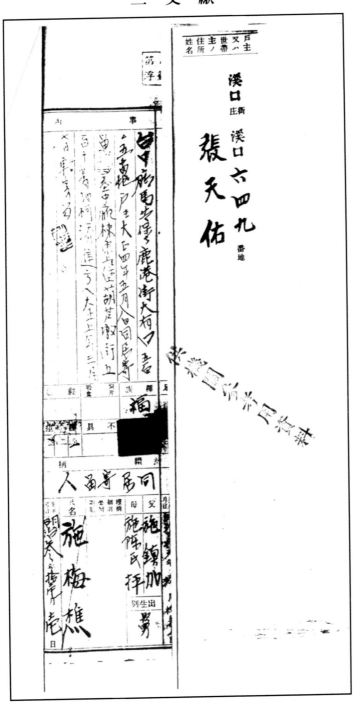

日治時期嘉義雙溪口施梅樵除戶簿。（2008.7.21）

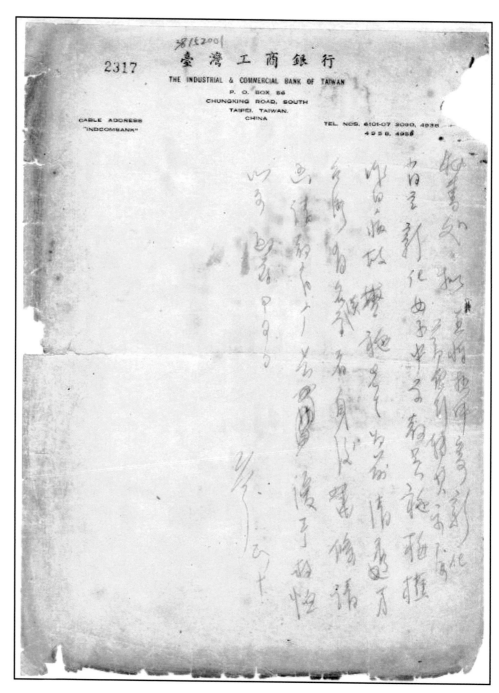

1949 年 1 月 10 日台灣省參議會議長黃朝琴為
施梅樵函請教育廳從優救恤親筆文件。(臺灣省諮議會藏)

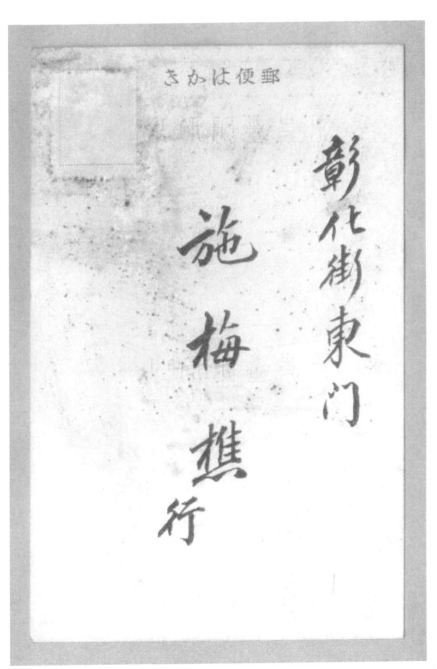

施梅樵之子施健甫結婚式邀請函明信片，昭和 7 年 1 月。（數位典藏聯合目錄）

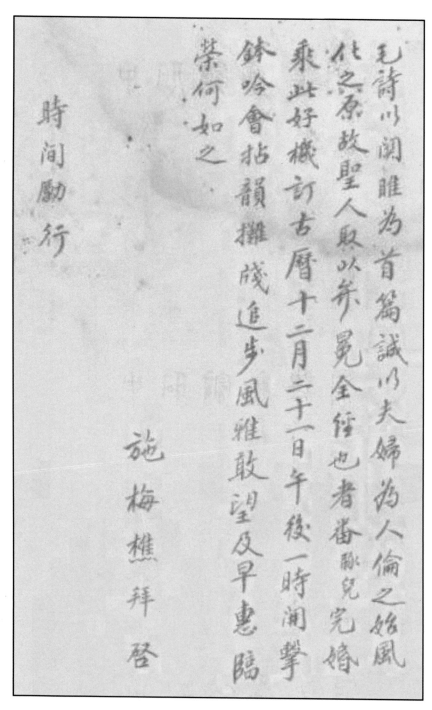

施梅樵開擊鉢吟會邀請函。

（中央研究院臺灣史研究所台灣史料數位典藏系統資料庫）

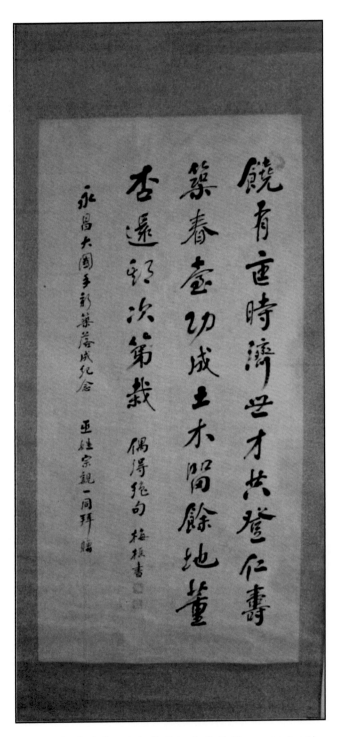

施梅樵親筆墨寶。（鹿港民俗文物館藏，2008.8.13）

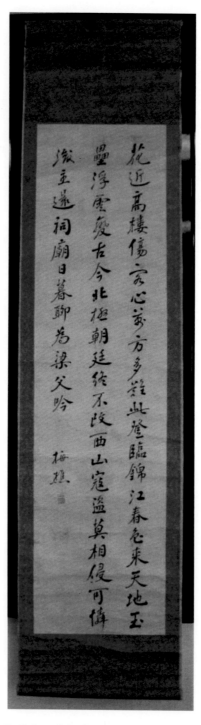

施梅樵親筆墨寶。（鹿港民俗文物館藏，2008.8.13）

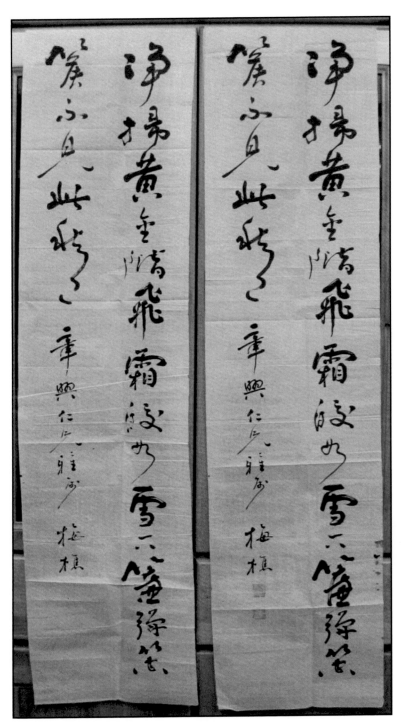

施梅樵親筆雙宣墨寶。（二林許明山藏，2008.3.5）

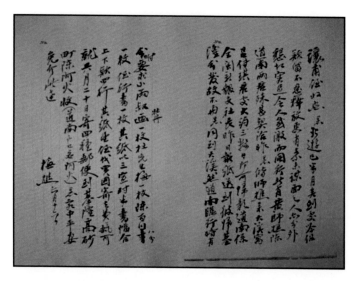

施梅樵予施讓甫書信。（鹿港民俗文物館藏，2008.8.13）

《大冶吟社詩卷》第弍～肆卷。（鹿港民俗文物館藏，2008.8.13）

施梅樵鈐印：（左起）梅樵、別號可白、梅樵六十六歲以後所書。

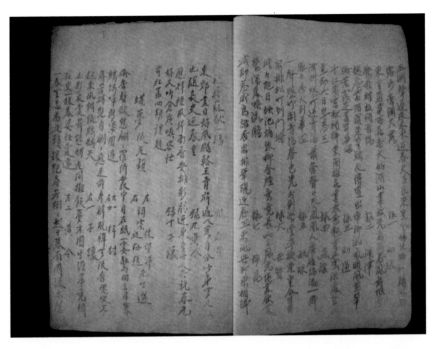

《大冶吟社詩卷》第弍號施梅樵任詞宗頁。（鹿港民俗文物館藏，2008.8.13）

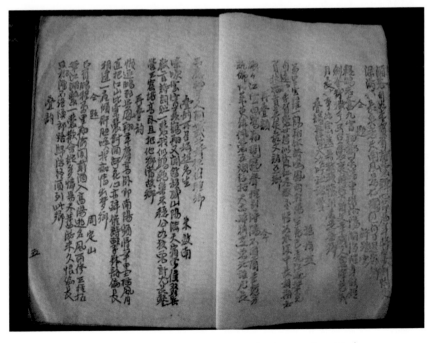

《大冶吟社詩卷》第參號施梅樵與詩友三疊韻詩頁。

（鹿港民俗文物館藏，2008.8.13）

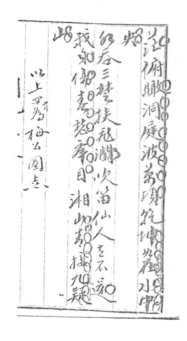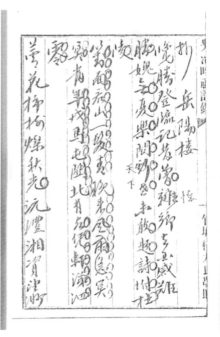

施梅樵圈點施讓甫詩作原稿影本。（吳東晟提供）

施梅樵予林克宏（寶鏞）書信手稿影本。（吳福助提供）

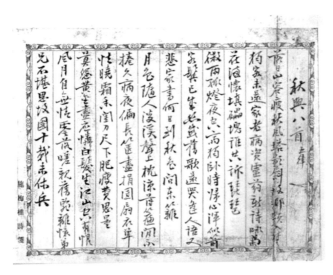

施梅樵〈秋興八首〉手稿影本，書於「施梅樵詩箋」用紙上。（吳福助提供）

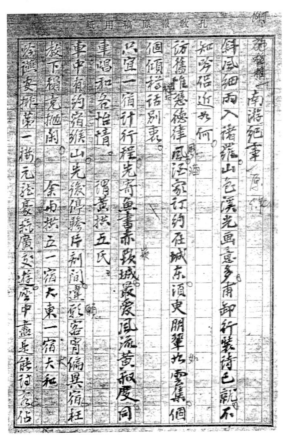

施梅樵〈南游紀事〉手稿影本，書於「孔教報原稿用紙」上。（張瑞和提供）

施梅樵弔施家本詩鈔稿。（國立清華大學圖書館藏）

施梅樵〈貽金報〉，載《臺灣文藝叢誌》第三年 4 號。

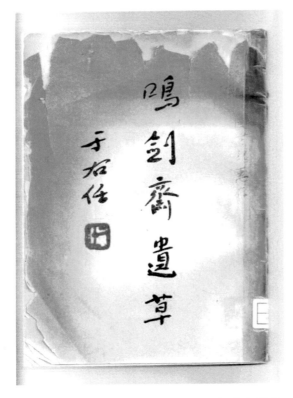

許劍漁《鳴劍齋吟草》。（鹿港民俗文物館/國立成功大學藏，2008.8.13）

把香山館詩草

蛻民藏

陳子敏《挹香山館勉之吟草》手稿影本。(蘇麗瑜提供)

施梅樵《捲濤閣詩草》原刊本。（中央圖書館藏／楊永智提供，2008.10.2）

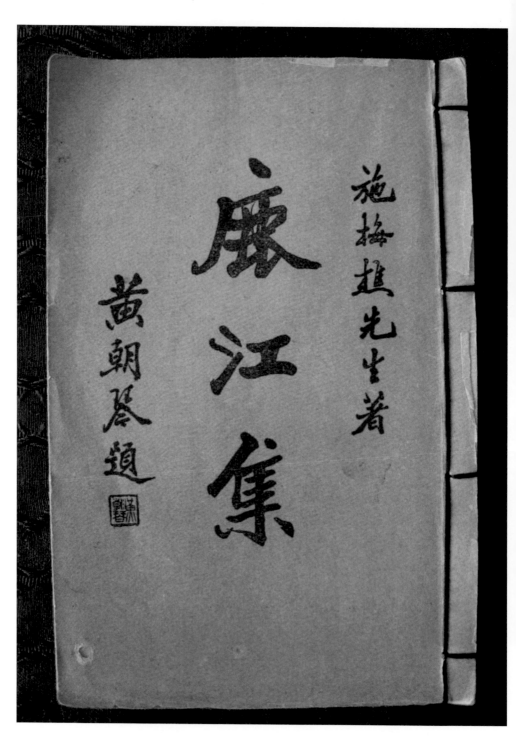

施梅樵《鹿江集》原刊本。(中央圖書館/鹿港民俗館／陳慶芳藏，2008.8.13)

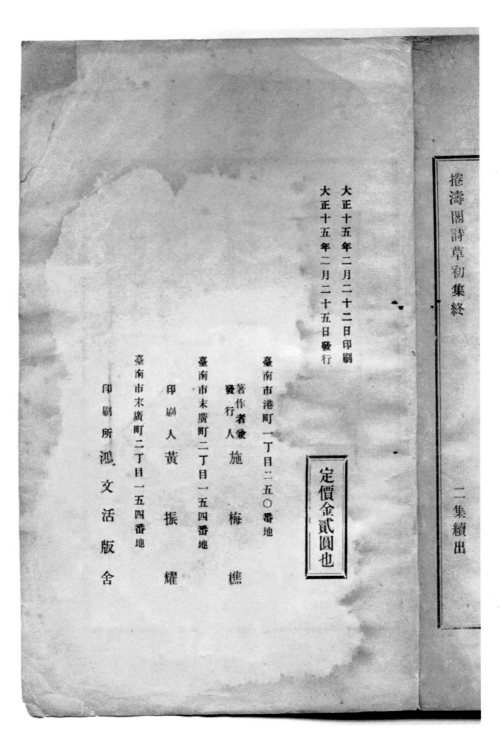

捲濤閣詩草初集終

二集續出

大正十五年二月二十二日印刷
大正十五年二月二十五日發行

臺南市港町一丁目二五〇番地
　著作者兼　施　梅　樵
　發行人

臺南市末廣町二丁目一五四番地
　印刷人　黃　振　燿

臺南市末廣町二丁目一五四番地
　印刷所　鴻　文　活　版　舍

定價金貳圓也

《捲濤閣詩草》原刊本版權頁。（中央圖書館藏/楊永智提供 2008.8.13）

《鹿江集》原刊本版權頁。（鹿港民俗文物館藏，2008.8.13）

《捲濤閣詩草》原刊本勘誤表。（中央圖書館藏，2008.8.13）

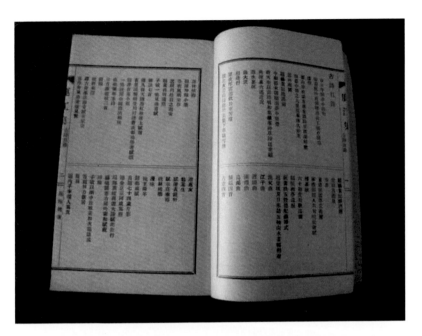

《鹿江集》原刊本目錄。（鹿港民俗文物館藏，2008.8.13）

《施梅樵先生書帖》原刊影本。（陳慶芳藏）

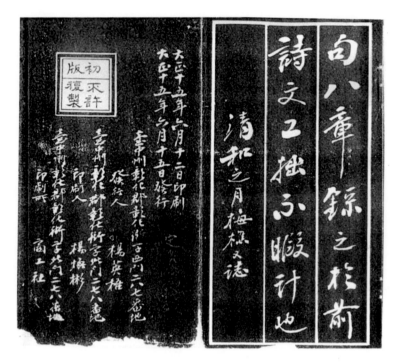

《施梅樵先生書帖》跋文與版權頁。

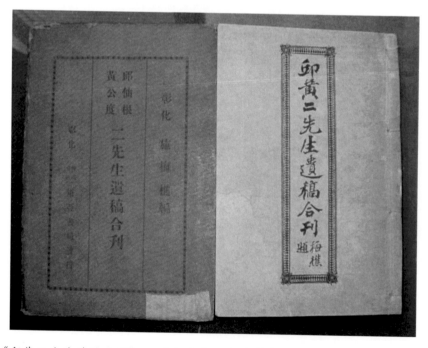

《邱黃二先生遺稿合刊》。（左函套，右線裝書。胡巨川藏，2009.2.10）

高志彬主編《梅樵詩集》，龍文出版社。

《孔教報》第壹號封面書影。（中央圖書館藏）

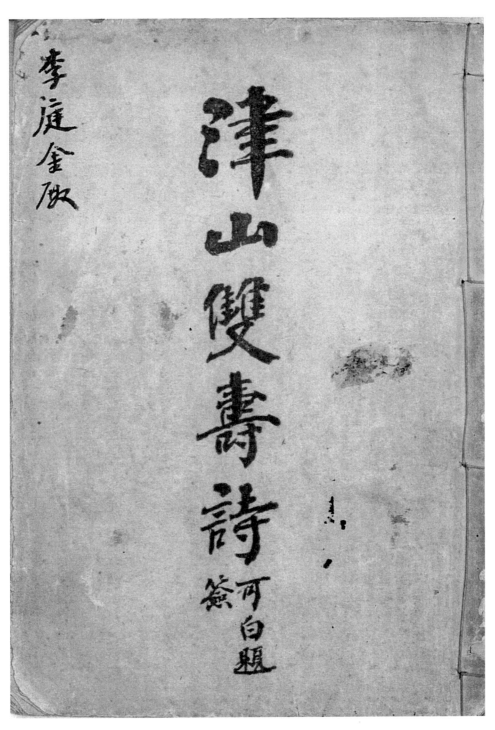

施梅樵主編《津山雙壽詩》封面書影（陳慶芳提供，2014）

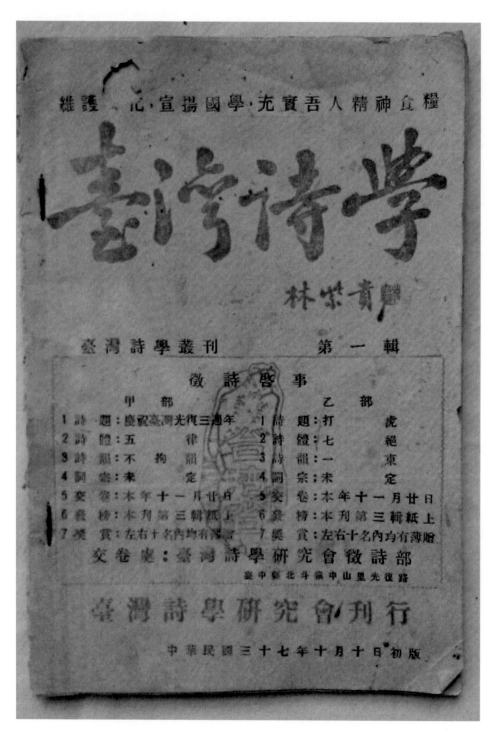

《臺灣詩學》第一輯封面書影。（陳慶芳藏／張瑞和提供）

彰化南瑤宮正門虎邊梅樵題詩。（2009.2.21）

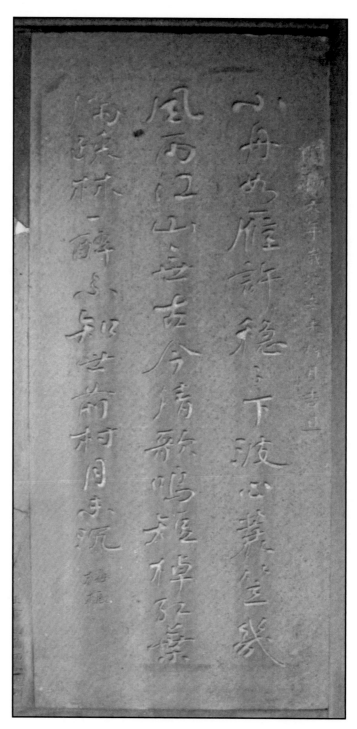

彰化南瑤宮正門龍邊梅樵題詩。（2009.2.21）

施梅樵〈福寧宮移轉改築碑記〉。（2008.6.1）

施梅樵墨寶，臺中國立美術館碑林廣場。（2008.2.28）

彰化大村鄉五通宮點金柱施梅樵題撰並書楹聯。（2009.1.27）

彰化大村鄉五通宮點金柱施梅樵所書楹聯。（2009.1.27）

彰化大村鄉五通宮三川殿門聯施梅樵拜書楹聯。（2009.1.27）

彰化大城鄉咸安宮施梅樵所書楹聯。（2008.8.22）

第一章　緒　論

　　施梅樵（1870～1949），生於清代同治年間，活躍於日治時期，而卒於國民政府播遷之後。他在青年時期遭逢割臺，前途因之一夕逆變，但由於對漢民族的文化自信與堅定而始終反日，以高潔氣節馳名三臺，晚年親見日本投降，國府來臺，當可欣慰，然而世局板蕩，生活貧困，終究抑鬱以終。只再三遺言後人：務必將其詩集出版傳世，使祖宗知其遭時不遇，非不肖也！〔註1〕

　　施梅樵自比爲珠崖之棄民，東晉之傖父，而以詩人終其身。他以詩歌發抒了生不逢時的哀音，也以詩歌記錄了蓬萊易主的歷程；他以詩歌澆一己胸中之塊壘，也以詩歌薪傳民族傳統之光華。

　　施梅樵的生命經歷與文學書寫顯露了時代鑿刻的痕跡，可謂爲臺灣傳統文人面對與因應激變世代的一個典型。

第一節　研究動機

　　詩人施梅樵有士人的濟世理想，也有凡人的世俗弱點，他以《捲濤閣詩草》與《鹿江集》二部詩集爲代表作，但終其一生書寫，作品必不止於此；他馳名三臺，而今專論未見。以施梅樵詩歌作爲專題的研究，因此產生了必要性。此外，以下二項，也促進了筆者的研究動力：

〔註1〕　見施讓甫〈鹿江集編後語〉，《梅樵詩集》頁 137。臺北：龍文出版社，2001年 6 月。

一、在地傳統文學的持續探索

連橫的父親曾經告訴連橫：「汝爲臺灣人，不可不知臺灣事！」我也因此希望自己：身爲臺灣人，不可不知臺灣文！

筆者先從自己的家鄉彰化著手，憑著一份單純謙懷的心情，完成《陳肇興及其陶村詩稿之研究》，是筆者進入臺灣文學領域的第一步。幾年之中，隨著學習與生活的腳步南移，透過初探黃金川與鄭坤五，領略港都高雄的古典文學風華，近來因緣際會接觸較多的彰化在地詩友，包括田中蘭社、彰化詩學研究協會等，整理了洪寶昆作品，也促成了《詩文之友》與《中國詩文之友》長達 41 年間出版的 464 期詩刊完整彙集影印〔註2〕，並受到國家臺灣文學館的購藏。……一路走來點點滴滴的積累，都讓我能更廣泛地體會、也更細緻地品味臺灣在地傳統文學的眞善美。探討彰化鹿港前輩詩人施梅樵的詩歌成就，正是我對故土文學探索的再延伸。

二、日治時期詩教的切面研究

文學是藝術，追求美；文獻是歷史，講究眞；文化是薰陶，期望善。人生在世時間有限，但人類文明的光采，卻可以無限綿延。文字是人類最具智慧的創發，文學是以文字爲工具的一種創意藝術，文學的價值常常是可以超越於字表之外，而呈顯導化人情、反映世態的意義。

臺灣傳統文學以詩歌爲主流，傳統詩歌在臺灣是跨時代的寫作形式，在寶島日治時期的特殊歷史背景下，根源於詩人們自發的家國關懷，詩教從基本的讀書識字作詩，放大成爲文化存亡的關鍵。認知「三臺詩界導師」〔註3〕施梅樵，便是認識那一個變異時代的最佳研究切面之一。

第二節　研究方法

知名歷史學者杜維運針對治史的方法，曾出版《史學方法論》詳加闡述。其中他曾指出說：

〔註2〕 《詩文之友》與《中國詩文之友》全套複製工程，由洪寶昆哲嗣洪耀堂、洪茂森父子經營之內堡潭實業社彙整並承印。首批已於 2008 年複印完成，包括國家臺灣文學館、彰化詩學研究協會及民間詩友多人，已分別購藏之。

〔註3〕 學者施懿琳語，見氏著〈從張麗俊日記看日治時期中部傳統文人的文學活動與角色扮演〉，《中臺灣鄉土文化學術研討會論文集》頁 304，臺中：臺中市政府文化局，2000 年 9 月。

> 史學家治史，第一種必須使用的方法，應是歸納法。不自此開始，
> 其他的方法，將難以發揮應有的作用。
>
> 從比較史料開始，以不同的史料相比較，藉以見其異同及詳略，其
> 過程極爲單調刻板，但是比較的方法極具魔杖神力。〔註4〕

這兩段話標榜了「歸納法」與「比較法」的重要性。此二法的共同處在於都
展現了使史料條理化、系統化的科學精神，這不僅是史學研究的魔杖，對文
學研究而言，又何嘗不是如此？筆者也期許能以多元紮實的文獻史料作爲探
討基底，以踏實不花俏的撰述態度，就前輩詩人施梅樵進行客觀研究。雖然
因爲個人才學與時間等侷限，不盡然能展現出所謂的「魔杖神力」，但吾人仍
然相信：資料的歸納和比較，是最基礎的研究法門之一。本論文因此計畫具
體可行的研究進程爲二：

一、擴大搜尋層面，彙整基礎文獻

　　研究的基礎在文獻。文獻的掌握是研究進行的第一步。欲採行上述之
「歸納法」與「比較法」的前提，是必須先行擴大研究資料的質與量，方才
能以寬廣厚實的基底，進行可靠有效的研究。歷史的現象永遠只有一個，而
歷史的解釋卻可以隨著時代視角的不同而有各式的詮釋！史料文獻的搜
錄、匯集、整編，是未來進行詮釋的根柢，不論是自我的研究或是提供他人
探討，史料文獻都具有恆久的價值。更何況，文獻的收集往往與時間賽跑，
搜錄的起步越晚，史料流失的可能越大。

　　施梅樵一生寫詩，並且也以詩歌教學爲重，其詩歌數量，自當甚多。但
以現存通行的《捲濤閣詩草》和《鹿江集》來看，顯然仍有許多遺珠。因此
有必要藉助其他文獻，盡可能的廣泛收集，以補詩集之不足。並且也可以相
互參校，比較異同，因計畫進行「施梅樵佚作彙編」（見附錄一）。

　　筆者在可能範圍內盡量收集一切與施梅樵相關的文獻，取材方向規劃爲
三大路徑：

（一）報紙期刊

　　主要是指作者在世當時的報紙雜誌等期刊，因時代最貼近詩人活動當
時，相信應是佚作最有可能大量出現的區域，因列爲首要搜尋對象。自日治

〔註4〕見杜維運《史學方法論》頁65、92，臺北市：三民書局，1989年3月10版。

時期開始，臺灣的平面媒體逐漸普及發達，文學作品經常有公開刊登的機會。當時重要刊物如：發行最久最廣的《臺灣日日新報》、古典詩專刊的《詩報》，便是最優先著手搜尋的期刊。其他如：《臺南新報》、《風月報》、《臺灣詩薈》、《三六九小報》……等，自亦隨後逐步尋檢。

（二）同時代友人文獻

施梅樵在世的 80 年間，與他同時代往來的文人詩家諸友，其互相著錄酬唱的存記，或在別集、或在總集、或在日記、或在書信……，應有相關訊息或作品，可以為梅樵及其文學作品提供增補。筆者優先提點梅樵作品中曾經相互酬唱的詩人群，計畫彙製「施梅樵往來詩友題名錄（簡表）」（見附錄二），希望在為詩人尋找佚作時，能同步以明確的詩題彙整，踏實呈現施梅樵的交遊網絡，而非僅取知名者與之牽連簡介。

（三）田野調查

在地研究臺灣文學的優勢之一，便是地理空間的接近。加以梅樵離世距今約一甲子餘，相信應有機會尋得關於他的遺跡。筆者與梅樵同為彰化縣人，環境上較為熟悉，遂計畫就家屬後裔、故里居地、遺藏文物三方面，進行田野調查，加強文獻搜尋。一則深化筆者對寫作對象施梅樵創作環境與情感的體會，另一則藉此冀能補充書面文獻之不足。

二、藉由問題導向，進行歸納比較

學術論文的重要撰寫目的之一，是在解決問題〔註5〕。藉著問題的提出為論文進行導向，可以協助於使討論聚焦，使論述結果有效地助益於認知的提升。

在學界對施梅樵研究尚集中在單篇論文、未見有博士或碩士論文撰寫的情況下，本論文作為研究施梅樵的第一本博士論文，因此期望在前人的成果基礎上、在以上述「擴大搜尋層面，彙整基礎文獻」為前提之下，能以較大篇幅的優勢，擴大嘗試對施梅樵的文獻呈現與文學析論進行釐清與探索。

「文學是時代的側影」，筆者也期許本論文能以小個體的研究，作為反映大時代的一個面向。將施梅樵及其作品置於臺灣文學發展的歷史流脈中，來

〔註5〕 政治大學臺灣文學研究所教授陳芳明語。參林翠鳳主編《臺灣旅遊文學論文集》頁399。臺北：五南書局，2006年6月初版。

觀察其特色與意義。

　　本論文以作家文學爲研究對象，問題主軸便在於作家其人及其作品。依循此雙軌問題，所欲進行進一步歸納比較的具體議案，規劃如下：

（一）問題一：詩人經歷的探知

　　聚焦於施梅樵生命歷程的探知，包括他的家族、師友、教育、性格、情感、遷徙、職業……等個人內外在的經歷。

　　因規劃以「生平家族考述」和「文學社群網絡」二路徑，從一般性與文學性雙視角，冀能更細膩地進行對「人」的認識。

（二）問題二：漢詩文學的論析

　　集中以施梅樵的文學成績爲專題研究對象，包括他的詩文創作、刊登發表、出版流通、主題思想、形式藝術……等文學寫作成果。

　　因規劃以「文獻鑑別」和「文本析論」二路徑，就其外在文本與內在思想雙切面，經由文獻史料的比較，廓清異同，開發門徑，探掘深意，研討其文學寫作的主要型態與意涵，冀能藉此進行對「作品」的探索，拋磚引玉，啓引未來更多的研究可能性。

　　以上二組路徑的前者都具有基礎性，即「生平家族考述」與「文獻搜錄鑑別」概屬於對作家的基礎背景認知與作品形式存在的概念；後者乃爲進階性，即「文學社群網絡」與「文本綜觀類論」、「詩作文本析論」可屬於在文學專題之下所見到的作家專業，從社群觀察以現其外顯的文網勢態，從創作闡述以揚其幽微的思想情感。

　　本論文整體章節安排上，秉持「由基礎而進階」的原則，依序安排爲生平家族考述、詩壇交遊網絡、文獻搜錄鑑別、文本綜觀類論、特色主題探析五章以循序漸進，並俾便閱讀者亦能漸進深入。

第三節　研究素材與文獻回顧

　　施梅樵生於清末，他的引起矚目在日治時期崛起於詩壇之後。因此其相關活動訊息及評介文獻，實際上與其成長經歷幾乎相行並進。這與其成名甚早有關，也與日治時期臺灣詩文學鼎盛，及平面媒體蓬勃，都有連帶互動的影響。

一、研究素材

是指與施梅樵其人其作相關的素材，包括其創作與生平往來記錄等。主要有以下數種類型：

（一）書籍出版

1、《捲濤閣詩草》

大正 15 年（1926）2 月 25 日發行，著作者兼發行人施梅樵，發行所在臺南市港町一丁目二五〇番地。原刊本於國立中央圖書館善本書室與鹿港民俗文物館皆有典藏。

本書分卷上與卷下。據統計，卷上共收 237 題，卷下共收 166 題，合計 403 題詩歌。是目前所知施梅樵生前所出版唯一的一本詩歌別集。

2、《鹿江集》

編輯人讓甫施廉，發行者為故施梅樵先生遺著出刊委員會，印刷者是位於彰化市的瑞明印書局。未載示出版日期。惟依據施讓甫〈鹿江集編後語〉知：乃出版於民國 46 年（1957）。原刊本於國立中央圖書館善本書室與鹿港民俗文物館皆有典藏，為線裝書。

本書依體裁分類，依序收錄古詩 83 題、五言律詩 99 題、七言律詩 160 題、七言絕詩 130 題，另補遺 5 題，合計共 477 題。這是施梅樵存世的第二部詩集，本詩集的出版，是梅樵生前最後遺願的完成。

3、《梅樵詩集》

乃《捲濤閣詩集》與《鹿江集》的二合一本。龍文出版社委由王國璠總輯、高志彬主編，採原刊影印、重新編頁方式，重新印行，於民國 90 年（2001）6 月出版，編入該社《臺灣先賢詩文集彙刊》第三輯之 11。是目前坊間最為普及流傳、方便取得者。本論文所引用施梅樵詩作，主要即是依據此一版本，凡《捲濤閣詩集》與《鹿江集》諸詩頁次之標註，皆一依此《梅樵詩集》之重編頁碼，以便於讀者查閱。

4、《施梅樵先生書帖》

大正 15（1926）年 6 月 15 日由彰化楊英梧初版發行。楊英梧者，彰化白沙吟社社長。此書帖為梅樵擔任白沙吟社主講時作為書法教學之教科本，也是目前所見唯一的一本梅樵書帖。內容由施梅樵親自撰文，並以正楷與行草書法之。

5、《邱黃二先生遺稿合刊》

施梅樵讀丘逢甲、黃遵憲二人遺篇「心為之醉，朝夕不忍釋手。每思有諸己者，不如公諸人」〔註6〕，遂取二老之《嶺雲海日樓詩鈔》與《人境盧詩草》，經數月之親自抄謄、編選、合集，以邱作置於前，黃作續於後，再委由臺南好友黃拱五校正，於昭和 17 年（1942）11 月發行。〈序〉中自言此編輯乃期能「俾島內之青年吟侶熟讀詳味，便可日進無疆。」

（二）報刊登載

施梅樵在世時，作品產量甚為豐富，經常刊登在許多報章雜誌上。以身份關係區分，可別為二類：

1、梅樵擔任幹部者

（1）《孔教報》

施梅樵創辦，膺任編輯兼發行者，發行所即梅樵通訊所，亦為該會會本部所在。乃梅樵深感「今之世，即春秋之世也。……必藉孔子之教以說明之、警戒之，或者可以儡服人心，以漸化於善。」〔註7〕故創刊，欲以之教化社會，改善風氣。

自昭和 11 年（1936）10 月 16 日創刊，至昭和 13 年（1938）12 月 25 日二卷九號止（為目前所見的最後一期），共發行 22 期。原刊本現藏於中央圖書館臺灣分館。內容約可分為史乘、文論、小說、諧文、漢詩、雜著等。梅樵詩文常見其中，部分未署名的作品，也極可能與梅樵有關係。其摯友門生之作亦多有發表，以中部彰化地區人士為最多，具有濃厚的梅樵色彩。

（2）《臺灣詩學》

此為「臺灣詩學研究會」的機關刊物。由施梅樵擔任會長兼編輯者，第一輯於民國 37 年（1948）10 月 10 日發行於北斗。內容「以整理前輩遺稿及羅輯今人佳作為主要」，分作「遺稿」、「今人佳作」、「祝詩」、「擊鉢吟稿」、「春花秋月」五大單元。共出版兩輯，因施梅樵過世而停刊。

（3）《臺灣文藝叢誌》

此為臺灣文社的機關刊物，施梅樵應邀擔任臺灣文社評議員之一。創刊號於大正 8 年（1919）1 月正式發行，至大正 15 年（1926）止（目前缺 14～

〔註6〕 見施梅樵〈邱仙根黃公度兩詩伯遺稿合刊序〉。
〔註7〕 見曾登龍〈序〉，《孔教報》創刊號頁 1，昭和 11 年 10 月 16 日。

15 年）。現存有臺灣大學圖書館楊雲萍文庫殘卷本。該刊物上常能見到梅樵發表的漢詩，亦有部分少見的散文作品。

（4）《詩報》

昭和 5 年（1930）10 月 30 日創刊，昭和 19 年（1944）9 月 5 日停刊，共發行 319 號。施梅樵自創刊號開始，就長期擔任該報顧問。作品發表頻繁，數量甚夥。為梅樵詩文輯佚提供很大的助益。

2、梅樵為寫作者

（1）《臺灣日日新報》

報自明治 29 年（1896）6 月 17 日創刊，由臺灣總督府發行，至昭和 19 年（1944）3 月 31 日止，共發行 15,800 餘號。是日治時期臺灣最長壽、最豐富、發行量最大、影響力最強的報紙。該報常有「詞林」、「南瀛詞壇」、「詩壇」等專欄，提供發表漢詩，也常刊載文人詩友的動態報導。「施梅樵」之名號即常見諸報端。

（2）《臺南新報》

自明治 32 年（1899）6 月至昭和 19 年（1944）3 月 31 日止，總計發行 12,000 多號。該報大量刊載文學、音樂、遊藝等活動訊息，貼近人民一般生活。該報設有「詩壇」專欄，登載擊缽閒詠之作。

3、其　他

例如：《風月報》、《南方》、《南瀛新報》、《崇聖道德報》等都可尋見梅樵部分的作品。

（三）專書錄介舉要

1、總集類：所錄以擊缽課題詩為多。

（1）曾笑雲編《東寧擊缽吟前集》〔註8〕

收錄擊缽課題詩歌計 11 題：〈晚釣〉〈鄉夢〉〈諫果〉〈雨意〉〈牧羊圖〉〈旗山晚眺〉〈雙星會〉〈古佛〉〈夏木〉〈歌唇〉〈種竹〉。

（2）曾笑雲編《東寧擊缽吟後集》〔註9〕

收錄擊缽課題詩歌計 6 題：〈溪月〉〈催粧詞〉〈行腳僧〉〈花市〉〈陳蕃榻〉

〔註8〕曾笑雲編《東寧擊缽吟前集》，昭和 9 年（1934）3 月 30 日。
〔註9〕曾笑雲編《東寧擊缽吟後集》，昭和 10 年（1935）6 月 9 日。

〈春晴〉。

（3）賴子清編《臺灣詩醇》〔註10〕

收錄擊缽課題詩歌計 2 題：〈斐亭聽濤〉〈對酒〉。

（4）黃洪炎編《瀛海詩集》〔註11〕

簡述略歷，附頭像寫眞，計收錄 6 題詩歌：〈六十初度放歌述懷〉〈過茗園賦贈陳坤輝〉〔註12〕〈一鳴族姪孫聞余歸里治酒相歡感作〉〈臺南客次諸同學來訪賦此示之〉〈無題二首用李義山錦瑟韻〉〈擬淵明賞菊〉。

（5）賴子清編《臺灣詩海》〔註13〕

計收錄 4 題詩歌：〈春煙〉〈行腳僧〉〈輓趙雲石上舍〉〈陳蕃榻〉。

（6）賴子清編《臺海詩珠》〔註14〕

計收錄 3 題詩歌：〈斐亭聽濤〉〈春煙〉〈行腳僧〉。

（7）陳漢光《臺灣詩錄》〔註15〕

計收錄 2 題詩歌：〈斐亭聽濤〉〈對酒〉。

2、別集類：所錄以閒詠詩爲多。

（1）許劍漁、許幼漁著、許常安編《鳴劍齋遺草》〔註16〕

許劍漁爲梅樵鹿港摯友，同組鹿苑吟社，聲氣相投。劍漁不幸早卒，幼漁繼其漢學衣缽。幸得嗣孫出版其父祖二人詩集，又敦請梅樵爲之題〈序〉。此詩集內多記彼此往來記事諸詩，合計達 19 題詩文，對瞭解彼此情誼，提供了最重要的史料。

（2）黃拱五《拾零集文詩合編》〔註17〕

施梅樵與黃拱五往來最密，詩集中兩人唱和之作最多。本書爲拱五親編，

〔註10〕賴子清編《臺灣詩醇》，昭和 10 年（1935）6 月 9 日。

〔註11〕黃洪炎《瀛海詩集》，臺北市：臺灣詩人名鑑刊行會發行，昭和 15 年（1940）12 月。

〔註12〕亦見《鹿江集》頁 18，改題作〈題陳坤輝小築〉。

〔註13〕賴子清編《臺灣詩海》前、後編。臺北，1954 年 3 月。

〔註14〕賴子清編《臺海詩珠》，臺北，1982 年 5 月。

〔註15〕陳漢光《臺灣詩錄、下》頁 1091，南投：臺灣省文獻委員會，1984 年。

〔註16〕許劍漁、許幼漁著、許常安編輯《鳴劍齋遺草》，高雄：大友書局，1960 年 9 月。鹿港民俗文物館典藏提供。

〔註17〕黃拱五《拾零集文詩合編》，1942 年刊本。

延請好友梅樵爲書題〈序〉，詩集內二人往來詩作達 21 題，其中隨作者之詩亦附錄梅樵原作，計有〈庚辰元日感作〉、〈南遊紀事〉、〈謹次寄懷原玉〉等 3 題詩歌可爲補佚，十分可貴。

（3）張瑞和主編《詹作舟全集》〔註18〕

梅樵晚年與詹作舟往來密切，二人同爲興賢吟社至交好友。本集在田野調查出土的文獻爲基礎上，發覺了許多新史料，包括梅樵致詹作舟書信 19 篇、詹作舟致梅樵書信 2 篇，梅樵詩作補佚達 19 題……等。對瞭解中部詩壇與梅樵晚期生活甚具價值。

（4）陳素雲主編《林維朝詩文集》〔註19〕

林維朝爲嘉義新港地區仕紳。透過此新近公開的文獻，知二人之間往來詩作達 17 題，其中附錄梅樵原作中有〈三疊原韻見贈〉、〈秋夜感懷三疊原韻〉、〈秋夜五古〉等 3 題爲《梅樵詩集》所無。此詩文集提供了瞭解梅樵與嘉義地區詩友交遊的可靠資料，史料價值彌足珍貴。

3、詩話類

（1）洪棄生《寄鶴齋詩話》〔註20〕

洪氏爲梅樵同鄉摯友，書中稱述梅樵家世，對其父受誣遭厄的不幸，多表不平。讚其詩「早歲惟工豔詩，中年以後肆力古風，乃一變而骨格清高」，錄梅樵〈過斗六寄友〉以爲示例。

（2）王松《臺陽詩話》〔註21〕

王松論臺地詩風盛過昔年，「論作家當推鹿苑吟榭」，因舉許劍漁、施梅樵二人所作之〈花氣〉詩鐘爲例，餘無多語。另紹介陳槐庭。

（3）許天奎著《鐵峰詩話》〔註22〕

許氏與梅樵頗有往來，該書封面邀得「梅樵署簽」，親筆題字。許天奎

〔註18〕詹作舟著、張瑞和編《詹作舟全集》，永靖鄉：詹作舟全集出版委員會，2001年 11 月初版。

〔註19〕陳素雲主編《林維朝詩文集》。臺北：國史館，2006 年 11 月初版。

〔註20〕洪棄生《寄鶴齋詩話》頁 40，南投：臺灣省文獻委員會，1993 年 5 月。

〔註21〕王松《臺陽詩話》頁 11，明治 38 年（1905）。臺灣文獻叢刊第 34 種，1959年 1 月。

〔註22〕許天奎《鐵峰詩話》頁 14，收在《鐵峰山房唱和集》，臺中州：博文社印刷商會，昭和 9 年（1934）6 月。

以「驚才絕豔」譽之，推崇施梅樵詩歌「得明季七子之遺響」，亦屬「所南伯虎之流亞」。抄錄梅樵〈題許志坤秀才令先室桐陰停畫圖〉五古一詩為例。

（4）李漁叔著《三臺詩傳》〔註23〕

李氏評介梅樵貶多於褒。讚其律詩「多清穩流麗之作」，古詩則「無似處」。認為梅樵詩歌之弊在「腹儉手滑」、「安於故轍」，至「得少而足」、「詩格墮矣」，評語不假辭色，為前所未見。

4、史志類

（1）張麗俊《水竹居主人日記》〔註24〕

施梅樵曾寓居臺中、豐原，當時與豐原張麗俊往來相當頻繁。張氏日記中記錄二人唱和切磋的詩歌作品，計達 10 首，其中〈敬和升三先生瑤韻奉呈〉、〈春日偕諸賢過訪升三先生席上賦呈〉二題為《梅樵詩集》所未見，足為補佚。此日記亦是認識當時梅樵生活與詩壇動態的最佳參考資料。

（2）廖漢臣纂修《臺灣省通志稿·學藝志·文學篇》第三冊〔註25〕

第四章「日據時期」，列舉「主要作家與其作品」共 16 家，梅樵為其中之一。除生平簡介外，並錄列詩作計 16 題。

（3）《鹿港鎮志》〔註26〕

A、戴瑞坤撰《鹿港鎮志·藝文篇》，全書六章，第一章「詩文」記錄鹿港傳統詩社之代表，選介古今 19 位地方人士，梅樵父子俱列名其中，並舉示詩作。

B、吳文星撰《鹿港鎮志·人物篇》，全書八章，梅樵名列第四章「學藝」錄介的 30 位人物之一。評介其生平與文學成績。

（4）張子文、郭啟傳撰文《臺灣歷史人物小傳·日據時期》〔註27〕

參酌前人記載，以大約 500 字短文，簡介生平及作品。

〔註23〕李漁叔著《三臺詩傳》頁 40。臺北：學海出版社，1976 年 7 月。
〔註24〕張麗俊著、許雪姬等解讀《水竹居主人日記》，臺北：中央研究院近代史研究所，2001 年 8 月初版。
〔註25〕廖漢臣纂修《臺灣省通志稿·學藝志·文學篇》第三冊。臺北市：臺灣省文獻委員會，1959 年 6 月。
〔註26〕戴瑞坤主持《鹿港鎮誌·藝文篇》鹿港鎮：彰縣鹿港鎮公所，2000 年 6 月。
〔註27〕張子文、郭啓傳撰文《臺灣歷史人物小傳·日據時期》頁 128。臺北市：國家圖書館，2002 年 12 月。

二、文獻回顧

（一）期刊論文

在單篇學術論文方面，依各家首作年代序列如下：

1、林文龍〈鹿港詩人施梅樵資料雜錄〉〔註28〕

全篇以長達 44 頁的篇幅，依時間發展順序，穿插編述施梅樵的生平事蹟與文學作品，可謂為施梅樵文學生命簡史。本文是至今依據文本介紹施梅樵生平、資料最為豐富詳細的作品。

2、施懿琳

（1）〈自甘冷落作頑民，誓死羞為兩截人──鹿港施梅樵及其詩〉〔註29〕

本文以梅樵為專題，記述其顛簸的人生，著力於彰顯其飽含民族正氣的漢詩文學，特別引施讓甫的題詞為標題，凸顯梅樵在日治鐵蹄下的傲然風骨。

（2）〈從張麗俊日記看日治時期中部傳統文人的文學活動與角色扮演〉〔註30〕

本文發表於《水竹居主人日記》正式出版之前。〔註31〕論文從第一手的日記文獻中鉤稽中部傳統文人的相關資料，其中也包括施梅樵在豐原地區的交遊、教學的事跡，並指出梅樵以大正 5 年（1916）逗留在豐原的時間最久。

3、翁聖峰

（1）〈日據末期的臺灣儒學──以「孔教報」為論述中心〉〔註32〕

文中對於施梅樵所主編的《孔教報》除了長期被漠視之外，而且也長期遭到誤解一事，感到十分可惜。而矢志探索該報在日治時期儒學的真正意義。

（2）〈國教宗教辨──以《孔教報》為論述中心〉〔註33〕

這是作者從《孔教報》、《崇文社》、《臺灣文藝叢誌》等方面，探討日本

〔註28〕林文龍〈鹿港詩人施梅樵資料雜錄〉，《臺灣風物》26 卷 4 期頁 40～83，1976年 12 月 31 日。

〔註29〕施懿琳〈自甘冷落作頑民，誓死羞為兩截人──鹿港施梅樵及其詩〉，《鹿港風物》4 期，頁 22～24。1986 年 11 月。

〔註30〕施懿琳〈從張麗俊日記看日治時期中部傳統文人的文學活動與角色扮演〉，中臺灣鄉土文化學術研討會，臺中：臺中縣立文化中心。2000 年 9 月。

〔註31〕張麗俊著、許雪姬等解讀《水竹居主人日記》，臺北：中央研究院近代史研究所，2001 年 8 月初版。

〔註32〕翁聖峰〈日據末期的臺灣儒學──以「孔教報」為論述中心〉，《第一屆臺灣儒學研究國際學術研討會論文集》頁 27～50，臺南：成功大學中文系，1997 年。

〔註33〕見翁聖峰部落格：http://blog.xuite.net/weng1256/taiwan/5355661

在臺執政者視儒教爲宗教的系列研究之一。題要中指出：在多數報刊漢文創作被禁絕的年代，《孔教報》除討論思想問題外，並刊載爲數甚多的詩社活動及漢詩文創作，有助於戰爭時期傳統漢文的研究。

以上二作以《孔教報》爲論述中心，著眼於研究日治時期儒學。而《孔教報》由施梅樵主編，有其個人強烈的使命意識。對於瞭解施梅樵的儒學思想及文學內涵，都具有相當的助益。

4、吳彩娥〈古典書寫與主體性──施梅樵詩歌的一個考察〉〔註34〕

本文考察日治時期臺灣古典文學的書寫與主體性，而以梅樵詩歌爲觀察例證，一方面具體指陳當時古典文學的書寫意涵，一方面也提示了梅樵詩歌在體式格律、題材、藝術結構等層面的意義。

5、余美玲

2004 年學者余美玲先後提出兩篇以施梅樵爲主要討論對象的單篇論文：

（1）〈鹿港詩人施梅樵詩歌探析〉〔註35〕

論者從梅樵生平簡介談起，繼而就其詩歌的活動、主題、藝術三方面，分別概括討論。作者除了依據《捲濤閣詩草》、《鹿江集》之外，並且不憚其煩地搜尋《詩報》中的相關資料，而得到可靠的補充，治學精神踏實。在主題研究上，歸納提出自我形象、現實困境、女人與豔詩、客途旅次四大取向，予以分別闡述，對描繪梅樵的文學形象，有具體的作用。

（2）〈日治時期臺灣秋懷組詩探析〉〔註36〕

此篇作者則別開生面，雖統觀由邱逢甲起始，而先後引起的日治時期諸家紛紛寫作應和的秋懷組詩，就中以梅樵之作帶動了多達 41 人的次韻唱和，迴響最爲廣大。在當時特定的時空背景下，凸顯了以「亂離杜甫」自喻的施梅樵，透過詩歌寫作與應和，在其能力所及的社會網絡中，抒發及傳揚其內在嚴肅的文化使命。

〔註34〕吳彩娥〈古典書寫與主體性──施梅樵詩歌的一個考察〉，《中臺灣古典文學學術研討會論文集》頁 113～129。臺中：中縣文化局。2002 年 3 月。

〔註35〕余美玲〈鹿港詩人施梅樵詩歌探析〉，《國文學誌》八，頁 273～297。2004 年 6 月。又，原發表於第十三屆詩學會議──日治時期臺灣傳統詩研討會論文，2004 年 5 月 29 日。

〔註36〕余美玲〈日治時期臺灣秋懷組詩探析〉，《東海大學文學院學報》45，頁 223～248。2004 年 7 月。

6、林翠鳳〈施梅樵的風月書寫探析——以女性主題為對象〉〔註37〕

拙作嘗試探討施梅樵詩作中以女性為主題的風月書寫，歸納後認為風月溫柔、風月女子、風月心情三方面，比較鮮明地反映出其任重道遠傳詩教，溫柔香膩寄客心的風月書寫特色。此篇後已納入為本論文之一節。

（二）學位論文

在目前博、碩士論文中，均尚未見到以施梅樵為研究對象的專題論述。惟有部分論文在其章節或內容中有較為明顯論及施梅樵者，茲分述如下：

1、施懿琳〈日據時期鹿港民族正氣詩研究〉，臺灣師範大學大國文所，民國74年（1985）碩士論文。

集中在第二、三章分別就詠物詩、諷諭詩、詠史詩、遊仙詩、詠懷詩、寫實詩等部分，觀察鹿港詩人施梅樵作品中富含民族氣節之聲，而給予相當的評價。

2、許俊雅〈臺灣寫實詩作之抗日精神研究〉〔註38〕，臺灣師範大學大國文所，民國75年（1986）碩士論文。

論文中觀察《捲濤閣詩草》及《鹿江集》二作中寫實主題的詩歌，指出包括〈種茶歌〉、〈稚孫〉、〈過鹽水港〉等，富有反映現實的內容，並討論其中所顯現的抗日精神。

以上兩本碩士論文都將施梅樵之作，分別納入其主題討論之列。就梅樵詩歌在精神與題材上有不同面向的觀察，有助於體察梅樵的民族節操，以及作家的文學寫作與時代、社會之間的關係。

3、賴恆毅〈張麗俊及《水竹居主人日記》之文學作品研究〉，臺北教育大學臺灣文學研究所，民國95年（2006）碩士論文。

本論文在第二章「張麗俊之文學交遊」，共提出五位張麗俊的友人，而梅樵為其中之一。主要是述及大正5～6年（1916～17）間，施梅樵在豐原地區設帳，與張麗俊之間的往來情誼。包括生活上的互訪、飲宴、教學，更有彼

〔註37〕林翠鳳〈施梅樵的風月書寫探析——以女性主題為對象〉，《東海大學文學院學報》49卷，頁141～164，2008年7月。

〔註38〕許俊雅《臺灣寫實詩作之抗日精神研究》後更名《臺灣寫實詩作之抗日精神研究——一八九五～一九四五年之古典詩歌》，臺北：國立編譯館，1997年4月初版。

此唱和的不少詩作,都記錄在張麗俊《水竹居主人日記》之中。這一份日記的出版,對於瞭解包括梅樵在內的當時代中部地區詩文壇的活動,提供重要的文獻參考。

4、江啟綸〈日治中晚期臺灣儒學的變異與發展——以《孔教報》為分析對象(1936~1938)〉,成功大學臺灣文學研究所,民國 96 年(2007)碩士論文。

本論文的論述主軸,在於以《孔教報》作爲分析標的,研究「儒學知識社群在面對臺灣的時代命題時,如何運作儒學論述因應重要的時代脈動與挑戰。」〔註39〕由於《孔教報》的編輯正是施梅樵,其中相當一部分儒學理念,其實便是以梅樵作品來進行討論。論文第四章第二節「創立動機及其組織活動」所談即是施梅樵創辦與經營的理念與歷程。至第三節則獨立一小節介紹「施梅樵生平」。本章最主要的是「透過分析施梅樵個人的生平與理念,思索《孔教報》的編輯方式與理念。……從中發掘其運用『策略性的含混』,吸納某些日本性來作爲掩護,而眞正落實維護孔教、漢文的行動,構成與日本殖民主『同床異夢』的儒學論述。」〔註40〕本論文將「施梅樵」列入 5 個關鍵詞之一。顯見其重要。總和而言,本論文對施梅樵在儒學推動上的努力,作了聚焦性的整理,有助於瞭解施梅樵以《孔教報》爲機關,所展現的儒學思考與作爲。

5、張瑞和〈員林興賢吟社研究〉,雲林科技大學漢學資料整理研究所,民國96年(2007)碩士論文。

作者藉由長期搜羅地方文史資料,兼以條理化整理,而得以開發許多珍貴史料,極具說服力地鋪顯興賢吟社的面貌。與興賢吟社往來密切的施梅樵,其相關材料也因此被挖掘而得以公開,包括詩作、書信、活動記錄等,許多都是第一手文獻,提供了實質的補充,而有助於瞭解施梅樵的詩教活動,及其與興賢吟社或其社員之間往來的實際情況。是一部極具參考價值的論文。

綜觀以上,對於前輩詩人施梅樵的研究,都屬於書面文獻的歸納析論,

〔註39〕見江啓綸《日治中晚期臺灣儒學的變異與發展——以《孔教報》爲分析對象(1936~1938)》頁 203,成功大學臺灣文學研究所,民國96 年(2007)碩士論文。

〔註40〕見江啓綸《日治中晚期臺灣儒學的變異與發展——以《孔教報》爲分析對象(1936~1938)》頁 203,成功大學臺灣文學研究所,民國96 年(2007)碩士論文。

並且多數是屬於主題式短篇探討或附帶式簡介說明。雖然不少學界知名學者多能注意到施梅樵在臺灣古典文學界的突出與重要，然而更爲全面與多元的研究，則仍有極大的空間。本論文的進行，一方面必然地吸收前輩研究的可貴成果，成爲論述的重要基礎；一方面則期待能擴充或增補諸家之未足。自勉有數端：

（1）地方文史資料的田野調查

此爲各家研究較爲明顯欠缺者。吾人從事臺灣在地文學的探索，地利之便正是最大優勢。梅樵辭世至今（2009 年）恰爲 60 年，相關文物史蹟與人事理應仍有蛛跡，若能及早進行田野調查，相信將有所收穫，將文學從案頭欣賞走入生活實境，相信必能助益於對其人其學的認知。

（2）報章期刊更全面的搜尋應用

近年來臺灣研究興盛，早期各式報紙、雜誌等期刊的蒐集彙整成果相當可觀；再拜數位科技進步之賜，原刊的影像呈現與內容檢索都更爲清晰便捷與周全。這些都促使研究者可以較爲容易地回到詩人生活的時代，運用第一手的報導，大大充實更接近實際的內容，以及更完整的作品呈現。

（3）文學文獻的鑑別與搜錄

施梅樵傳世的《捲濤閣詩草》和《鹿江集》爲研究施梅樵文學的必看之作，但關於此二書本身的文獻鑑別，包括版本、校勘等，卻未見有過任何的檢討。本論文有義務應予鑑別。而在兩本詩集之外，至今有林文龍曾致力補佚，但顯然尚有許多遺珠未被收錄。雖然這其中許多未被梅樵選入詩集，但站在文獻保存的立場來看，包括漢詩輯佚爲主的文學文獻搜錄工程，仍有進行的必要性。

（4）文本析論的擴充

如前所陳，前輩學者已依據文本資料，分別在生平、交遊、詩藝、儒學等不同面向予以剖析觀察，對認識施梅樵文學成就提供了可觀的成績。而文學文本的探討實則有無限的延展性。本論文在前人基礎上，應再予以文體、風格、主題等不同角度的觀察或補充。期能讓研究成果的累積，促進對梅樵漢詩更深廣的認識。

第二章　生平家族考述

第一節　生卒與字號

一、生　卒

施梅樵，清代同治 9 年（1870）庚午十一月初一日寅時出生，肖馬，生於臺灣彰化鹿港，為家中長男〔註1〕。與同鄉前清名儒王巨川同為馬年出生，皆富於文才，馳名遐邇，因號稱「鹿港二馬」。〔註2〕

梅樵出生當天恰逢冬至日，正是家家搓湯圓的歡喜日。其〈甲申生日誌感〉〔註3〕回憶道：

余生庚午逢冬至，祖母爺娘總喜歡。

恰好良辰行祭典，況當佳節慶搓丸。

時當佳節，人逢新生，可謂喜上加喜。冬至本來便是一家團聚，闔府祭祖之時，又恰有麟兒報到添喜，施氏一家當日之歡欣，可以想見。在此佳節出生的梅樵，似乎是個吉兆，帶給家人許多的期待。只是當時可能任誰也想不到：梅樵日後的人生竟有許多的不圓滿。

梅樵出生於清代同治年間，重挫國力的太平天國（1851～1864）才平息

〔註1〕 據施梅樵戶籍資料，彰化市戶政事務所提供。又參施讓甫撰〈施公梅樵家傳〉，見《鹿江集》頁（2）。

〔註2〕 王巨川乃梅樵弟子王叔潛父親之螟蛉子。見王叔潛著、王君碩編輯《培槐堂詩集・王老夫子叔潛公略歷》，豐原：培槐堂詩集出版委員會，1962 年 11 月。

〔註3〕 見《鹿江集》頁 92。

不久，朝廷已經逐漸走向衰弱；青年時期不幸遭遇割臺巨變（1895），淪為日本殖民帝國主義下的被殖民者，傳統「學而優則仕」的理想被迫終止，無緣走上仕途。雖然終究盼得驅除日本，回歸中國，但年華老大，局勢紛紛，已然難以有所作為。回顧一生，對外在環境的劇烈變遷，只能極其無奈的接受與面對。

　　民國 38 年（1949）己丑正月初八日（新曆 2 月 5 日）子時，梅樵先生終究走到人生的盡頭，因胃潰瘍，病逝於彰化市孔門路 6 號家宅〔註4〕，即今彰化孔廟東廡，享年八十歲。〔註5〕據出刊於彰化的《瀛海吟草・天集》記載：「先生於民國卅八年春，病逝於彰城文廟！」此時尚是新春時期，而梅樵竟撒手。其出生時，恰是年尾佳節歡欣之時，家人齊聚一堂，彷彿以迎梅樵降臨人世；其往生時，又巧逢年初瑞氣充盈之期，何況梅樵一代詩星歸天之處，便在文聖孔子享祀之府，此或者正是老天安排之良辰，而至聖特選之人才歟？梅樵雖一生多有缺憾，而如此來去人世一遭，是否也可視為另一種圓滿呢？

　　施梅樵撒手時家境十分窮困，當其逝世的消息傳出之後，昔日女弟黃金川的胞兄、時任台灣省參議會議長黃朝琴，隨即於梅樵病逝翌日親筆寫下便條，指示函請教育廳從優救恤。此一文件原稿今尚存臺灣省諮議會，又據數位典藏說明後續辦理情形，茲呈列其說明如下：「台灣省參議會議長黃朝琴為省立彰化女子中學教員施梅樵矢志忠貞，身後蕭條函請教育廳從優救恤。嗣由遺族施詵詵函請賜准設法出具施梅樵曾辦捲濤閣之證明，經台灣省參議會電請林獻堂委員、李崇禮參議員惠示捲濤閣成立時地之有關函件。」〔註6〕由此一則可見黃氏一門對師道的尊重，再則亦足見梅樵一生清望贏得了新當局者的禮敬。梅樵晚境雖然淒涼，其身後有此禮遇，應能感到安慰吧！

　　梅樵最後長眠於彰化八卦山上。墓碑正面集取梅樵書法，整齊地鐫刻著「臺灣詩伯　施梅樵先生之墓」字樣，墓碑後背則刻有梅樵親侄兼門生施讓甫所撰紀念文一篇。飾以簡單高雅的紋樣，據說此方墓碑雅緻清美，令看過的人都印象良好而深刻。後來整修時為展現新意竟將之毀棄，實在可惜！其

〔註4〕 據施梅樵戶籍資料，彰化市戶政事務所提供。又參施讓甫撰〈施公梅樵家傳〉，見《鹿江集》頁（2）。

〔註5〕 廖漢臣《臺灣省通志稿・學藝志文學篇》第四章頁 198：「民國 30 年捐館，梅樵享壽六十餘歲」，誤甚！臺北市：臺灣省文獻委員會，1959 年 6 月。

〔註6〕 見《數位典藏聯合目錄》：http://catalog.digitalarchives.tw/?URN=1516677。2009年 8 月 12 日瀏覽。

孫施景明受訪時，也爲此深感後悔，「當時不懂，實在眞該保留下來啊！」
〔註7〕

　　梅樵晚年的同鄉同事林荊南，曾以長聯弔之曰：

　　　天喪世紀完人，驚動三千弟子，繞棺□慟，生愁以外淚珠垂聖域。

　　　鶴化詞壇泰斗，嗟乎八十老翁，恃節永眠，乍見此間芻束獻英靈！

　　〔註8〕

聯以「天鶴」之名冠首，尊梅樵爲「世紀完人」、「詞壇泰斗」，悼其棄世永眠，
極表哀痛之情。

二、字　號

　　施梅樵，名天鶴，以字行。早年自號雪哥，壯歲更號蛻奴，晚年改號可
白。與其身經亂世，頗有相關。分述如下。

（一）施天鶴，字梅樵；施梅樵

　　施梅樵在其生前親自定稿出版的《捲濤閣詩草》上自題名「施天鶴梅
樵」；今彰化大城鄉咸安宮正殿點金柱對聯爲梅樵所書，他在該圓柱上的署
名亦是「鹿港梅樵施天鶴書」〔註9〕。若按照一般慣習解讀，意即：名天鶴，
字梅樵。

　　與梅樵同鄉的好友洪棄生（1866～1928），在其《寄鶴齋詩話》中稱：
「友人施天鶴，字梅樵。」與施梅樵詩文相往來的外埔名家許天奎，在其《鐵
峰詩話》（1934）中亦稱「友人施天鶴　梅樵」〔註10〕。同時代的曾笑雲編
《東寧擊鉢吟前集》、《後集》（1934、1936）時均作「梅樵施天鶴」〔註11〕、
黃洪炎編《瀛海詩集》（1940），謂其「原名天鶴」〔註12〕，所稱皆相同。

〔註7〕　據筆者記錄施景明、施林錦霞夫婦訪問稿，2008 年 6 月 16 日於彰化施宅。

〔註8〕　見洪寶昆主編《瀛海吟草・天集》頁 2 編者按語。□，原爲長短聯，應有誤
　　　　漏，缺字應在此，擬推作「長」字。

〔註9〕　咸安宮此楹聯題署：「昭和四年己巳　鹿港梅樵施天鶴書　鹿港施讓甫撰　本
　　　　街弟子吳天麟敬立」。2008 年 8 月 22 日筆者採錄。

〔註10〕　許天奎《鐵峰詩話》頁 14，收在《鐵峰山房唱和集》，臺中州：博文社印刷商
　　　　會，昭和 9 年（1934）6 月。

〔註11〕　分見曾笑雲編《東寧擊鉢吟前集・作者姓名錄（彰化）》、《後集・作者姓名錄
　　　　（鹿港）》。又，《詩報》刊載〈東寧擊鉢吟後集作者姓名錄〉，內載：「（彰化）
　　　　天鶴施梅樵」，與原刊本比較，顯有差誤。宜應以原刊本爲準據修正之。見《詩
　　　　報》昭和 9 年 12 月 15 日，95 號，頁 2。

〔註12〕　黃洪炎《瀛海詩集》頁 254，臺北市：臺灣詩人名鑑刊行會發行，昭和 15 年

以上諸公都與梅樵同一時代，且互相熟識往來，他們的稱呼法也與梅樵之自稱相同。則「施天鶴，字梅樵」應該才是原始正確的。

再，梅樵諸弟中現知姓名者，二弟名鷟，五弟名雲鶴，與天鶴併觀之，明顯的特色是皆以「鳥族」為名。則天鶴之為名，可謂是具有家族意義的標誌了。〔註13〕

另，彰化林荊南曾言：施氏原名鶴天，赴試時主考官某愛其才，而改名「天鶴」〔註14〕。林荊南曾與梅樵先生共事，協同主持《孔教報》編務，此說亦可備一考。

觀施梅樵親筆題名，多署「梅樵」二字。梅樵之友人及門生，亦多稱「梅樵先生」，罕見直稱「天鶴」者。以古人傳統稱人多避直言名諱，而皆稱字號以示禮貌尊重，未有直呼其名以為慣習者。以此觀梅樵先生的詩友與門人弟子，應該沒有理由可以或膽敢直呼梅樵之名而成為通例才是。

然而，施讓甫撰〈施公梅樵家傳〉（1957）謂：「公諱梅樵，字天鶴。」此說與洪氏等人所述正好相反。讓甫之文附於《鹿江集》書前隨同出版，流通甚廣，此後關於梅樵生平諸說，大概率皆承襲自讓甫之說，著名者如：賴子清〈臺灣科甲藝文集〉（1958）、廖漢臣纂修《臺灣省通志稿・學藝志・文學篇》第三冊（1959）、陳漢光《臺灣詩錄（上）》（1984）、施懿琳/楊翠主編《彰化縣文學發展史》（1997）、吳文星撰《鹿港鎮志・人物篇》（2000）、高志彬主編《梅樵詩集》（2001）、張子文、郭啓傳撰文《臺灣歷史人物小傳・日據時期》（2002）〔註15〕等等〔註16〕。

（1940）12 月。

〔註13〕感謝口試委員提示，謹此致謝。

〔註14〕據林文龍〈鹿港詩人施梅樵〉，《臺灣風物》26 卷 4 期，頁 40，1976 年 12 月 31 日。

〔註15〕賴子清〈臺灣科甲藝文集〉，《臺北文物》7 卷 2 期，1958 年 7 月。

廖漢臣纂修《臺灣省通志稿・學藝志・文學篇》第三冊頁 198。臺北市：臺灣省文獻委員會，1959 年 6 月。

陳漢光《臺灣詩錄（上）》頁 1091，臺中市：臺灣省文獻委員會，1984 年 6 月再版。

施懿琳、楊翠主編《彰化縣文學發展史・上》頁 103，彰化：彰化縣立文化中心。1997 年 5 月。

吳文星撰《鹿港鎮志・人物篇》頁 54，彰化鹿港：鹿港鎮公所，2000 年 6 月。

張子文、郭啓傳撰文《臺灣歷史人物小傳・日據時期》頁 128。臺北市：國家圖書館，2002 年 12 月。

〔註16〕張麗俊著、許雪姬等解讀《水竹居主人日記》「大正元年」頁 224 註 4 謂：「施

　　若觀察日治時期戶籍登記中的歷次記錄，不論是他出生的鹿港，或是曾經遷居過的嘉義、臺南、豐原等地，一直到他的人生終點站彰化，所有的戶籍資料上的記錄只有一個名字，就是「施梅樵」。依戶籍登記的慣例，名、字只需擇一登記即可。則梅樵應是以流通較廣的「字」代替較爲罕用的「名」來登記了。如此則可謂已是以字爲名了。

　　因此，洪棄生等同時代文人之所稱，以傳統社會習慣來看，應是較爲正確的。但是施讓甫之說，或者是受到了戶籍上的確是以「梅樵」爲名的影響，連帶地想當然爾，將「天鶴」反倒成爲其字號了。而施讓甫之後的各書志記載，其實皆沿襲成說，無足爲論了。

　　古人名號多互有相關。「天鶴」、「梅樵」均脫出於塵俗之外，頗有隱逸情調，富於文人氣息。觀梅樵生前經理出版的《捲濤閣詩集》〔註17〕和《施梅樵先生書帖》〔註18〕，二作封面均以祥鶴與勁梅構圖，鮮明地呼應著其天「鶴」、「梅」樵的名字，儼然成爲作者的標誌。當年家長爲之取名時，或許也期待他長成後能成爲澹泊名利的清高儒生。梅樵後來終其一生也的確浸淫於文墨詩書，恥於媚日求官，砥礪志節，有寒梅飄香於寒冬，飛天白鶴獨出於群雞之上的堅持，果然人如其名！

（二）號雪哥、蛻奴、可白

　　施讓甫撰〈施公梅樵家傳〉（1957）謂：「公諱梅樵，字天鶴。壯歲自號雪哥，中年更號蛻奴，晚又改號可白。……總核公三更其號，可知其始則立志洗雪戊子之冤，次則心存掙脫奴隸之恥，終則喜其及身親見王師北定，不似放翁家祭毋忘之囑之憾，心事可以明白。」這是一般對梅樵名號最常見的解說依據，顯示梅樵每一次更易稱號，便標誌其人生經歷了一次巨大轉折。

　　戊子之冤是指其父聘廷公因施九緞事件受誣蒙冤，不得已流離逆旅，竟至憂憤早逝。這個遺憾讓爲人子者甚感痛心，梅樵以「雪哥」稱號，表明力圖使沈冤昭雪的決心。以此爲署名的詩文，至今尚未曾得見，或許是早期文獻不存的緣故吧。不過，在《鳴劍齋遺草》中卻可以看到摯友許劍漁一再地

梅樵——字天尉，號雪亭」。此說未曾見有其他相同記載者，且亦未詳出處爲何。疑「尉」爲「鶴」之誤字、「亭」爲「哥」之誤字。《水竹居主人日記》，臺北：中央研究院近代史研究所，2001年8月初版。
〔註17〕施梅樵《捲濤閣詩草》，臺中：著者自印本，大正10年（1921）。
〔註18〕施梅樵《施梅樵先生書帖》，彰化：楊英梧，大正15（1926）年6月。

以「雪哥」稱之，次數之頻繁遠超過以「梅樵」稱之。〔註19〕則此一稱名是確實在早期便已存在。

「蛻奴」之稱，應是源自於對臺灣改隸於日本的不滿，更寓託了早日蛻除日本統治枷鎖，以掙脫屈身殖民奴隸之恥的深切期盼，清楚宣告了他個人的政治態度。若此，則此一稱號當是明治28年（1985）割臺之後方才出現，亦即約當梅樵26歲之後，大致符合「壯歲」之齡。在目前的文獻中，以「蛻奴」署名的作品所見尚少。筆者所知最早者爲刊載於《臺灣日日新報》大正6年（1917）8月21日的〈雪友雪滄招飲賦此道謝竝送近樗歸打貓〉〔註20〕，當時他署名「施蛻奴」。此詩之後爲其弟子嘉義楊近樗奉和之作〔註21〕，題中即以「蛻奴夫子」稱之。此外，梅樵在一幅昭和3年戊辰（1928）的行楷十二言龍門聯書法中以朱文「梅樵氏字蛻奴」落款〔註22〕。可見「蛻奴」之號確實流通於藝文往來之間。

至於「可白」，若依照上列讓甫〈家傳〉所述，意指此號乃更改於臺灣光

〔註19〕 有：〈和施雪哥雜憶詩原韻〉、〈步施雪哥溪邊即事詩〉、〈次雪哥歸鹿偶賦韻　七月初四夜〉、〈七月初五夜挹松山館即事戲贈雪哥〉、〈偶感倒疊雪哥感舊韻　七月五日〉、〈又和雪哥韻〉、〈次梅哥歸鹿偶詠元韻　六月廿九日〉、〈次雪哥留別元韻　六月廿九日〉、〈和韻〉、〈喜雪哥至賦贈　六月廿九日〉、〈其二〉、〈蘭雪草堂小憩雅集即景漫詠次雪哥韻〉等，見許劍漁合著、許常安編輯《鳴劍齋遺草》頁29、30、44、44、44、44、45、45、45、45、45。其中〈次梅哥歸鹿偶詠元韻　六月廿九日〉之「梅」字疑爲「雪」字之誤。蓋因觀其前後連續約十首詩作，皆同爲與梅樵往來諸詩。其「梅哥」當爲「梅樵雪哥」之筆誤。又，〈蘭雪草堂小憩雅集即景漫詠次雪哥韻〉之「雅」原作「鴉」，疑筆誤，改之。

〔註20〕 施蛻奴〈雪友、雪滄招飲賦此道謝竝送近樗歸打貓〉：「微逐歌場老漸慵，藉陪吟宴拓心胸。樽前不忍听驪唱，一別雲山隔幾重。」《臺灣日日新報》第6160號3版，大正6年（1917）8月21日。
另，據施懿琳《彰化縣文學發展史・上》頁258指出：彰化大成吟社1916年〈王睢鳥〉徵詩，乃請蛻奴先生擔任詞宗。此則資料較上述《臺灣日日新報》大正6年（1917）8月詩歌還要早一年。惟筆者尚未能得目驗，先存此文獻備知。

〔註21〕 楊近樗〈奉和蛻奴夫子送別瑤韻呈雪友、雪滄二詞兄竝以道謝〉：「陽春欲和轉生慵，分手旗亭狠滿胸。多謝墩山賢地主，情深挑水幾千重。」《臺灣日日新報》第6160號3版，大正6年（1917）8月21日。

〔註22〕 行楷十二言龍門聯：「發議見赤心，畢竟奸雄退三舍／記名垂青史，果然忠義著春秋。」見《臺灣早期書畫專輯》頁159三幅行楷。南投：國史館臺灣文獻館，2003年12月。174*45公分。款文：「戊辰潤仲春」（1928年）、「梅樵施天鶴敬書」。鈐印：白文「施天鶴印」，朱文「梅樵氏字蛻奴」。涂勝本先生藏。

復之後，有慶幸親見王師，心願終於得償之意。但事實上卻並非如此。以《詩報》為例，就可以發現在昭和 12、13、18、19 年都能看到以「可白」發表的詩作。茲錄例如下表：「《詩報》所見天鶴、可白詩作彙錄」。

表 2-1　《詩報》所見天鶴、可白詩作彙錄

詩 報 日 期	號 頁	題 目	署 名	詩 社	品 第
昭和 12 年 11 月 04 日	164 號頁 3	次韻	可白		
昭和 13 年 01 月 18 日	169 號頁 7	畫菊	施天鶴	奎山吟社	左詞宗
昭和 18 年 01 月 18 日	288 號頁 18	梅信	可白	彰化詩社週課	左四
昭和 18 年 01 月 18 日	288 號頁 18	梅信	可白	彰化詩社	右四左九
昭和 18 年 01 月 18 日	288 號頁 18	梅信	可白	彰化詩社	右十
昭和 18 年 02 月 21 日	290 號頁 13	初春即景	可白	聲社	右九
昭和 18 年 03 月 10 日	291 號頁 21	訪梅	可白	彰化詩社週課	右九
昭和 18 年 06 月 25 日	298 號頁 16	春柳	可白	聲社	右八
昭和 18 年 07 月 12 日	299 號頁 15	江樓晚眺	可白	聲社	右十左十二
昭和 18 年 10 月 11 日	304 號頁 3	疊韻戲贈壁蜂	可白		
昭和 19 年 04 月 09 日	313 號頁 12	茶煙	可白	彰化聲社	右三左七
昭和 19 年 02 月 11 日	310 號頁 14	晨雞	可白	聲社	左三
昭和 19 年 02 月 11 日	310 號頁 14	晨雞	可白	聲社	右三
昭和 19 年 01 月 19 日	309 號頁 18	睡起	可白	聲社	左五

從上表所示，可白詩作除了〈次韻〉與〈疊韻戲贈壁蜂〉為閒詠唱和之外，其他皆為參與彰化聲社時所作。其中〈晨雞〉一題二作，尚且還收錄在《鹿江集》七言絕詩部。這些「可白」都應該是同一人，也都是施梅樵。可見至少早在昭和 12 年（1937）梅樵時年 68 歲時，就已經開始以「可白」自號了。此時距離日本戰敗的昭和 20 年（1945），尚有九年之遙。則梅樵之以「可白」為號，顯然並非為了慶祝喜見王師而改號。那麼，梅樵晚年更號「可白」的意涵為何？若以其年歲漸高而言，可能是對有生之年能得見臺灣重光的深切期望吧！另，若與早年的「雪哥」之號對照合觀，也可能是對父親因施九緞事件蒙冤，終究仍然希望「可以洗刷冤情，還其清白」〔註23〕。

〔註23〕此則與「雪哥」之號合觀之說，得論文初審匿名審查人啟示，謹致謝忱。

另，陳子敏手稿本詩集《挹香山館勉之吟草》中有〈次可白居士感賦韻〉〔註24〕一首，此「可白居士」即是施梅樵。梅樵一號可白，但以「居士」連稱者，此爲目前所僅見。而梅樵以此自稱之例，則尙未得見。

（三）捲濤閣／樓主人

捲濤閣者，梅樵書齋之名號也。現今所見最早提及「捲濤閣」的文獻，當推明治44年（1911）羅秀惠〈捲濤閣詩草序〉。

以之爲梅樵代稱者，有用「捲濤閣主人」者，如：捲濤閣主人〈誤佳期贈友〉〔註25〕之作；也有以「捲濤樓主人」稱之者，如：施家本〈多日小集敬次前韻即呈捲濤樓主人〉〔註26〕之作。詩友們以「捲濤閣／樓主人」尊稱梅樵者不乏可見，但梅樵以之自稱的次數，卻和「笠雲草堂主人／笠雲山人」一樣，都極爲罕見。

梅樵以「捲濤」額其書齋，又題作書名，則此二字用意何在？試看羅秀惠爲《捲濤閣詩草》作〈序〉開篇即曰：

> 捲濤閣者，予友施梅樵先生以名其詩集者也。
>
> 秋濤捲地，鹿耳雄潮，畫閣留煙，烏衣第舊。

其意謂《捲濤閣詩草》之作，猶如秋風狂掃之下的洶湧波濤，撲天捲地，勢不可擋，一如鹿耳門前雄潮滔滔，氣勢磅礡，看盡古今多少英雄興衰，梅樵執筆詩吟，正爲過去的美好留下影跡，讓曾有的豪門得以藉詩緬懷。

再看施士洁爲《捲濤閣詩草》所作〈序〉亦有言：

> 文章隨世運爲轉移，詩詞即性情所流露。士君子躬逢盛世，歌頌昇
> 平，以應鳴鳳朝陽之瑞，及觀滄桑變故，迂拙之輩，噤若寒蟬，而
> 逸士騷人，每於登臨酬應之時，藉謳吟以洩其不平之氣。千載後猶
> 如見其人焉。族弟梅樵著捲濤閣詩草之意，其殆此類與！

施士洁則以濁浪倒逆的惡世中，文采勃發的才子文人，正藉由詩詞的傳世，讓千年之後，猶然能活現其波瀾壯闊的胸襟豪情。梅樵之才情與豪氣，盡在「捲濤」二字之中！

〔註24〕《挹香山館勉之吟草》手稿影本頁60。施梅樵〈感賦〉見《鹿江集》頁73。

〔註25〕捲濤閣主人〈誤佳期　贈友〉，見《臺南新報》8609號，大正15年1月29日。

〔註26〕《臺灣日日新報》第4893號3版，大正3年（1914）1月24日。作者施加本，「本」字原誤作「木」，今改。

（四）笠雲草堂主人／笠雲山人

此名號並不太常見。

大正元年（1912）8月21日第4392號3版《臺灣日日新報》蔡子昭有〈訪笠雲草堂主人梅樵先生不遇〉七古一首。

大正元年（1912）8月29日第4400號3版《臺灣日日新報》陳子敏有〈贈笠雲草堂主人梅樵詞宗〉七律一首。

大正2年（1913）10月8日第4791號3版《臺灣日日新報》陳子敏有〈秋夜登樓有感〉，有署名「笠雲山人」者作〈次秋夜登樓有感原韻〉相唱和。此「笠雲山人」即是施梅樵。

然何以知「笠雲山人」即施梅樵？陳子敏連刊二首詩〈初秋旅夜感懷〉、〈秋夜登樓有感〉，緊接在後者爲施梅樵〈和初秋旅夜原韻〉，與「笠雲山人」〈次秋夜登樓有感原韻〉。顯然爲陳氏之唱，施氏之和。施梅樵與笠雲山人實爲同一人。

《詩報》昭和12年（1937）11月4日第164號載笠雲山人〈秋日偕青蓮、景雲、鶴裳、漢英訪子敏君於鐵砧山之近水樓席上賦贈子淵、長生二君〉五言律詩一首。然何以知「笠雲山人」即施梅樵？且看前列詩題之後，有縱奴〈和梅丈枉顧寓齋原玉〉，縱奴就是子敏。緊接著尚有長生〈和梅樵先生枉顧原韻〉、子淵〈和韻呈子敏先生〉、漢英〈訪勉之詞兄次梅伯原玉〉。此四首和詩的韻腳，與笠雲山人所作押「孤、壺、蘆、圖」，完全相同。因此可知：「笠雲山人」便是和詩者所稱之「梅樵先生」。

翻開梅樵詩集，也可見到〈重過笠雲草堂故居〉、〈自鹿江之笠雲草堂故居〉、〈重過笠雲山莊舊居〉〔註27〕三首詩。詩題上以「故居」、「舊居」相稱，詩中亦言「昔日居游處，重來景物殊」、「曩日讀書堂，忽已堆雞黍」，可以確認：笠雲草堂是梅樵早年成長住居的所在，也因此以「笠雲主人」自號。

此宅號取意於以雲爲笠，似乎隱含著自己以雲爲笠，崇尚自然，淡泊名利的心志。草堂所在偏僻，梅樵卜居於此，或者也有避世之意。此宅號與「天鶴」之名似有暗合。飛天之鶴自在展翅，不染濁塵，遨翔於萬里雲空，而雞鳧仰望。與「梅樵」意趣亦有相通，梅花綻放於寒寂之冬，山樵自在於林壑之間，不與群芳爭豔而品高質潔，不與眾生爭逐而自給自愛。梅樵、天鶴、笠雲，三者都具有鮮明的傳統文人氣息，既隱含了長輩對梅樵的期許，也寄

〔註27〕依序見《捲濤閣詩草・上》頁25、54，《鹿江集》古詩部頁7。

託了詩人的自我勉勵。

第二節　家　族

一、先　祖

施梅樵《捲濤閣詩草》開篇即自題「錢江施天鶴梅樵」，錢江者，福建泉州府晉江縣錢江鄉是也。梅樵曾自述其家族先世淵源，昭和 17 年（1942）高齡 73 歲時，他慎重地寫下一幅楷書中堂〔註28〕，書文如下：

> 魯惠公子施父之五代孫，食采于施邑，因以施爲氏。
>
> 唐入閩，居晉江，遂開族焉。後雄一郡。
>
> 　　　　　　古者有功於國方賜采地。梅樵書是年七十有三

此幅中堂所書內容，出處實爲《元和姓纂》〔註29〕。意謂：周代諸侯魯惠公之子施父，是魯國的大夫，有功於國，封食采地，稱「施邑」。傳至五世孫時，遂以封邑「施」爲姓氏。傳至唐代時自河南光州府固始縣，南遷至福建晉江，於是開其施氏一脈，爲一郡之望族。梅樵曾爲始祖惠公題〈恭題賜姓祖魯惠公讚〉〔註30〕一詩頌讚曰：

> 我祖惠公，受封於施。賜姓食采，以此肇基。
>
> 繼繼繩繩，先德所貽，千百世後，永矢孝思。

傳至二十七世爲閣銓公，即梅樵祖父，乃由晉江錢江鄉祖籍渡臺，卜居臺灣府彰化縣馬芝遴堡鹿港街，遂爲鹿港人。三傳至梅樵，恰是錢江施氏第二十九代裔孫。〔註31〕加以曾經考上過秀才，梅樵在其書章中曾刻下「錢江二十九世秀才」〔註32〕等字樣，足以光耀門楣，文字之間頗有幾分傲然的豪氣。

〔註28〕鍾金水藏施梅樵楷書中堂，印鈐：「梅樵七十歲以後所書　典公二十九世孫」。見黃志農編著《彰化縣先賢書畫專集》頁 62。彰化市：彰化縣文化局。2004 年初版。

〔註29〕唐代林寶《元和姓纂》，商務印書館四庫全書出版工作委員會編《文津閣四庫全書（二九五）・子部類書類》，北京：商務印書館，2005 年。

〔註30〕《捲濤閣詩草》頁 87。

〔註31〕見施讓甫〈施公梅樵家傳〉，《鹿江集》頁（2）。

〔註32〕見《臺灣早期書畫專輯》頁 161 行楷七言聯：「嚼雪餐氈憐白髮／服勞持節見丹心」。南投：國史館臺灣文獻館，2003 年 12 月。132*32 公分*2。款文：梅樵。鈐印：白文「錢江二十九世秀才」，朱文「梅樵六十二歲以後所書」。涂

梅樵祖母，洪棄生有〈題施梅樵祖母像〉〔註33〕一篇，記述其富貴從容
卻遭歷變故，其文有言：

> 臺灣昔盛時，母家方繁麗。愛子趨堂隅，名孫繞階陛。……母也居
> 華閭，綺羅共婁曳。林下夫人風，城中慕高髻。富貴博歡顏，經營
> 由賢裔。如何原涉家，忽爲尹君弊！……母也居梓枌，閭日倚垂
> 涕。……王母獨崔歸，天孫爲拱衛。……翼起有賢孫，簪纓又克
> 繼。……

洪棄生筆下的梅樵祖母宛如一位貴夫人，家業殷盛，兒孫賢孝。但卻不幸遭
逢「尹君弊」，一夕家破。實在令人不忍！所謂的「尹君弊」是指施九緞事件
時梅樵父親因遭到縣令誣陷，而致竟遭通緝亡命的變故。（如下述）文末因此
寄託漸漸長大成人的少年梅樵，期望未來能有所作爲。

梅樵在變故中成長，對祖母十分敬愛。乙未割臺前，梅樵原欲赴京任職，
終因不捨祖母而歸里，他晚年回憶道：

> 廿六歲春二月北京張珍五太史寄信催余赴戶部就職，余祖母雙瞽寄
> 信召余歸臺灣，時正割讓，恐祖母盼望遂歸。〔註34〕

因家書催促而辭赴北京，梅樵終究與仕宦的機會擦身而過，返鄉奉事目瞽年
邁的祖母。雖是局勢動盪不安，也實因梅樵心中尚存孝思之所致。完婚後，
妻子李氏亦能一同孝敬，梅樵稱其能「有時獲雞豚，留以養祖母」（〈題內子
李孺人寫真〉）。祖母慈愛，兒孫知孝，讓施家在歷經滄桑後，尚能天倫諧和，
梅樵祖母可謂有福之人。

二、父　母

梅樵父親施鎭加〔註35〕，諱詒瑜，官章家珍，號聘廷〔註36〕，又號瑾堂，
生於咸豐元年（1851），根據鹿港鎭戶政事務所提供的日治時期最早的戶籍資

勝本先生藏。
〔註33〕見洪棄生《寄鶴齋選集・詩・五言古體》〈題施梅樵祖母像〉頁268，臺灣文
　　　　獻叢刊第304種。
〔註34〕見〈甲申生日誌感〉其二作者原註。張瑞和編《詹作舟全集・四・傳統詩篇
　　　　上》頁318。永靖鄉：詹作舟全集出版委員會，2001年11月初版。本詩亦見
　　　　於《鹿江集》頁92，然此則作者原註已遭刪除。
〔註35〕據施梅樵戶籍資料，鹿港鎭、彰化市戶政事務所提供。
〔註36〕見施讓甫〈施公梅樵家傳〉，《鹿江集》頁（2）。

料顯示：施鎮加卒於明治 23 年（1890）6 月 23 日。同治年間為歲貢生，曾官至福建省福寧縣教諭。後返回鹿港經營當鋪，不數年而家貲鉅萬，且喜交當途，交通府、縣，為名重一時的鉅族仕紳。〔註37〕

母，陳氏，單名秤。餘不詳。梅樵詩集中未見有提及其母親的相關文字。根據鹿港鎮戶政事務所提供的日治時期戶籍資料顯示：陳氏秤在戶籍資料建立前，已經去世。查臺灣戶籍資料可供查考之伊始，為明治 39 年（1906）1月 15 日起施行「戶籍登記制度」所建立的「戶口調查簿」。據此可知：梅樵母親大約在明治 39 年（1906）之前已經不幸去世。

光緒 12 年（1886）臺灣巡撫劉銘傳奏請實施清丈田畝，以「一條鞭法」開徵新稅，致使民情不安。時新任彰化縣令李嘉棠（廣東嘉應人）到鹿港處理，銳欲見功，不計墳土肥瘠，任意填寫，短期內竟全部丈完。又催迫各堡領取丈單，每甲丈費銀二元。若依此，彰化地區賦額將達二十餘萬，較先前多出六倍以上。然而承領者無多，二林、馬芝遴一帶因地瘠民貧，承領者更少。當此同時，嘉義知縣羅建祥因收繳丈費十分出色，為上司拔擢。李嘉棠聞知，更加倍施壓百姓，甚至有施用嚴刑、殺人示威之事。至光緒 14 年（1888）9 月初一日，終於激起彰化縣二林堡浸水莊人施九緞高舉「官激民變」旗幟，率眾包圍縣城，索焚丈單。爆發清代民變史上的「施九緞事件」。〔註38〕

然而梅樵尊翁聘廷公何以與施九緞事件有所牽連呢？連橫《臺灣通史·施九緞列傳》直指其原因在於李嘉棠「以其比匪也」，〔註39〕意謂縣令李嘉棠視聘廷公與施九緞同黨為匪。此一殺頭的指控如晴天霹靂，同鄉洪棄生也不禁要代為辯白，他說：

> 梅樵父諱家珍……偶以地方事，失邑令李嘉棠意，與施藻修同受誣，謂其：嗾使施九緞作亂。中丞劉省三遽揭之奏章，乃亡命遁，後沒於泉州。〔註40〕

蓋由於施九緞事件中，李嘉棠力圖飾過，聘廷公未能與之完全配合，反被誣

〔註37〕據〈施家珍傳〉，見吳文星《鹿港鎮志·人物篇》頁 41，彰化鹿港：鹿港鎮公所，2000 年 6 月。

〔註38〕據吳德功《施案紀略》頁 97，臺灣文獻叢刊第 47 種。

〔註39〕連橫《臺灣通史·施九緞列傳》頁 833。台北：國立編譯館中華叢書編審委員會，1985 年 1 月。

〔註40〕見洪棄生〈題施梅樵祖母像〉，收在《寄鶴齋選集》頁 268，臺灣文獻叢刊第304 種。

爲幕後嗾使，劉中丞又未能洞悉實情，致使在諸般風雨恩怨之後，巡撫劉銘
傳竟上呈奏摺，直指聘廷公爲幕後指使，奏陳應斥革拿辦。光緒帝御批同意，
聘廷公遂面臨通緝命運，從此改變施氏一家的命運。事關重大，茲錄此劉銘
傳〈查明知縣功過並官紳庇匪情形摺〉〔註41〕於下：

> 臺灣巡撫劉會同督部堂卞奏爲查明知縣功過，並官紳庇匪情形，分
> 別參辦，恭摺仰祈聖鑑事：

> 竊臣奏報彰化土匪搶劫鹽館、圍攻城池，先後剿平一案。匪首施九
> 緞、王煥等在逃未獲。經臣嚴飭購拏。並以該縣署知縣李嘉棠有丈
> 田不公，聽任委員需索情事。請旨撤銷清賦保案，一面撤任，並飭
> 開復布政使沈應奎確查去後。旋據沈應奎復稱：

> 李嘉棠自到彰化，因該縣民氣強悍，欲以嚴刑峻法，過抑其風。一
> 切詞訟，多以己意斷結，未能悉得其平，輿情因而不洽。承辦清丈
> 事務，委員各帶書役赴鄉，查無需索實據。惟於八月二十日，内外
> 逆匪匿名揭帖，勢成岌岌。李嘉棠壅不上聞，未免貽誤。並據另稟
> 匪犯施九緞輾轉潛逃，經鹿港游擊鄭榮、紳士訓導施家珍、廩生施
> 藻修等，具限拏交。該官紳等於撤兵之後，託詞軟抗，顯係有心庇
> 護，請即一體參革，各等語。又據李嘉棠來轅具稟：奉飭丈田清賦，
> 各堡業戶人等，俱皆踴躍輸將，均願自封投櫃，完納新糧。惟鹿港
> 一堡紳士，疊催疊抗。施九緞等謀爲不軌，先經訪聞飭拿。因鄭榮、
> 施家珍等力保其爲善人，斷無不法情事。八月十九日，因公繞道施
> 九緞所居之鏡水裝，觀其動靜，該官紳猶爲包庇。

> 九月初一日，匪眾圍城，施家珍等函約在城紳士廩生吳景韓、教官周
> 長庚會於興莊，請將丈田圖冊送去賊營燒毀，所有搶劫鹽館、圍城各
> 犯，從輕辦理，圍城可解。李嘉棠堅不允許。解圍馬後，沈應奎、吳
> 宏洛等到彰，諭令該紳等交出首犯，免查通匪情事。該紳等先行通告
> 鏡水莊賊匪，令其遠颺，然後請兵進剿，至則僅存空屋數椽。

> 施九緞、王煥平日均非匪人，素在鹿港生理，何故圍城挾官、焚燬
> 丈田圖冊？顯係施家珍等指使。李嘉棠不能先爲防範，咎實難辭等
> 情前來。臣查鹿港施姓族大丁多，訓導施家珍、廩生施藻修及前廣

〔註41〕摺發於光緒十四年十一月初六日。見《劉壯肅公奏議（第三冊）》頁445～446。
臺灣文獻叢刊第27種，1958年10月。

東新興知縣蔡德芳等，向來把持公事。先因案留署同知蔡嘉穀，經臣屢次痛加批斥，心懷怨忿，上年全臺開辦釐金，南北各屬商民，一律遵辦。惟鹿港軟抗一年。此次清丈完糧，各縣皆一律遵辦，獨鹿港一堡復敢違抗。

查施九緞、王煥等平日俱非匪類，素受施家珍等驅使，竟敢謀逆圍城，戕官提督大員，肆爲悖逆。李嘉棠雖據查無任聽委員需索及別項劣跡實據，但於該匪謀逆，先已探知情形，並不據實稟報。及搶劫鹽館圍城之後，仍不稟明匪首名目，暨起事緣由，直至臣以是否該署縣激變根查，始據瀝陳施家珍等主使謀逆情形。是其於此事未發之先，一味徇隱希圖粉飾，貽誤匪淺。僅予撤銷保案，尚未足以蔽辜。撤署彰化縣知縣補用同知候補通判李嘉棠，應即行革職，以示懲儆。鹿港游擊鄭榮，附和施家珍等，庇護逆匪，且予稟請軍火到防被劫，事前既不防範，事後亦不追查，並不稟報搶匪名姓，應請一併革職。仍俟匪犯施九緞等拿獲到案，訊明該遊擊有無勾通情事，再行核辦。訓導施家珍、廩生施藻修主使施九緞等抗官謀逆、圍城戕官，應請分別斥革，嚴拏訊辦。前廣東新興縣知縣蔡德芳，本應一併參革，姑念年老迂腐，不通世務，事由施家珍等指使，應請暫免議置，勒令俱限完糧。如仍延抗，再行參辦，以示區別。

此摺上奏之後，經十二月初三日奉硃批〔註42〕：

李嘉棠、鄭榮均著即行革職。施家珍、施藻修著分別斥革拏辦。餘依議。該部知道，欽此。

聘廷公與施藻修被認爲是唆使施九緞作亂的幕後元凶，致遭拏辦歸案，在此拍板定案。巡撫劉銘傳後下令通緝在案，不得已之下，聘廷公與施藻修雙雙舉家狼狽遠逃閩中泉州。後，原已在押的鄭榮經查並無庇匪實據，亦無接濟軍火名目，於是釋放，令其到鹿罰捐三萬兩，充作軍費。如果鹿港紳商能認捐此款，除施家珍一人仍行歸拏到案之外，其餘可以一概不予追究。聘廷公內心之憂憤鬱結，無法釋懷。〔註43〕雖然施家後來幾乎耗盡所有家產，透過行郊的力量和管道層層打通，最後才以因租稅不公而非叛亂之罪名，從輕發落。〔註44〕但聘廷公所受到的恥辱打擊實在太大，不多久，竟於光緒 16 年

〔註42〕見《劉壯肅公奏議》頁 447。臺灣文獻叢刊第 27 種，民國 47 年 10 月。

〔註43〕以上據吳德功《施案紀略》頁 97，臺灣文獻叢刊第 47 種。

〔註44〕見黃秀政《臺灣史志論叢》頁 54。臺北：五南圖書出版股份有限公司，1999

（1890）含恨歸天，得年僅僅四十歲而已。〔註45〕

　　但實際上，聘廷公應是受到彰化縣令李嘉棠的誣陷了。雖未見梅樵爲此事親自申辯的文獻，然同鄉好友洪棄生曾代爲伸述云：

　　（施梅樵）其尊人名家珍……起家後，以無心與彰化令李嘉棠相失，
　　卒以此破家。初，李嘉棠附和劉省三中丞丈田加賦事，銳欲見功，
　　致闔邑洶洶。李自邑治莊鹿港，有暴徒謀截殺於路，李懼，邀鹿港
　　施、黃、許三巨姓紳士與同行，而施姓無應之者。其後，李治愈嚴，
　　而暴徒圍城，以施九緞爲首名，李遂誣施家珍、施藻修爲嗾反之人。
　　中丞下嚴檄二人，施越海亡命。易貌，變姓名。〔註46〕

依據洪棄生之說，顯然李嘉棠速建功勞是爲了向劉銘傳示好，聘廷公起家後雖然也與官府走得近，卻被想要立功卸罪的李縣令栽贓誣陷，說成是嗾使施九緞造反的首腦，劉銘傳也未究明事理，拿他抵擋民變之過，下令捉拿到底，才導致施氏一夕毀家，亡命海外。言下之意對李嘉棠、劉銘傳都深表不滿，對聘廷公的遭遇十分同情。

　　施藻修〔註47〕改名施萊，後捐監，高中光緒19年（1893）癸巳舉人。然而聘廷公受誣不得申辯，又不得比照認捐釋罪，冤屈極大矣。對於一個看重廉潔品德的文人而言，受到莫須有的污衊，是生命中難以承受的重。終其離世之前，仍然沈冤莫雪，抱憾而卒。聘廷公是施九緞事件中唯一遭到緝擄的人〔註48〕，施家之不幸甚矣！而施家珍的過世，是施梅樵爲人子者心中永遠的悲痛！

三、兄　弟

　　梅樵爲長男，有弟五人。

　　其二弟名鶯，與同鄉拔貢林有本之女定盟，但不幸未娶而先卒。然林氏仍入施家守貞，梅樵對她的懿行相當推崇，記述道〔註49〕：

　　　　年6月。
〔註45〕據施梅樵戶籍資料，彰化市戶政事務所提供。
〔註46〕見洪棄生《寄鶴齋選集·題施梅樵祖母像》，頁268。臺灣文獻叢刊第304種，
　　　　民國47年10月。
〔註47〕施藻修，後更名施萊。事見吳文星《鹿港鎮志·人物篇·施萊》頁107，彰化
　　　　鹿港：鹿港鎮公所，2000年6月。
〔註48〕見吳德功《施案紀略、周莘仲廣文遭難記》頁113，臺灣文獻叢刊第47種。
〔註49〕〈家嫂郭孺人六旬悅辰敬賦〉，見《鹿江集》頁13。

……又或甫定盟，夫病心驚悸。時時繫夢魂，形容爲憔悴。秋風正
蕭瑟，聞訃且忍淚。頭插定盟簪，耳掛定盟珥。云是夫家物，詎堪
等閒置。急遽赴寢門，蓋棺時猶未，一面慰妾心，妾心終不貳。（原
註：謂故弟婦林貞女）……

林氏年雖幼而能心志堅貞，謹持節操，閭里同聲誇讚，終受朝廷旌表爲「貞
節」婦，光耀門楣。後來聘廷公涉案之後，林氏竟投井而死。按清代律法：
財產凡登記爲貞節婦所有者，皆得留存。施家因此才得以保存一部份有限的
財產，這實在是拜「貞節」二字之所庇蔭呀！〔註50〕

梅樵之三弟和四弟，似皆早卒。戶籍上亦皆未見登錄，事跡不詳。

五弟鏡樵，名雲鶴。光緒年間虞生，亦善書法〔註51〕。兄弟二人不僅名
與字皆相近，又同擅書法，可爲佳話。梅樵有〈九日自羅山歸兼示五弟鏡樵〉
〔註52〕詩云：「爲插茱萸憶兄弟，飄零孤雁不成行」，以王維〈九月九日憶山
東兄弟〉典故，抒發對五弟的思念。惟五弟亦未見於戶籍上，未詳其故。

而鹿港戶政事務所所提供的戶籍資料上可見者，是梅樵的同父異母弟，
名施六。單名「六」，可能是以其排行第六而命名之。〔註53〕此弟乃家珍公與
另一配偶名許氏錦者所生。若此，則應爲上述《鹿港鎮志》所示五子之外的
庶子。生於明治19年（1886）3月，卒於明治41年（1908）12月，得年僅
23歲。〔註54〕

四、妻 妾

（一）原 配

梅樵德配李氏却。據戶籍資料登載：李氏生於同治11年（1872）9月
16日，是彰化馬芝堡浮景庄李才之次女。梅樵先生較之年長二歲。其孫施景
明指出：梅樵肖馬，妻李氏肖猴。正好相符合。與施梅樵結婚於光緒17年

〔註50〕見吳文星《鹿港鎮志‧人物篇‧施家珍》頁41，彰化鹿港：鹿港鎮公所，2000
年6月。
〔註51〕據《翰墨飄香──南投縣立文化中心典藏臺灣先賢書法作品集》頁72。南投：
南投縣立文化中心，1992年6月。
〔註52〕見《捲濤閣詩草‧上》頁20。
〔註53〕吳文星《鹿港鎮志‧人物篇‧施家珍》頁41謂：「家珍生有五子」，據戶籍資
料，應更改爲「六子」。彰化鹿港：鹿港鎮公所，2000年6月。
〔註54〕據施梅樵戶籍資料，鹿港鎮戶政事務所提供。查梅樵兄弟之見於戶籍登記者，
僅得「施六」一人。其餘包括鏡樵在內，皆未見有相關登記。未詳何以如此。

（1891）11 月 16 日。時李氏芳齡 20 歲，梅樵 22 歲。梅樵〈題內子李孺人寫真〉詩有云：「二十嫁黔婁」〔註55〕，則此「二十」並非概稱，而是實數了。

在戶籍資料上註記：李氏「纏足」。其嗣孫景明也說：阿媽出身鹿港農家，但她纏得一雙十分細緻的三寸金蓮。推想：應是富農之家的千金小姐。據其嗣孫施景明、施林錦霞夫婦表示〔註56〕：鄰里一般都尊稱李氏為「秀才娘」，而她平時待人也非常和善，容易親近！在家中無須操持勞務，「很好命」！她對夫婿梅樵相當敬重。梅樵逝世後，時常對兒孫輩回憶梅樵生前點滴，對梅樵的詩文出版，尤其掛念在心。曾經說過：她一生最大的願望，就是一定要完成梅樵詩文集的出版！所以她不斷地邀請、催促施讓甫進行編輯工作！而施讓甫也不負使命，在老太太過世前，讓她可以看到梅樵《鹿江集》的出版。梅樵逝世時，眾多詩友門生的輓聯、弔詩，李氏一一收捲，還特別找來一大塊紅布巾，仔細包裹珍藏，緬懷之情，溢於言表。雖然後來不幸遭遇民國 48 年（1959）八七水災而遭毀，但梅樵夫妻的鶼鰈情深，由此可見一斑，實在令人感動！

梅樵夫婦在七十五歲壽誕之年都曾寫真留念，詩人並為各題五言古詩一首以誌之〔註57〕。在〈題內子李孺人寫真〉〔註58〕詩中，梅樵娓娓道出妻子的許多美德：

> 生長田舍間，儉樸分自守。二十嫁黔婁，入門奉箕帚。
>
> 不怨吾家貧，藜藿亦適口。有時獲雞豚，留以養祖母。
>
> 平素戒奢華，綺紈不忍受。……少年望薰砧，風侯綰印綬。
>
> 命竟與時違，辜負汝情厚。五十有五年，夫婦亦云久。
>
> 齒落而髮禿，何曾嫌貌醜。……願汝享期頤，偕老共白首。

詩人單純地以鋪敘直述的手法，回顧妻子一生勤儉持家，敬奉親長，安貧樂道，不離不棄等懿行，分外地樸實而誠懇，詩人除了無限感懷與愛憐，更期待兩人可以一起攜手共度白頭。此詩作於民國 35 年（1946），正是終戰之後，動盪世局中，平凡的願望裡透露著最真摯的深情。

秀才娘施李却晚年與媳婦、孫兒同住，民國 49 年（1960）5 月 31 日逝世

〔註55〕見《鹿江集》古詩部頁 24。
〔註56〕據筆者記錄施景明、施林錦霞夫婦訪問稿，2008 年 6 月 16 日於彰化施宅。
〔註57〕梅樵七十五歲寫真暨〈自題片影〉，見《鹿江集》，頁 1。
〔註58〕〈題內子李孺人寫真〉，見《鹿江集》古詩部，頁 24。

於彰化家中，享年 89 歲。與梅樵同葬於八卦山上。

（二）如夫人

梅樵晚年曾納如夫人一名，姓名不詳。據許幼漁〈賀梅樵世伯納如夫人〉〔註59〕詩載：

> 一生杜牧慣風流，鎮日花間覓匹儔。
>
> 爲喜朝雲新受寵，鬢仙晚景笑公侯。

許幼漁尊翁許夢青是梅樵同鄉摯友，乙未割臺之後，同心堅持民族志節，曾聯合共組「鹿苑吟社」，連通聲氣，許幼漁因此稱梅樵爲「世伯」。以此關係而言，則幼漁詩中所稱納妾之事，應不敢誣語虛構。

梅樵於何年納妾？許幼漁此詩原載《臺灣文藝叢誌》第 11 號，大正 8 年（1919）11 月 15 日。則梅樵納妾之事，必在大正 8 年 11 月（1919）之前，時梅樵約 50 歲。此半百之齡也符合幼漁詩中所言之「晚景」一語。又依其詩語謔稱梅樵一生喜於流連花間，可推知：梅樵小妾可能出身於歌樓酒館之間。

梅樵〈秋日病中孔昭子敏子昭過訪席上話舊示之以詩〉詩中有「家信逢人寄，衰顏畏妾知」〔註60〕一句，此詩發表於大正元年（1912）11 月，較前示許幼漁賀詩早了七年，則此「妾」字應爲虛義，泛指紅粉知己，正如報上漫評所謂之「豔語」者。

五、子　孫

以梅樵一脈來看，人丁可謂單薄。分述如下。

（一）嫡　子

梅樵子嗣，依據施讓甫〈家傳〉記述：「有二子，其一幼殤，其一先卒。」筆者訪問施景明、施林錦霞夫婦，也證實此說。並謂：幼殤者，嫡子也；先卒者，養子也。但對嫡子名號卻毫無所悉。吾人調閱梅樵家族戶籍謄本，發現對嫡子毫無記錄，但記載明治 36 年（1903）6 月螟蛉子（養子）入戶。

〔註59〕見許幼漁著、許常安編《續鳴劍齋遺草》頁 67。高雄：大友書局。1960 年 9 月。
〔註60〕〈秋日病中孔昭子敏子昭過訪席上話舊示之以詩〉之三：「難得二三子，天涯聚一時。汝才清比玉，我髮亂如絲。家信逢人寄，衰顏畏妾知。蓴鱸鄉味好，空繫季鷹思。」見《臺灣日日新報》第 4473 號 3 版，大正 1 年（1912）11 月 14 日。刊於詞林。詩後附漫評：「家信逢人寄是尋常語。衰顏畏妾知作□語却是艷語。」

那麼，梅樵親生子不僅可能在明治 39 年（1906）臺灣戶籍開始建制〔註61〕之前已經過世，依據常理，更可能是在明治 36 年（1903）6 月前即已不幸夭折，方才領養螟蛉子以替。以梅樵夫妻完婚於光緒 17 年（1891），則孩子至多也只有 12 歲左右。稚子棄世，相信對施家而言，必然十分痛心。

（二）養子／媳

梅樵養子名伯雄，字健甫，彰化燕霧上堡港堘厝人。生於明治 35 年（1902）12 月 14 日，於明治 36 年（1903）6 月 12 日養子緣入戶施家。〔註62〕

健甫追隨梅樵步伐，認眞力學，成年後亦設帳教授爲業，擔任基層私塾漢學先生，經常應邀教學各地，而以南部地區爲主。《捲濤閣詩草》刊行時，他也與梅樵門人親侄多人同任校正，卷頭即署其字。

健甫未見有詩集傳世，今就蒐羅所得僅見六作，特製成「表 2-2：施健甫詩初輯」，以存文獻。

表 2-2　施健甫詩初輯【依編年序】

情絲〔註63〕

　　斷人魂是隔重簾，情海風波未肯恬。

　　各有許多愁緒在，漫空散作雨廉纖。

祝黃若臨先生六秩〔註64〕

　　先生耳順尚童顏，慶壽人如蓬島班。

　　滿目瑞光成渤海，一堂騷客效嵩山。

　　柏松同茂原非俗，齒德並增豈等閒。

　　立待期頤還再祝，幾行俚句望公刪。

〔註61〕參：臺北市政府民政局「户政電子博物館」：http://www.ca.taipei.gov.tw/civil/museum/world/system.html。2008 年 11 月 13 日讀取。

〔註62〕據施梅樵戶籍資料，彰化市户政事務所提供。

〔註63〕原註：「鹽韻」。《臺南新報》大正 12 年（1923）11 月 2 日，7790 期頁 5。桐侶吟社。又收錄在《東寧擊缽吟前集》頁 300。「廉」，《臺南新報》與《東寧擊缽吟前集》均作此，疑誤，應作「簾」。《東寧擊缽吟前集》詩下署名爲「沙山　施健甫」所作，「沙山」在今彰化芳苑鄉，日治時期屬北斗郡管內沙山庄。應爲健甫設帳所在。

〔註64〕《臺南新報》大正 12 年（1923）11 月 10 日，7798 期頁 5。刊於詩壇。

寒意〔註65〕

　　錦衾入衣應難煖，禁得深閨不怨嗟。
　　小雪行看冷漸加，老天欲放到梅花。

賞菊〔註66〕

　　平生嗜好似陶潛，一到東籬興便添。
　　花色眞如詩境淡，秋心好共酒懷兼。
　　方知適意原無忤，愈信閒情卻不厭。
　　高士襟期同冷落，何容俗客手頻拈。

懸弧〔註67〕

　　桑弓高掛在門楣，天上麒麟誕降時。
　　留待他年伸壯志，今朝預祝此佳兒。

並蒂梅〔註68〕

　　氷魂香氣繞雕欄，連理枝頭月正團。
　　倒影瑤臺成四美，含苞庾嶺艷千般。
　　傳春且共呈佳兆，索笑何曾遜合歡。
　　樹自交柯禽比翼，勸君好把一齊看。

　　關於施健甫的婚姻目前可見者有二次記錄。第一次在大正13年（1924），健甫在梅樵主持之下完婚。《臺南新報》在7月〔註69〕以〈祝施梅樵先生爲令嗣健甫世兄完婚並次瑤韻〉七律、〈祝健甫世兄花燭〉七絕爲題，先後刊出包括臺南林珠浦、彰化王友芬、田中魏國禎等20餘位詩友的賀詩，可謂盛況一時。這一次婚姻的對象與情況，可惜目前均無從得知。

　　第二次的婚姻完成在昭和7年（1932）12月16日，健甫與永靖劉氏悅結爲姻親之好〔註70〕。當年元月由梅樵寄發的「結婚式邀請函明信片」與「施

〔註65〕《臺南新報》大正13年（1924）12月5日，8189期頁9。

〔註66〕註：「鹽韻」。《臺南新報》大正13年（1924）12月29日，8213期頁5。

〔註67〕《詩報》昭和6年（1931）10月1日，21期頁10。

〔註68〕《詩報》昭和8年（1933）2月15日，53期頁9。

〔註69〕見《臺南新報》8034、8035號，大正13年（1924）7月3日、4日。

〔註70〕梅樵〈張廬山先生弔辭〉有言：「己巳十一月余六十初度，壬申十二月余爲豚兒完娶兩開詩會。」按：己巳乃昭和4年（1929），壬申爲昭和7年（1932），亦可證明健甫完婚是在昭和7年。

梅樵開擊鉢吟會之邀請函」今仍完好收藏〔註71〕。結婚當時也曾召開新婚紀
念擊鉢吟會，隆重盛大。《詩報》「騷壇消息」很快地報導此一盛會，其文如
下：

> 彰化施梅樵先生令郎健甫君，曩與永靖劉思明先生令嬡阿悅女士締
> 婚。去十六日〔註72〕午後一時起，於自宅開新婚紀念擊鉢吟會。來
> 賓遠自基隆、大甲、臺中、員林、鹿港等處，計三十餘名。題擬『並
> 蒂梅』，七律寒韻，五時交卷。得詩六十餘首，錄呈蔡清揚、張玉書
> 二氏選取。元為施讓甫，陳渭雄二是。所得由主人分為與贈品，即
> 比入吟筵。席間梅樵先生介紹新郎新婦，鄭重敘禮，賓主交杯互相
> 祝福，至更闌，盡歡而散。〔註73〕

　　擊鉢紀念會的部分作品，也公開在《詩報》刊出〔註74〕，表 2-2：「**施健
甫詩初輯**」中〈並蒂梅〉便是健甫自己的結婚紀念之作。

　　健甫妻劉氏出生於明治 39 年（1906）1 月 1 日，家境優渥，身為長女，
性情聰穎乖巧，為彰化高等女學校〔註75〕第一屆畢業生，在當時可謂為女界
菁英。她的嫁入秀才書香之家，可說是門當戶對。

　　在眾人的祝福聲中，小夫妻的未來充滿了希望。但可惜的是，夫婿健甫
經年在外教學，極少返家，劉氏長期苦守空閨，感到相當失望。二人膝下無
子，後來經人介紹，領養彰化永靖男童為養子，取名施景明，於昭和 11 年（1936）
1 月 5 日完成手續。

　　筆者追查後得以訪問施景明本人。對於養父，施景明說：回憶中的養父
長年不回家，對他的印象很陌生。然而養母劉氏確實事親至孝，奉待公婆柔

　　　　健甫結婚擊鉢吟會的消息刊登於《詩報》昭和 8 年 2 月 1 日「騷壇消息」，謂：
　　　　「去十六日午後一時起，於自宅開新婚紀念擊鉢吟會。」容易誤導以為結婚
　　　　日在上個月 16 日。實際上是在去年 12 月 16 日。

〔註71〕「昭和 7 年 1 月施健甫結婚式邀請函明信片」一張，見藏國家文化資料館；「施
　　　　梅樵開擊鉢吟會之邀請函」一張，今藏於中央研究院台灣史研究所。

〔註72〕據劉氏悅戶籍資料記載：昭和 8 年（1933）1 月 15 日結婚入戶。彰化市戶政
　　　　事務所提供。此較《詩報》所載日期早一日。綜合二者，可能為 15 日結婚，
　　　　16 日舉開擊鉢。

〔註73〕見《詩報》昭和 8 年 2 月 1 日，52 號頁 1「騷壇消息」。

〔註74〕見《詩報》昭和 8 年 2 月 15 日，53 號頁 9「施健甫新婚披露擊鉢」〈並蒂梅〉，
　　　　共刊出 16 首得第佳作。

〔註75〕彰化高等女學校，今彰化女中，原名「彰化女子高等普通學校」，創立於 1919
　　　　年 4 月。

順謙誠，鄰里皆知，「真的沒話說！」及至晚年，仍然天天為婆婆李氏親奉洗臉水、洗腳水，服侍整理儀容與小腳，經年不輟，十分難得，是兒孫眼中最佳的身教示範。劉氏於民國 62 年（1973）5 月 30 日過世，享年 69 歲。身後，為表示對她的尊崇，特別將劉氏與梅樵夫婦合葬為一墓，同享馨香。〔註 76〕

據施景明表示：日治後期戰勢緊張，空襲頻頻，民國 34 年（1945）2 月 15 日，時健甫設帳於雲林虎尾，不幸遭遇盟軍空襲掃射，竟致殞命。待家屬接獲通知，已隔時日。當時兵荒馬亂，待家屬得以親往虎尾時，眾多的罹難者遺體已經由地方政府統一處理完畢，家屬不僅無緣再睹遺容，甚至無從得知屍體確切的埋骨處，更遑論立碑築墓了。聞之不禁令人欷歔！

梅樵在生前親歷親生子與養子俱亡，白髮人送黑髮人的痛苦，讓他十分感慨，〈七十述懷〉〔註 77〕詩曾自言：「敗名喪德悲無子，破浪乘風惜不辰。」既是生不逢時，也自責是德行敗壞所致。

（三）養女／婿

梅樵養女，單名井。大正 11 年（1922）9 月 8 日出生於彰化福興庄，據說是梅樵妻子施李却娘家親戚李清的次女。昭和 4 年（1929）1 月 31 日以養女緣入戶。

梅樵詩文中未見有述及者。可喜的是，《詩報》於昭和 15 年到 16 年（1940～1941）先後刊登了黃傳心〈喜一牧弟與施梅樵先生令孃婚約〉、〈祝施梅樵先生贅婿並示　牧弟〉、陳道南〈祝施梅樵先生招婿〉與吳蔭培〈何一牧賢友入贅於施梅樵先生令媛詩以祝之〉〔註 78〕等人的詩作，都是對梅樵招婿的祝福。由上列賀詩可知：梅樵不是嫁女，而是贅婿。

何一牧名箕斗，臺北蓬萊町人，大正 4 年（1915）1 月 15 日生。兩人完婚於昭和 16 年（1941）2 月 20 日。〔註 79〕何一牧應該還是詩界璞玉，黃傳心〈喜一牧弟與施梅樵先生令孃婚約〉因此殷殷勸勉新婿多向老丈人看齊，因有詩云：「翁如泰斗多崇拜，婿比雛鴦喜學吟。但願執經勤問難。儒門聲價重

〔註 76〕據筆者記錄施景明、施林錦霞夫婦訪問稿，2008 年 6 月 16 日於彰化施宅。
〔註 77〕見《鹿江集》七言律詩部頁 96。
〔註 78〕四詩依序見《詩報》昭和 15 年 12 月 17 日 238 號頁 2；昭和 16 年 2 月 18 日 242 號頁 24；3 月 2 日 243 號頁 28；4 月 2 日 245 號頁 4。
〔註 79〕此日期據施井戶籍資料，彰化市戶政事務所提供。但是，黃傳心〈喜一牧弟與施梅樵先生令孃婚約〉詩中自註：何、施二氏完婚於昭和 15 年（1940）12 月 30 日。二方日期的差異，是婚期有所變更所致？還是訂婚、結婚日期的不同？未詳何是。

雞林。」〔註80〕

　　梅樵之所以招婿的原因，尚無從得知。但多年來施家養子長年不在家中，而自己一肩挑起全家經濟重擔，不得不四出奔波，家中盡是婦孺，無人照顧。或許因此而希望能有壯丁協助看顧家人，不得不爲女招贅。施井結婚於終戰之前，因此施家招婿與健甫過世，是無甚關連的。〔註81〕

　　施井雖是招婿，但尚能隨夫至彰化或外地攜手發展。二人育有數女。可惜終究無法白頭，民國43年（1954）5月19日兩人於嘉義中埔，仍然不幸地辦理離婚了。民國44年（1955）1月1日施井梅開二度，與來自安徽、服務於彰化市公所的鄭怡勳結婚，婚後仍住彰化。民國55年（1966）4月8日施井正式改名「施玉錦」。民國96年（2007）10月27日過世。

（四）養　孫

　　健甫與劉氏膝下無子，領養一女一男爲子，女長男次。梅樵養孫女名施瑞霞，原籍臺南市南門町，生於大正13年（1924）12月2日，肖鼠，大正14年（1925）2月18日養子緣入戶施家。後適洪，洪氏後曾任臺灣銀行課長。

　　梅樵養孫施景明，昭和9年（1934）2月1日出生，肖雞，原籍彰化永靖，昭和11年（1936）1月5日以養子緣入戶施家。由於是家中唯一的男孫，備受家族寵愛。施景明回憶道〔註82〕：幼時時局、家境都不甚優渥，早上都只能喝稀粥。但祖父、祖母（指梅樵夫婦）都會特別提前交代，要把粥裡的飯撈起來，另盛一大碗，再打上一枚雞蛋，一起拌好，留給愛孫景明食用，疼惜愛護有加。對照梅樵76歲（1947）時所書在〈稚孫〉〔註83〕一詩，詩云：

> 稚孫學校歸，入門問飯熟。道是飢難當，捧碗自盛粥。
>
> 入口忽皺眉，呫呫嫌無肉。吁嗟此何時，尚思果汝腹。
>
> 國家值艱危，人情輒反覆。物價日騰昂，典衣盡衣籠。

〔註80〕見黃傳心〈祝施梅樵贅婿并示一牧弟〉，《詩報》昭和16年2月18日242號頁24。

〔註81〕余美玲〈鹿港詩人施梅樵詩歌探析〉推測：施梅樵「晚年遭罹喪子之痛，不論在精神或現實生活的層次上打擊很大，這或許是後來他的女兒招贅的原因。」不論依據戶籍記載，或證諸施景明的口述資料，余文中兩者的時間點都是相反的，則其推論恐有誤解。見《國文學誌》8期，2004年6月，頁276。

〔註82〕據筆者記錄施景明、施林錦霞夫婦訪問稿，2008年6月16日於彰化施宅。

〔註83〕見《鹿江集》頁29。

> 我家有數口，平素無積蓄。汝祖年尤邁，今已七十六。
>
> 背負與肩挑，衰老力不足。諸稅日增加，稅吏頻催促。
>
> 無金可納稅，定必受恥辱。……

在梅樵眼中，已經是青春期的施景明仍是「稚孫」，看到孫兒飢餓，梅樵有許多不捨與心酸無奈。梅樵晚年雖逢光復，然而局勢動盪，物價騰貴，詩人雖老，卻不能含飴弄孫，反而還要一肩挑起全家經濟重擔，身心倍感煎熬悲哀。數年後，梅樵終究因老病過世，身後遺下老妻順媳稚孫，人丁零落，不勝單薄。

施景明後與林錦霞女士結褵，至今二老身體健朗，定居彰化市彰美路，子孫分別在臺中、彰化等地安居樂業。至今，家中廳堂仍然高懸梅樵夫婦和媳婦劉氏遺照，留給兒孫許多懷念。世道雖難，而能慎終追遠，可謂有承矣！

第三節　教育養成

一個人才學的具備，不能沒有先天的資質爲根柢，也無法脫離環境因素的影響。劉勰《文心雕龍》中以〈才略〉既鋪陳了作家個人才能識略對創作的重要性，也以〈時序〉、〈物色〉指述了時代與環境對文學書寫的影響力。只有透過長期的栽培和歷練，才能有高人一等的成果。

梅樵的教育養成和大多數人比較，有其相同，也有其相異。相同者，是其養成機關主要來自於家庭與學校的兩大力量，這和一般多數人是相同的，是常態現象。而其相異者，是指梅樵的養成內涵有其個人獨特的歷程，對他產生了異於他人的影響作用。這些共性和殊性對施梅樵未來在面對人生和文學創作上，都產生了不同程度的影響。茲分述如下。

一、親族家教

家庭，是人們成長的第一個學校。家庭教育對於性格的養成，具有關鍵性的影響力。

（一）稟賦與家庭教育

施梅樵自幼聰明穎異，據說讀書能過眼成誦，擁有與生俱來的優秀資質。〔註 84〕長輩施士洁謂其「幼而好學，且性聰慧，初學作文，便不作第

〔註84〕施讓甫撰〈施公梅樵家傳〉，見《鹿江集》頁（2）。

二人想」,鄉賢蔡壽星說「梅樵幼而聰明,弱冠文名大噪」,摯友洪棄生形容施梅樵少時即擁有「王筠華第之才」,而他自己也曾說:「早期才大騰千里」〔註85〕,言下難掩幾分自負。凡此都顯示其秉賦之優異,早為鄉里同儕所共識。

西方有一句名言道:「詩人是天生的,不是造作的。」此語強調了:天分是詩歌創作的先天依憑。聰明的施梅樵在詩歌上的天分,自其易感的詩思即可見一斑。梅樵有謂「詩藉江山助,人緣著作忙」、「感君愛我寄佳句,讀之百回不忍釋。自是江山默相助,一語抵人足千百。」、「江山無恙風光好,即景成詩掃石題」〔註86〕,施梅樵在良辰美景中易於啓發靈感,揮筆成詩,其詩集中確實也頻頻可見登臨即景,或即席賦贈之作,這都一部份地顯示了他容易受到挑動的敏銳心思,而這正是作為一位藝術家的主要特質。在這些靈感中的創作,梅樵亦往往能有麗詞佳句的表出,呈現出他傲人的捷才。詩友們的作品中也常見對其詩才的褒揚,或稱謫仙,或譽八斗,或比李杜〔註87〕,雖不免應酬客套成分,而說者既眾,則梅樵詩才當亦有為人揚稱之處。

先天的秉賦除了天分之外,性格亦是重要的一環。而家庭環境正是提供他性格發展的第一站。關於施梅樵的性格,好友洪棄生形容少年時期的他是「素性風流,為人倜儻」〔註88〕,子姪施讓甫概括形容其一生為「性豪邁」〔註89〕,梅樵則自言「熱腸俠骨本天生」〔註90〕。

施梅樵是施家來臺的第三代,家道已經穩定。梅樵的父親聘廷公(1851～1890),同治年間為歲貢生,曾官至福建省福寧縣教諭。後來轉而從事當鋪生理,經營得宜,積累頗富。是地方上同時擁有科名與財富的文人,擠身縉

〔註85〕〈甲申生日誌感〉,見《鹿江集》頁92。按:甲申,乃昭和19年(1944),施梅樵時年75歲。

〔註86〕依序見〈秋日病中孔昭嘯峰過訪席上話舊示之以詩〉、〈紹堯寄詩放歌答之〉、〈初春即景寄羅蔚村〉,《捲濤閣詩草》頁27、37、《鹿江集》頁111。

〔註87〕例如:林培張〈寄懷捲濤閣主人〉稱「酒陣詞壇處處陪,蛻奴自是謫仙才」,見氏著《寄廬遺稿》頁75,臺北市:龍文出版社,2001年6月初版。又,林毓川〈送別施梅樵先生〉稱「才調真堪稱八斗,詩名早已播三臺」,見《臺灣日日新報》第5439號3版,大正4年(1915)8月12日。又,張息六〈送別施梅樵先生〉謂「雄邁詩才追李杜,龍蛇筆勢步曹王」,見《臺灣日日新報》第5451號3版,大正4年(1915)8月24日。

〔註88〕見洪棄生〈捲濤閣詩草序〉,《捲濤閣詩草》頁5。

〔註89〕見施讓甫〈施公梅樵家傳〉,《鹿江集》頁(2)。

〔註90〕〈次德門秋夜韻兼以述懷〉,見《捲濤閣詩草》頁113。

紳之列，意氣風發。優渥的家境，有助於滋養梅樵風流瀟灑的性格因子。加上聘廷公熱心公益，在地方上十分活躍，是名重一時的紳士。其言行身教顯然也提供梅樵一個最近距離的仿效對象，對其任俠好義性格潛質的形成與發展，必然起了不可漠視的影響作用。

走過科舉之路的施家珍，有過比一般人更高的學識訓練，雖未見他有出版詩集，且今日似僅餘〈送別鄒儀可司馬歸東粵〉、〈望海〉二首詩歌〔註91〕傳世而已，十分難得，茲錄存如下：

送別鄒儀可司馬歸東粵〔註92〕

良吏誠難得，閭閻免渴饑。無襦歌五袴，有麥喜雙歧。

交誼能終始，澆風賴轉移。潘輿留不住，合立去思碑。

望海

憑欄目送幾飛鴻，無數歸舟趁晚風。

一抹夕陽天外掛，潮聲似在港門東。

棄儒從商的聘廷公，其以個人的學識和經歷，對於子弟的教育，似乎是嚴格的。據早年常至施家的施士洁的觀察，他曾說：「憶余壯歲常至其家，梅樵正在髫齡，其舉止迥異尋常。又加以庭訓、慈訓綦嚴。」〔註93〕施梅樵為聘廷公長子，家人對他都寄予厚望。而他的確也是早歲即具文名，好友許劍漁即謂其「文譽當年播洛中」〔註94〕。

梅樵年十八赴府考，優異的文筆使主司力欲拔至案首。若此，一般人自是歡欣雀躍。然而，家珍公卻深恐梅樵年少得志，易生驕惰，而不欲其成名太早，遂改薦同里洪月樵（1866～1928）代之〔註95〕。從這段往事固然看到了為人父者對孩子才學的無比信心，相信有才者終究不為掩沒。但十八歲考秀才，在年齡上其實並未能稱早。而家珍公之所以不惜在功名路上決然對他壓抑，可能與梅樵年輕時素性風流豪邁有關。換言之，正是為了磨練、導正施梅樵當時年少輕狂的心性，而不得不的作法。若此，則實在是用心良苦！

〔註91〕見賴子清《臺灣詩醇》頁135、206。昭和10年6月發行。又收錄在陳漢光主
編《臺灣詩錄‧下》頁1096。臺中：臺灣省文獻委員會。1984年6月再版。
〔註92〕題下原註：「鄒氏名漸鴻，廣東孝廉，任鹿港同知。」
〔註93〕見施士洁〈捲濤閣詩草序〉，《捲濤閣詩草》頁9。
〔註94〕許劍漁〈賀施梅樵入泮〉，《鳴劍齋遺草》頁18。
〔註95〕此說見施讓甫〈施公梅樵家傳〉，《鹿江集》頁（2）。惟，對此一傳說，筆者
存疑。科舉競試如何能拒登功名？又焉能私意薦授？

由此亦可見家珍公對端正品德的注重。他不以功名爲唯一的鮮明態度，對梅樵的志節，必然產生一定的影響。放觀日後梅樵一生安貧樂道的堅定氣節，似乎也都反映了家珍公教養的精神。

施梅樵曾自言「憶昔少年時，睥睨視富貴」〔註96〕，他身在富家故不求富，自信於才情因此也視求貴如探囊，俠義的豪情與品德爲重的家教，更讓他以睥睨的態度看待富貴，大異於常人的視富貴功名爲歸途，如此的自負，相信是綜合了其自我性格與家庭教養的結果。施梅樵秉賦的天分和性格，在如此的家庭背景下，得到了栽培、引導與伸展，奠定了他日後面對人生的基礎態度，也成爲詩歌創作上的思想基底。

（二）家族親長

鹿港一地以施姓爲大姓。俗諺謂：「鹿港施一半」，正是指這個現象。梅樵施氏來鹿港的歷史並不算太久。但來臺第二代的聘廷公即能取得歲貢功名，轉而經商也能得意有成，施家對於家道的展望不僅樂觀，並且頗予期待。梅樵自幼即顯露出過人的聰穎，家人因此也都寄予極高的期望。

而期望梅樵在科舉道路上出人頭地的，不只是他的父親而已，還包括著家族的希望。雖說傳統社會普遍存在著「學而優則仕」的仕進觀念，但家族的力量其實是更爲近身的直接督促力。梅樵早發的英才，讓他的內心其實還肩負著創造家族榮耀的使命。家族中長輩們的叮嚀期許，對梅樵的教育和仕進，也產生一定的影響力。

1、等待以功名封釘的族親

梅樵孫子施景明轉述了一段幼時聽阿嬤施李却——梅樵妻子所說的一段往事〔註97〕：家族中有一位梅樵的叔輩親長臨終前許了大願：家族內要有人考上了秀才回來，他才願意「封釘」。封釘禮是一項民間傳統習俗，是指亡者入殮後，用鐵斧將棺木四端的長鐵釘釘下，即稱「封釘」儀式。封釘後才能下葬。當時要考上秀才並不容易，這位叔輩的心願無非在激勵家族子弟要奮發向學，以光宗耀祖。阿嬤施李却說：這位叔輩親長心目中認定的人選，就是當時還年少的施梅樵。而叔輩家遵守未封釘不得修剪鬚髮習俗的嫡子，長年下來，模樣十分嚇人。一直等到施梅樵考上秀才的消息傳來，才爲叔輩親長封釘，其嫡子也至此才終於得以修容。

〔註96〕〈雜詠〉，《鹿江集》頁20。
〔註97〕據筆者記錄施景明、施林錦霞夫婦訪問稿，2008年6月16日於彰化施宅。

2、厚中叔祖

這位不肯封釘的叔輩尊長，雖無從知其名號，但家族中，還有其他長輩也對梅樵十分疼愛鼓勵。厚中叔祖，就是一個例子。這位厚中叔祖名渠寬〔註98〕，《捲濤閣詩草》開篇第一首詩歌就是〈題厚中叔祖寫照〉七言古風〔註99〕，可見得厚中叔祖在梅樵心目中的重要地位。詩中讚譽叔祖謂：

> ……惟公素豪俠，親親明大義。落魄走江湖，英雄亦短氣。賴公以扶危，綢繆尤備至。忠憤發天良，湯火所弗避。不羨萬戶封。不受千金餌。……

厚中叔祖的深明大義，豪氣行俠，不避危難，不爲利誘，在勢利人情中，顯得珍貴難得。施家因叔祖扶持，而能面對難關。梅樵在字裡行間推崇厚中叔祖雪中送炭的義行，感念尊崇溢於言表。

《捲濤閣詩草》中所見連章六首的〈哭厚中叔祖〉，原刊於《臺灣日日新報》大正 1 年（1912）10 月 26 日〔註100〕，當時題目作〈哭家渠寬叔祖〉，亦是六首的連章之作。報上作品於第六首「佳節負黃花」句下梅樵自註：「公歿于九月六日」，因知：厚中叔祖乃仙逝於大正 1 年（1912）9 月 6 日。時梅樵43 歲。

試看梅樵〈哭厚中叔祖〉〔註101〕六首之四有云：

> 文場經百戰，波浪一衿難。載我科名錄，呈公仔細看。
>
> 無言心更碎，相對淚空談。太息沖霄鶴，何從振羽翰？

此詩讀來字字帶淚。歷經許多艱辛而後終於得以名列科甲名簿，可以呈獻給疼愛他、幫助他的厚中叔祖，而叔祖卻已成爲無言的靈位，功雖成而親已殂，如何能不椎心泣淚？梅樵以「沖霄鶴」比喻自己，對前程懷抱無限希望，但親父已鬱憤而亡，而厚愛他的叔祖又撒手而去，這樣的打擊教人如何承擔得起呀？如此的真情深義，絕非一般應酬的弔輓詩可以比擬。梅樵題目以「哭」字顯示出兩人的交情之厚，自非泛泛。《臺灣日日新報》於其詩後評曰：「一首別具一意。情真語摯，筆力圓健，不屑屑於對仗之工巧，運典之穠艷者，其得古深矣！」確是的論。

〔註98〕據施梅樵〈哭厚中叔祖〉題下作者註：「名渠寬」。見《捲濤閣詩草》頁 31。
〔註99〕見《捲濤閣詩草》頁 11。
〔註100〕見《臺灣日日新報》第 4455 號 3 版，又收在《捲濤閣詩草》頁 31。兩個版本主要的不同，是報上詩中原有作者自註，而《捲濤閣詩草》已完全刪除。
〔註101〕見《捲濤閣詩草》頁 31。

　　在〈哭厚中叔祖〉也一再提到:「終身貧徹骨,未肯事鑽營」的叔祖雖然一生清貧,卻能堅持骨氣。早年梅樵一家落難,當大家紛紛疏離切割時,叔祖卻能義無反顧地伸出援手給予協助,例如詩云:「仗義羞軒冕,論交託死生」、「先子流逃日,垂憐惟有公。……窮途眞涕泣,援手幾人同?」等,梅樵對他的尊敬是來自於對叔祖品格義氣的仰望。這樣的人格,足以傲視於富貴中人,梅樵最後明白驕傲地說:叔祖「蓋棺輿論定,愧煞縉紳家」!鹿港富戶縉紳多矣,諸多見風轉舵,背信離棄者,與厚中叔祖相比較,能不羞愧嗎?

　　厚中叔祖勉勵梅樵要用心於敦品力學,讓他十分感念。有詩云:

　　　南渡奔馳日,東歸親舊疏。驚弓憐似鳥,入網恥爲魚。

　　　補闕資修德,謀生勉讀書。煌煌遺訓在,遙憶一欷歔。(三)

叔祖當年對梅樵的訓示就是「補闕資修德,謀生勉讀書」。對逃難到泉州的梅樵而言,叔祖提示的修德能補不足,讀書可助謀生,幫助他度過了人生的驚濤期。而「修德」與「讀書」似乎也成爲梅樵日後安身立命的兩大信條。

　　家族對梅樵性格與學養的教育養成,實在具有著關鍵而基礎性的影響。

二、學校教育

　　施梅樵和傳統社會中絕大多數的讀書人一樣,朝著科舉仕途的方向邁進。因此也同樣要經過鄉塾、科試等歷程。

(一)塾　師

　　施梅樵究竟師承於何人?目前所能見的,有黃瑞符、莊仰山二夫子。

1、黃瑞符

　　施梅樵於14、15歲時曾就學於黃瑞符夫子門下。曾自云:

　　　公生前與先嚴道義交,情逾骨肉,視世姪如子。當十四、五歲時,
　　　初學作文,蒙公諄諄訓誨作法,且示以讀史鑑爲先,繼讀古文《左
　　　傳》。若制藝則宜讀《天崇春霆》,作文方有氣魄,不落凡庸。公之
　　　以遠大相期許者,至深切矣![註102]

黃瑞符夫子,未詳其生平,然據上文敘述,乃其父親好友,亦待之如己出,

〔註102〕見施梅樵〈黃瑞符公百歲冥壽追悼辭〉,《詩報》第312號頁22,昭和19年(1945)3月20日。

示其爲學之法頗有層次。梅樵於文字之間自然流露的緬懷之情，顯示黃夫子是梅樵心目中相當敬重的長者。

2、莊士哲

莊士哲，字孫賢，號仰山，梅邨公長子，鹿港人，原籍福建省泉州府晉江縣。據其嗣孫莊幼岳所撰〈二十二世仰山公略傳〉〔註103〕記載：生於咸豐2年（1852）12月21日，卒於大正8年（1919）7月25日，享年67歲。弱冠補博士弟子員，旋即拔爲優等，補增廣生食廩。能詩文，擅長行書，爲知名書法家。曾經執教於彰化礦溪、白沙兩書院。莊士哲也在故鄉鹿港作育英才，施梅樵、許劍漁（1870～1904）等都是其得意門生。日治初期施、許等人成立「鹿苑吟社」時，莊仰山也曾參加。

施梅樵回憶受教于其門下時，在〈哭莊仰山夫子〉〔註104〕之三中云：

> 几席追隨憶稚年，私心期許紹薪傳。
>
> 一衿未足償奢願，冊載難忘侍講筵。……

仰山夫子過世時，梅樵 50 歲，據詩中所示「稚年」「冊載」諸語，則莊士哲乃是梅樵十餘歲幼年時的老師。

日本治臺初期，日軍爲鎮壓反日勢力，南下到達鹿港。莊士哲當時代表地方向日軍輸誠，爲日方徵集餉糧，招募丁勇。日方亦尊重其在地方上的聲望，於明治31年（1898）任命爲鹿港保良局參事，於明治35年（1902）任命爲鹿港區長。當時鹿港因港口淤塞，舟楫不通，清代「一府二鹿三艋舺」的榮景不再。於是通匝道於彰化，大利於交通。又清修溝渠，興治水利，建設學校，敦風教化，於地方公益無不盡力謀畫。明治35年（1902）獲總督府頒授紳章。由臺灣總督府出版的《臺灣士紳列傳》〔註105〕中曾記載道：

> 莊士哲一老紳也，爲人謹嚴廉直，最謀公益，苟聞義莫不爲。乙未
>
> 變革時，皇軍徇到於鹿港，君率表誠於營門。

莊士哲郊迎日軍的舉動，自然是他後來在仕途上步步高升的主要原因。但看在抗日人士的眼中，相信是難以苟同的。相對於同爲鹿港仕紳的蔡德芳進士

〔註103〕見莊幼岳《紅梅山館瑣稿》頁 280。作者自印。1995 年 8 月。

〔註104〕《臺灣日日新報》第 6930 號 3 版，大正 8 年（1919）9 月 30 日。刊於南瀛詞壇。再發表於《臺灣文藝叢誌》第二年第一號，大正 9 年（1920）3 月 15日。又收在《捲濤閣詩草》頁 103。

〔註105〕見臺灣總督府編《臺灣士紳列傳》頁 204。臺北：臺灣日日新報社，大正 5年（1916）4 月。

之子蔡穀元，因痛憤異族入主，憂恨成疾，竟於乙未當年殞命。兩人實成為強烈對比。梅樵所稱「輿論紛紛太不情」，應該正是指出社會輿論非議的實況。

只是，看看莊士哲代表地方向日軍示好的同時，其弟莊士勳（1856～1918）與其子莊太岳其實是相偕前往大陸避難，那何以莊士哲獨留鹿港？又何以是他代表地方人士？這當中的考量為何？是有心的佈局？抑或是隨順因緣的巧合？尚有待瞭解。

梅樵本身對日本入主臺灣極為反感，但對其師尊迎日親日的作為，似乎還是有所迴護的。其〈哭莊仰山夫子〉之二詩云：

> 輿論紛紛太不情，文章氣節信生平。
>
> 耐窮未肯投時好，雅量何嘗與弟爭。
>
> 萬事於人惟體諒，此心到死亦光明。
>
> 前徽小子猶能道，江漢秋陽德莫名。

梅樵詩中所針對維護的是其師尊之「德」，而這可能也正是莊士哲最受評議的部分。在輿論紛紛中，梅樵以「文章」「氣節」概括莊氏，有意將之回歸文人本色而標榜之。

其實，莊士哲雖然與日方親好，卻同時和反日者也是親近的。莊士勳與莊太岳在局勢較為平靜後回到故里，明治30年（1897）年莊士哲與弟莊士勳一同支持成立「鹿苑吟社」，為創社會員。而鹿苑吟社的施梅樵與許劍漁等人正都是他的弟子。鹿苑吟社是日治之後彰化地區最早成立的詩社，具有濃厚的反日意識。莊仰山的加入，除了有長輩對青年作為的鼓勵之外，相信也與他出身漢學塾師，樂見漢學推廣有關。並且就其職位而言，這也與日本當局對詩社寬容的政策方向是一致的。

莊士哲與梅樵之間的師生互動與影響，目前尚無多的資料可以說明。施讓甫形容梅樵早年「天資甚高，讀書過眼即能成誦」〔註106〕，相信應該會是讓莊老師印象深刻的傑出弟子才是。

（二）儒學科舉

在私塾裡跟隨經師讀經治史、賦詩寫作，除了識字敦品的基本修養之外，主要目標還是在參加秀才考試。考上秀才，可以擺脫庶民身份，更是晉身仕途的第一步。

〔註106〕見施讓甫〈施公梅樵家傳〉，《鹿江集》頁（2）。

施梅樵於 24 歲之年取進秀才。在此之前,其實是經過一波三折的歷程:

1、年十八赴府考,未取

光緒 13 年(1887)施梅樵 18 歲赴府考。府考考官是由直轄本縣的臺灣知府擔任〔註107〕,當時由其父親陪同。據施讓甫〈施公梅樵家傳〉記載:

> 年十八赴府考,主司欲拔置案首,聘廷公以其年輕,恐生驕惰,不欲其早成,爲荐洪棄父以代之。蓋聘廷公深信公之才學,取功名易如拾芥。曰:子弟既有才學,不論遲早,必不埋沒。

這段記載從心志層面看,顯示了聘廷公對其子施梅樵的才學,懷抱著「錐入囊中,其鋒必露」的極大自信。同時也表現了聘廷公對梅樵品格端正的注重,甚至不惜在科考中予以頓挫,以訓戒其年少輕狂,切忌驕惰。

但從事實層面看,這段記載卻又令人不得不產生疑問。其一,秀才考試是由官方在層層把關與會考的成套制度中完成的,能否榜上有名,或者能否高中案首,其間有讓考生家長置喙的餘地嗎?甚至還有推薦案首的可能嗎?其二,考秀才是事關前程的重要考試,一般人唯恐名落孫山,又哪裡會拒絕金榜題名呢?而聘廷公之所以拒絕的理由,似乎也不十分充分。其三,光緒 13 年(1887)的府考,施梅樵與同鄉洪棄生確實同來赴考〔註108〕,但依上述記載:顯然二人成績都很優秀。但實際上,此二人在當年卻都雙雙落榜,更遑論案首之荐了。若記載屬實,則聘廷公的角色與影響力令人好奇;如若不然,則施讓甫的這段文字,便有很大的商榷餘地了。〔註109〕

尋檢與梅樵同時代的同鄉好友許劍漁,曾作〈賀施梅樵入泮〉十二首〔註110〕以祝賀之。其第一首回顧梅樵早年應試失利有云:

> 翩翩玉樹皎臨風,文譽當年播洛中。
>
> 未遇中郎無賞識,致令爨下有焦桐。

〔註107〕府考多在 4 月舉行,光緒 13 年 8 月清廷始詔令臺灣建省確定。則梅樵赴考當時彰化仍屬臺灣府管轄。

〔註108〕洪棄生於光緒 12 年(1886)2 月參加秀才縣試,取進前列,4 月府試未中式。光緒 13 年(1887)2 月參加縣試,4 月府試失敗。至光緒 15 年(1889)終於考取秀才。後赴福州參加四次鄉試,皆無所獲。參考程玉凰《嶙峋志節一書生——洪棄生及其作品考述》,臺北:國史館,1977 年 5 月。

〔註109〕洪棄生入泮事,許俊雅《臺灣寫實詩作之抗日精神研究——一八九五～一九四五年之古典詩歌》頁 86 對年代亦提出質疑。

〔註110〕許劍漁〈賀施梅樵入泮〉,《鳴劍齋遺草》頁 18。

劍漁的詩先是讚譽了梅樵文才享譽鹿江，繼而以東漢蔡邕焦尾琴的典故〔註
111〕，比喻他宛如爨下焦桐，惋惜他的時運不濟。詩意單純，即謂其名落孫山
之外，是未遇知音的遺憾。若有如前述「主司欲拔置案首」之事，理應不會
有「未遇中郎無賞識」的感慨。劍漁與梅樵同庚，又爲同鄉摯友，其登榜致
賀的當時之詞，應較讓甫的追憶文字，更接近實情爲是。

　　施讓甫的文字欲以強調的，自是在梅樵之高才，以及聘廷公對己出的用
心與信心。只是，他可能在時序上混淆了。應是梅樵科場失意在先，聘廷公
鼓舞振作之語在後爲是。至於「荐洪棄父以代之」〔註112〕，恐怕只是誤傳衍
文而已了。

2、年十九，施九緞事件爆發，亡命溫陵

　　梅樵府考後的第二年是光緒 14 年（1888）戊子，19 歲的梅樵萬萬想不
到會爆發施九緞事件，更想不到父親聘廷公會因此無端被誣陷而罹罪，倉皇
中跟蹌奔逃，而致離鄉浮海逃亡，梅樵遂隨同避亂溫陵。溫陵，明代以後專
以泉州晉江爲溫陵，此地正是施氏一家祖籍之所在。翌年己丑雖開舉歲試，
〔註 113〕然梅樵以亡命之身，不便應考。因爲民變牽連的關係，來到泉州的
梅樵，繼續就地求學。梅樵在溫陵的生活、就學等，目前尚缺乏相關資料，
無法顯示具體內容。但看其前後經歷，顯然溫陵時期他沈潛勵學，致力於舉
業。蔡壽星曾說梅樵「乘戊子之變，遊學於三山溫陵，凡數載文思大進。」
〔註 114〕洪棄生形容他「聽瓊海之濤，既滿髯蘇之載；入閩山之嶠，遂增爪
李之囊。」凡此都指出了溫陵時期是梅樵才學的轉捩點。由於遭遇家變，激
勵著梅樵更爲奮發努力。

3、年廿一，丁父憂，不得與試

　　這一年是光緒 16 年（1890），歲次庚寅，恰舉行寅年科試。但聘廷公因

〔註111〕見《後漢書・蔡邕傳》：「吳人有燒桐以爨者，邕聞火烈之聲，知其良木，因請
　　　　而裁爲琴，果有美聲，而其尾猶焦，故時人名曰焦尾琴焉。」
〔註112〕見施讓甫〈施公梅樵家傳〉，《鹿江集》頁（2）。又，洪月樵因痛心割臺，遂
　　　　改字棄生，又爲避筆禍化名作「棄父」。其名作《臺灣戰紀》與《中東戰紀》
　　　　即均署名「洪棄父」。參程玉凰《洪棄生傳》頁 46。南投：臺灣省文獻委員
　　　　會，1998 年 12 月。
〔註113〕秀才考試爲每三年舉行二次，據林文龍《臺灣的書院與科舉》頁 133：逢辰、
　　　　戌、丑、未年稱爲「歲試」，文武童生並考；逢寅、申、己、亥年稱爲「科試」，
　　　　只考文童生。臺北：常民文化出版公司，1999 年 9 月。
〔註114〕見蔡壽星〈捲濤閣詩草序〉，《捲濤閣詩草》頁 7。

憂憤抑鬱，於此年竟至撒手歸天，得年僅 40 歲。依據清代制度規定：居父母喪的丁憂期間，不得應考。梅樵不得不再等待三年丁憂期滿之後，始有資格應考。這一年，梅樵可謂遭受到雙重的重大打擊。他到晚年 75 歲時回憶往事，仍然難忘此時的錐心之痛，有〈自題片影〉詩云：

> 我生何不辰，弱冠遭喪亂。禍水降自天，骨肉驚離散。
>
> 旋抱失怙悲，痛極奈何喚。未及申父冤，忍辱事文戰。

父親之遇難沈冤，是梅樵一生最難釋懷的心痛。聘廷公之厄，讓原本幸福的家庭頓時變色，倉皇逃難、離鄉背井、骨肉離散，甚至最後還財盡人亡。但身為長子的梅樵，彷彿暗許著雪仇中興的決心。又例如其〈七十述懷〉四首中有超過三首詩都提到對此事的感慨，詩云：

> ……年將弱冠遭家難，人為奔波識世情。
>
> 骨肉流離空灑淚，風雲險惡輒虛驚。……（一）
>
> 臥薪嘗膽歷年年，回首家園感萬千。佳節每逢懷弟妹，
>
> 忽來飛禍將巢覆，竊望消災得瓦全。人海潛藏同蟄伏，
>
> 起居夢寐總惶然。（二）
>
> 鏖戰文場搏一衿，焦桐爨下遇知音。
>
> 頓令三字冤能雪，早信重泉感益深。……（三）

即使已經高齡七十，對於往事的沈痛卻絲毫未曾隨時間稍減。施氏一家看盡了人情冷暖，家道一夕中落。即使驚恐傷感，為了使「三字冤能雪」〔註115〕，他要「鏖戰文場搏一衿」，目的就是希望能為父親洗刷冤屈，還他一個清白公道。

聘廷公事件發生前的施梅樵參加科考，主要是順應個人智性才情的發揮與增加家族榮耀。但事件發生之後，施梅樵一變而為懷抱著憂憤雪恥的戰鬥精神參加競試。他要靠著父親遺傳給他的智慧和堅毅，要憑藉著親人的支持和個人的努力，為父親名節與家族榮辱而戰。他要以他普天皆知的功名成就，洗刷幾年來撲天蓋地的冤屈羞辱。

4、年廿四，終以案首入泮

幾年來，梅樵先是無從與試，繼而丁憂不得與試。一直等到 24 歲，光緒 19 年（1893），歲次癸巳，梅樵丁憂三年恰好期滿，終於符合應考資格，得以

〔註115〕三字，指「莫須有」三字。典出《宋史・岳飛傳》：宋秦檜誣陷岳飛，以「莫須有」三字使下獄。後世因亦以「三字獄」代稱冤獄。

赴試〔註116〕。受到顧鼎臣學使的賞識，以第一名的優異成績入泮，如願成爲眞正的秀才。同年登榜的尙有基隆陳道南，二人後來遂爲知交。〔註117〕

一路走來的艱辛，在好友許劍漁的眼中看得很清楚，爲表示祝賀之意，他洋洋灑灑寫下〈賀施梅樵入泮〉絕句 12 首〔註118〕，其中曾提到：

桐城三載避紛囂，壯志何甘髀肉消。

嘗膽臥薪心獨苦，鄉思莫更問來潮。（之二）

天將大任付君身，磨礪方成不世珍。

知否化龍猶歷劫，禹門燒尾〔註119〕有來因。（之三）

對於溫陵三年，劍漁以「嘗膽臥薪」比擬之，再以「天將大任付君身」勉勵好友，對好友未來鯉躍龍門的錦繡前程，寄予許多祝福。

施家在抑鬱多年之後，終於可以揚眉吐氣，掃去陰霾，一吐多年積氣。梅樵不僅可以告慰父親在天之靈，也終於可以告祭等著他凱旋榮歸才要封釘的叔輩親長，讓他九泉含笑．對施氏家族而言，梅樵的考上秀才，是撥雲見日新希望的到來，是家族重生的大喜之事。而以梅樵突出的成績，包括他自己在內，都對未來想像著更上層樓的展望。

只是造化弄人，割臺之變（1895）讓施梅樵的最高功名就此停留在秀才，無緣再作進取。這是繼戊子之變（1888）、失親之痛（1890）以後，幾年之內接踵而至的重大打擊。割臺，也讓施梅樵的人生在此形成一道分水嶺，原來儲備作爲科舉應試之用的漢學造詣，在日治之後，轉而成爲他教學謀生、文化反日的最重要後盾。這一番新的生活面貌，恐怕是超乎梅樵原來的想像。

生於同治 9 年（1870）的施梅樵，在割讓臺灣之前，由少年而青年，已經完成了完整的養成教育，光緒 21 年（1895）26 歲時的他早已經是秀才之身，甚至已經完婚，開始承擔家計。他正是所謂的典型「一世文人」。

〔註116〕據施梅樵孫子施景明轉述其祖母當年的話：施梅樵的秀才身份是在福建考取的。據筆者記錄施景明、施林錦霞夫婦訪問稿，2008 年 6 月 16 日於彰化施宅。

〔註117〕施梅樵〈陳母朱安人傳〉：「（朱安人）年二十五，歸陳道南先生。先生與余同受知於顧鼎臣學使，遂舉秀才。」《詩報》昭和 16 年（1941）6 月 4 日，第 249 號頁 22。

〔註118〕許劍漁〈賀施梅樵入泮〉，《鳴劍齋遺草》頁 18。

〔註119〕燒尾，新入行列之意。唐時士人新登第或升遷時的賀宴，稱燒尾。唐代封演《封氏聞見記・燒尾》：「士子初登榮進及遷除，朋僚慰賀，必盛置酒饌音樂，以展歡宴，謂之燒尾。……一云：新羊入群，乃爲諸羊所觸，不相親附，火燒其尾則定。」

　　一個人生命中讀書受教、塑造人格，一般在青少年時期都已經底定。這段時間裡的施梅樵，完全薰陶於傳統社會與清代儒學體系，主要的思想模式、價值判斷、語文表達、詩學美感……可謂都已被塑造定型。他的學識基礎、人生取向與性格特質，也都已然養成於傳統教育模式之下。這對於他在日後身處於日本異族統治時代如何安身立命的態度，存在著必然的影響。甚至可說，即使日後在時代變局中有許多新思潮的湧入與刺激，施梅樵作爲一個「舊文人」的「本質」，其格局已然大致定型。

第四節　從業與遷徙

　　施梅樵一生遷徙多處，所幸臺灣戶籍自明治 39 年（1906）起開始建制〔註120〕，因得以在其家屬同意下查得相關戶籍資料，較爲明確地整理出梅樵在各階段的遊蹤。茲就所得製如下表：「施梅樵戶籍遷移歷程表」。

表 2-3　施梅樵戶籍遷移歷程表

日　治　時　期　住　所　番　地	現行行政區域
彰化廳彰化郡馬芝堡番社庄第七十八番地。【最早的戶籍記錄】	彰化縣鹿港鎮
彰化廳馬芝堡鹿港街鹿港字（土名）大有口五百五番地。 【對照今日：鹿港鎮大有里二鄰大有街】	彰化縣鹿港鎮大有里
彰化廳線東堡彰化街南門百七十三番地，明治 40 年（1907）12 月 14 日寄留。明治 41 年（1908）8 月 23 日遷出。	彰化市中央里居 8.5 月。
南投廳北投堡草鞋墩街三十五番地李春盛方，明治 44 年（1911）4 月 11 日同居寄籍。	南投縣草屯鎮玉峰里居 6 月
嘉義廳打貓南堡雙溪口庄六百四十九番地張進文（天佑）方，大正 4 年（1915）5 月 8 日同居寄籍。	嘉義縣溪口鄉溪東村
臺中廳束東上堡葫蘆墩街五百十番地柯添進方，大正 5 年（1916）3 月 7 日雇人轉寄留。 臺中廳束東上堡葫蘆墩街五百十番地，大正 5 年（1916）9 月 15 日轉寄留。 臺中廳束東上堡葫蘆墩街五十五番地，大正 9 年（1920）3 月 8 日轉寄留。	豐原市富春里居 5 年

〔註120〕參：臺北市政府民政局「戶政電子博物館」：http://www.ca.taipei.gov.tw/civil/museum/world/system.html。2008 年 11 月 13 日讀取。

臺中市臺中五百四十三番地〔註121〕，大正10年（1921）3月15日轉居。	臺中市北屯區北興里居5年2月
臺南市港町，大正15年（1926）5月28日轉居。	臺南市西區西羅里居3年
彰化西門445番地，大正15年（1926）5月28日轉居。	彰化市萬壽里
彰化街彰化字西門21番地，昭和2年（1927）10月20日轉居。	彰化市長樂里
彰化街彰化字東門249番地，昭和3年（1928）3月8日轉居。	彰化市大同里
彰化南郭377番地，昭和11年（1936）10月7日寄留。	彰化市福安里
彰化南郭237番地，昭和15年（1940）1月5日寄留。	彰化市華北里
彰化市大成里1鄰17戶孔門路6號，民國36年（1947）1月20日設籍，卒於此。	彰化市大成里合計居：23年
戶政名詞釋義〔註122〕： 同居寄留人：非戶主親屬之家屬，或同居之遷徙人口。 雇人：即因工作之故，暫時將戶籍寄留於雇主之家之稱謂。 轉寄留：本籍人口在遷徙地再遷徙，保留本籍。 轉居（籍）：本籍人口轉住他處變更本籍。	

資料來源：彰化縣鹿港鎮、彰化市、南投縣草屯鎮、嘉義縣溪口鄉、豐原市、臺中市北屯區、臺南市等戶政事務所。

一、幼年到青年時期──鹿港與泉州之間的家族生活

（一）鹿港故居

　　梅樵出生於鹿港，青少年時期都在鹿港成長。梅樵在鹿港的故居原籍，據梅樵日治時期戶籍資料記載，乃在：「彰化廳馬芝堡鹿港街鹿港字（土名）大有口五百五番地」。這應該是現今所見最早的記錄。其所載位置，依據戶政單位的對比資料推算〔註123〕顯示，是在今日：「鹿港鎮大有里二鄰大有街（暗街仔）35號」。「暗街仔」乃今日「大有街」的早期稱名。

〔註121〕此則資料原始未載堡、街，恐有漏記。惟據番地對照，應在今臺中市北屯區北興里區內最為可能。

〔註122〕日治時期戶政名詞釋義，參照：彰化縣和美鎮戶政事務所「日據時代調查簿名詞簡釋」：http://www.homei.gov.tw/japan.htm

〔註123〕見《彰化縣日據時期住所番地與現行行政區域對照表‧鹿港鎮戶政事務所》頁N-22：日據時期「臺中州彰化郡鹿港街鹿港字大有口第471～517番地」相當於現今「鹿港鎮大有里」。

　　筆者按圖索驥，順利找到了大有街，卻在 36 號住宅，發現其門楣上以流麗行草雕塑著「瑞芳書室」四個大字，直覺應是書房教育的遺跡，頗感振奮。叩訪屋主，是家中女主人蔡太太。在她親切熱誠的招待下，她表示：這棟屋宅是蔡家的老家，嫁來蔡家三十多年，也未曾聽說關於「瑞芳書室」的淵源。瑞芳書室隔牆的左鄰是一棟兩層樓的廢棄破屋。在戶戶整齊的巷弄中，顯得很突兀。筆者在好奇心的驅使下，詢問了蔡太太，她興奮地說：「這破屋的主人以前是個秀才呢！好像叫做～嗯～施讓甫吧！他的子女每隔一段時間就會回來看看我們呢！」

　　施讓甫是施梅樵的親侄兒，同時也從於捲濤閣門下問學，為梅樵弟子。查鹿港施讓甫戶籍〔註124〕，知讓甫於昭和 6 年（1931）12 月因與其兄長施塔分家，遂遷居至「彰化廳馬芝堡鹿港街鹿港字（土名）大有口五百五番地」，此與前述施梅樵家宅地址完全相同！原來梅樵、讓甫都曾先後入住於此宅。這其中因緣關係如何？尚無從明瞭。不過，已經可以證明蔡太太所說的鄰居姓名是正確的。

　　只是，施讓甫並非秀才。查：施讓甫出生於日本統治臺灣之後的明治 33 年（1900），日本政府廢除科舉，讓甫根本無緣參加科舉。但蔡太太一再強調家族長輩都告訴她：隔壁是秀才之家！

　　綜合梅樵與讓甫的戶籍關係，以及鄰居蔡太太的說法，情況極可能是：前有梅樵一戶安家定居，後有讓甫遷居入住。爾後皆移徙未返，遂至荒廢殘破，一如今貌。雖此破屋未見有門牌編號，但可以大膽推定：這戶「**鹿港鎮大有里二鄰大有街 36 號左鄰**」的破屋，就是梅樵早期在鹿港的故居。

　　這戶二層樓獨棟的屋子雖然破損不堪居住，但從外部觀看，氣勢仍在，其格局亦可見梗概。這是一棟磚造的外結構與木造的內結構組合的傳統鹿港建築。大門置中，兩側大窗是採用傳統可拼拆式的木質接榫長條板，這種裝置通常是店鋪型的設計。從蔡太太家二樓可以清楚看到破屋二樓內部，中段有偌大的室內天井，前端則是開了小門小窗的閣樓，還採用了圓弧流線的金形馬背。

　　梅樵孫媳施林景霞接受訪問時曾表示〔註125〕：嫁入施家後，她曾與阿媽施李却（梅樵妻）同返鹿港祭祖，好像就在後車路〔註126〕附近。梅樵故宅所

〔註124〕據施廉（讓甫）戶籍資料，鹿港鎮戶政事務所提供。
〔註125〕據筆者記錄施景明、施林錦霞夫婦訪問稿，2008 年 6 月 16 日於彰化施宅。
〔註126〕今鹿港鎮有後車巷，是位於中山路後方的一條小巷。

在的大有街，正是鹿港著名的九曲巷中的一段，與今稱後車巷的後車路，實際上的確相距不遠。以此爲證，梅樵的鹿港故居應該就是：今日大有街36號左鄰的屋宅。（見圖像集）

（二）晉江祖居

梅樵父親聘廷公爲歲貢生，曾任福建省教諭，後返回鹿港，經營當鋪生理，家境富裕。〔註127〕又善於結交當道，熱心地方事務，而名重一時。總角之友洪棄生說梅樵「家貲尙鉅萬，以喜狹邪遊傾其貲，而梅樵始終興不衰。」〔註128〕明顯是紈绔子弟的形象。這在梅樵一生中，應是生活最爲富裕無憂的時期。

直至施九緞事件起，施家才發生了意想不到的變化。在戊子之變（1888）發生後，施氏踉蹌破家，梅樵隨家避走閩中。先是梅樵有二弟名鶯，曾定盟於鹿港拔貢林有本之女爲妻，可惜未娶而卒。林氏聽聞噩耗而仍甘心入施家，持貞守節，而蒙朝廷旌表，光耀閭里。及至發生戊子之冤，聘廷公涉案，林氏竟投井而死。依清廷律令：財產凡登記爲貞節婦所有者，皆得留存。施家部分產業因此得以保留，免於完全破產。〔註129〕眞乃「貞節」之庇蔭！或者因此而梅樵雖內渡而能遊學於三山溫陵，繼續勵學，從此文思躍進，詩藝大爲提昇。其間曾與蔡壽星相逢於晉江客席；〔註130〕也與家鄉同宗族人一同致祭於靖海將軍施琅墓前〔註131〕，日後回憶時甚至說「弱少遭喪亂，足跡遍八閩」〔註132〕，遊歷過不少地方。到光緒19年（1893）年廿四應試，以榜首的優異成績考上秀才，得入泮宮，成爲彰化縣學庠生。只是世事難料，隔年爆發中日甲午（1894）之戰，繼而乙未（1895）割臺。

乙未年時梅樵26歲，正是充滿理想的年代。當年春2月，仍身居泉州，曾接獲北京張珍五太史來信，催促赴任戶部之職。這是一次轉捩點，然而因爲在臺已經雙目失明的祖母以家書催促返臺，施梅樵終究作罷，返回鹿港。

〔註127〕見吳文星撰《鹿港鎮志・人物篇・施家珍》頁42，彰化鹿港：鹿港鎮公所，2000年6月。

〔註128〕見洪棄生〈捲濤閣詩草序〉，收在施梅樵《捲濤閣詩草》頁4。

〔註129〕見吳文星撰《鹿港鎮志・人物篇・施家珍》頁42，彰化鹿港：鹿港鎮公所，2000年6月。

〔註130〕見施士洁〈捲濤閣詩草序〉，收在施梅樵《捲濤閣詩草》頁7。

〔註131〕參〈過施靖海將軍故園〉、〈春日偕同族諸子致祭有明定國將軍施公墓〉，分見《捲濤閣詩草》頁32、139。

〔註132〕〈送魏潤菴之閩中〉，見《捲濤閣詩草》頁93。

〔註133〕從此未再離臺〔註134〕，也一生未曾爲官。

至臺灣割讓爲止，可謂爲梅樵的養成階段。雖然梅樵在考取秀才之前，已於光緒17年（1891）完成終身大事。但仍然是在家族的庇護之下共同生活，似乎尚未完全獨立。

二、壯年時期——潛居彰鹿

（一）鹿港笠雲草堂

乙未割臺之後，梅樵絕意仕進，詩酒自娛。明治30年（1897）爲不願屈身異族，傳統文化沈淪，與同鄉洪月樵、許劍漁，及苑裡蔡啓運倡設「鹿苑吟社」，聯絡南北詩人聲氣，提振民族精神。這可視爲他在詩社活動上的正式起點。在其〈乙卯元旦試筆〉中謂「細雨輕煙近卯橋，倚筇同看鹿江潮」〔註135〕，可知直至大正4年（1915）元旦，居地仍在鹿港。

關於梅樵的住處所在，除前述大有街故居之外，另有笠雲山莊。

以大正元年（1912）8月蔡子昭有〈訪笠雲草堂主人梅樵先生不遇〉、陳子敏有〈贈笠雲草堂主人梅樵詞宗〉二詩〔註136〕看來，至少在大正元年（1912）8月時，梅樵仍居住在笠雲草堂，當時的他43歲。也因此自稱「笠雲山人」。

曾經造訪笠雲草堂的蔡子昭形容尋訪歷程，描述沿途風光頗爲仔細，且看其〈訪笠雲草堂主人梅樵先生不遇〉詩云：

> ……遠望環村盡修竹，下有小橋通墙西。溪迴村曲人稀到，沿溪直
> 入武陵路。陌上垂楊溪上村，門前流水墀前樹。……

如描述盡是鄉野村居，修竹環村，小橋通幽，迴溪垂楊，清靜少人，蔡子昭還以「武陵」桃源來比喻，和陳子敏所言「分明此地栖身穩，何必桃源好避

〔註133〕見〈甲申生日誌感〉其二作者原註。張瑞和編《詹作舟全集・四・傳統詩篇上》頁318。永靖鄉：詹作舟全集出版委員會，2001年11月初版。本詩亦見於《鹿江集》頁92，然此則作者原註已遭刪除。

〔註134〕〈送魏潤菴之閩中〉有云：「弱少遭喪亂，足跡遍八閩。昔爲桑與梓，今成越與秦。我每憶舊遊，悲愴發長呻。廿年滯海外，問訊憑鴻鱗。」見《捲濤閣詩草》頁93。

〔註135〕見《捲濤閣詩草》頁118。

〔註136〕蔡子昭〈訪笠雲草堂主人梅樵先生不遇〉，見《臺灣日日新報》大正元年（1912）8月21日第4392號3版《臺灣日日新報》。陳子敏〈贈笠雲草堂主人梅樵詞宗〉，見《臺灣日日新報》大正元年（1912）8月29日第4400號3版。

秦」（〈贈笠雲草堂主人梅樵詞宗〉），所見類同！

　　梅樵有〈重過笠雲草堂故居〉、〈重過笠雲山莊舊居〉〔註137〕二首詩，可知：笠雲草堂（山莊）是梅樵早期的居所。又另有〈自鹿江之笠雲草堂故居〉〔註138〕一作，既稱啓程與往歸爲兩處，則顯然笠雲草堂與鹿港有一段距離。

　　然則此草堂在今何處呢？試觀詩中如此描寫草堂風光云：

　　村柝驚宵夢，山廚備曉炊。……水急聲環屋，月高影滿籬。（〈重過笠雲草堂故居〉）

　　竹屋六七間，惟求吾意適。左右花卉繁，芬芳氣四溢。庭前種凌霄，堂後植松柏。……村居樂有餘，詎遜隱君宅？（〈重過笠雲山莊舊居〉）

詩中回憶舊居盡是村落裡的清簡風光，編竹爲屋，植花種樹，聽水賞月，雞鶩足供，杯物不盡，還有柝聲驚夢，書卷安身，詩人對此「隱居」生活，充滿許多愜意與懷念。如此景象與位於鬧區的大有街樣貌氣氛，差異甚大。則顯然梅樵曾經離開繁華熱鬧的大有街故居，另有一較爲鄉居的笠雲草堂時期的生活。而笠雲草堂必然在鹿港市區之外。

（二）彰化南門（1907～1908）

　　查梅樵戶政資料，知其在明治40年（1907）12月14日至明治41年（1908）8月23日期間，將近九個月的期間，都寄留於「彰化廳線東堡彰化街南門百七十三番地」，對照今日，在今彰化市中央里。〔註139〕此地大約在古彰化南門之外。於日治初期，大約還是綠野平疇爲主的農村景況。筆者推想：笠雲山莊是梅樵遷居彰化市郊時的居所，也不無可能。

　　從鹿港移出戶籍至彰化，意味著施梅樵正式的獨立門戶。發表於《臺灣日日新報》的〈喜晤黃林兩先生賦呈兼留別〉、〈疊前韻再呈〉〔註140〕二首詩，施梅樵當時署名「在斗六」，顯示：設籍彰化應是安置家人，實則梅樵在此壯年時期，已經應各地私塾的邀請，出外教學，逐步地走向遊走教學的路徑了。

〔註137〕依序見《捲濤閣詩草·上》頁25，《鹿江集》頁13。

〔註138〕依序見《捲濤閣詩草·上》頁54。

〔註139〕見〈彰化縣日據時期住所番地與現行行政區域對照表〉頁8。

〔註140〕《臺灣日日新報》2688號1版，明治40年（1907）4月21日。

三、中年時期——設帳各地，開業中臺

（一）草屯街（1911）

明治 44 年（1911）受邀赴草鞋墩街名紳李春盛公館所設私塾，接替同鄉名儒洪棄生，教授孩童學習漢文，自 4 月 11 日開始寄籍。當年學童中有一位是後來十分知名的文藝家張深切，那時他僅是一位七、八歲的孩子而已。〔註141〕

（二）嘉義雙溪口（1915～1916）

從戶籍資料上看，梅樵是在大正 4 年 5 月 8 日寄籍至嘉義雙溪口庄張進文（天佑）家〔註142〕擔任西席。大正 4 年（1915）8 月 2 日《臺灣日日新報》〈詞人小集〉〔註143〕曾登載前一日梅樵抵嘉，受到詩友歡迎的消息，報導中說：

> 鹿港施梅樵，原應嘉義雙溪口〔註144〕區長張進文聘主西席，日昨隨其居停到嘉。同地與施氏有舊之陳家駒、張銘三、林玉書、李占欣及其他數氏。假大街益昌店內，開茶話會。敲詩擊鉢。施氏賦〈三宿諸羅有感〉一律。銘三和畢。諸人旋於梅樵賦即景詩。限八庚三肴。得詩十餘首。至深更盡歡而散。

梅樵當時名氣越來越大，他徙居教學的動向漸受報界所注意披露。

〈秋日子敏寄書來詢近狀作時答之〉〔註145〕聯章八首為當年仲冬之作，對思鄉之苦寄託猶深，其詩有曰：

> 客愁縱藉濁醪寬，薄飲無魚亦寡歡。
> 却喜秋來占鵲晤，時人眷屬總平安。（三）
>
> 仙侶蓬壺足遺情，雙溪咫尺即山城。
> 老夫猶有雄心在，白戰騷壇忍負盟。（五）〔註146〕
>
> 慣倚斜陽理釣絲，鱸魚味美不愆期。
> 傷心我亦如張翰，怕聽村童唱竹枝。（六）

〔註141〕見《張深切全集·卷一·里程碑·上大人》頁81。臺北：文經出版社，1998年 1 月。

〔註142〕據施梅樵戶籍資料，嘉義縣溪口鄉戶政事務所提供。

〔註143〕《臺灣日日新報》第 5429 號 4 版，大正 4 年（1915）8 月 2 日。

〔註144〕即今嘉義縣朴子市雙溪里。

〔註145〕《臺灣日日新報》第 5523 號 6 版，大正 4 年（1915）11 月 9 日。刊於詩壇。

〔註146〕作者自註：「每月一次到臺與諸君子唱和。」

詩中謂客愁寂寥，得閱家書最爲歡喜。而與詩友時相聯誼唱和，亦頗安慰。
但鄉曲小調輕易地挑起思鄉之苦，一如張翰的蓴鱸之思。

《捲濤閣詩草》中有〈乙卯除夕雙溪客次誌感〉〔註147〕之作。與詩題所
書「乙卯」即大正4年（1915）、及上列報載都是同一件事。從8月到嘉義，
直到年底仍在嘉義，詩云：

> 蕭齋寥落等禪居，痛飲酣歌待歲除。
>
> 慾海難塡遭點狗，恨天莫補數更魚。
>
> 風塵囊橐空餘劍，荊棘門墻愧借鋤。
>
> 枉費栽培辛苦志，一春桃李總成虛。

詩中表明了梅樵來到雙溪，爲人師表，栽培桃李，至除夕日尚未能歸家。清
齋冷落寂寥如同禪居，已然深感蕭索，而雄心熱誠未得英才，春風虛拂，枉
費一片辛苦，令人更感懊惱。除夕的團圓日，卻又感到囊橐空空的失意，在
工作上不甚有成就感，但爲生計卻不得不然，似乎頗有怨嗟之嘆。嘉義的工
作在不久之後似乎就結束了。

（三）葫蘆墩（1916～1921）

大正5年至10年（1916～1921）的四年期間，梅樵的重心大約都在葫蘆
墩（今臺中縣豐原市）。據戶籍資料顯示：大正5年3月7日梅樵已經登記寄
留於葫蘆墩街柯添進家，大正九年三月仍轉寄留於葫蘆墩，一直到大正10年
3月才轉居臺中市。總計梅樵在葫蘆墩寄留的時間長達5年餘，可謂久矣！

由於居留時間久，也與豐原地區詩友往來較多。此一時期的活動，很幸
運地在梅樵好友張麗俊的《水竹居主人日記》中有不少的記錄。後人才得以
一窺其部分生活內容。《水竹居主人日記》中記錄施梅樵最多的時期，也正是
大正5年。〔註148〕

（四）大墩醉墨軒（1916～1923）

根據張麗俊《水竹居主人日記》記載：大正5年（1916）2月4日（新曆
3月7日）梅樵已經人在大墩（今臺中市）教夜學了。而到同年5月26日（新
曆6月26日）時，施梅樵位於臺中市的「醉墨堂」也歡喜開業，開幕時張麗

〔註147〕見《捲濤閣詩草・卷上》頁50。

〔註148〕見《水竹居主人日記》於大正5年新曆3、5、6、12等月份中，都有詩梅樵
　　　　的相關記錄。數量與密度接冠於其他時期。詳參：「《水竹居主人日記》中記
　　　　載施梅樵一覽表」。

俊等人都曾經到場到賀。〔註149〕。梅樵善於書法，早已馳名全臺，其墨寶爲
名家爭相收藏。則這次到臺中，不是客居，而是舉家移居，甚至落戶開店做
生意了。當年的他 47 歲。

　　他舉家遷離前述在鹿港的居處笠雲草堂，從此似未再歸里定居，因見詩
云：「別此三十載，途遠爲阻隔。」〔註150〕而新遷居處乃在臺中綠川。遷居時
梅樵有〈元夕〉〔註151〕之作，詩云：

　　　　去歲近元夕，移家住綠川。……村舍無燈火，吟囊乏酒錢。

梅樵另有〈草堂偶成〉〔註152〕一首，詩云：

　　　　綠竹擁門溪水隈，架書繙緗獨傾杯。

　　　　滿庭不掃青青草，笑見籬邊紫槿開。

此詩發表於大正 6 年 9 月，此時梅樵尚在臺中，「草堂」應是其臺中居所，詩
云「溪水隈」或應即是指綠川。二詩所陳率皆清靜居處。

　　　臺中爲日本政府領臺後銳意計畫建設的新都區，綠川流經蜿蜒在臺中盆
地平原，也環繞鐵路車站前方不遠的市中心區。〔註153〕若以大正 5 年（1916）
5 月「醉墨堂」開業爲梅樵定居臺中的標記，則此時距離明治 41 年 4 月 20 日
（1908）臺灣縱貫鐵路全線通車、臺中火車站設立，已經有 8 年之久。位於
縱貫鐵路中間點的臺中，搭配陸續進行的市區改正（1895〜1925）之後，包
括站前綠川的新盛橋在內，市容煥然一新，商業愈呈繁榮。〔註154〕但若以梅
樵詩中描繪的「村舍無燈火」來看，則醉墨堂應該不是位於接近站前的綠川

〔註149〕2 月 4 日（新曆 3 月 7 日）：梅樵往墩教夜學，適張麗俊來訪。又，2 月 22
　　　　日（新曆 3 月 25 日）：從梅樵夜學之人楊漢欽、黃茂盛、英深喜、袁錦昌開
　　　　晚宴饗之。於是命〈席上即事〉爲題詠詩，不拘體韻。見張麗俊著、許雪姬
　　　　等解讀《水竹居主人日記》「大正 5 年」頁 304、353，臺北：中央研究院近
　　　　代史研究所，2001 年 8 月初版。
〔註150〕見〈重過笠雲山莊舊居〉，《鹿江集》頁 13。
〔註151〕見《捲濤閣詩草》頁 36。
〔註152〕見《臺灣日日新報》大正 6 年 9 月 23 日 1 版。
〔註153〕綠川本無定名，有人稱爲新盛溪，直至日治時期才命名爲「綠川」。綠川發源
　　　　於臺中市東北隅，流經今北屯區，經孔廟、忠烈祠、體育館和棒球場後沿精
　　　　武路、雙十路與南京路後，貫流於綠川東、西街間。綠川穿越民權路及鐵路
　　　　後，順著鐵路向西南流，至南區區公所向東南方向轉折，再於信義街與合作
　　　　街交會點附近折向西南，最後在臺中縣、市界注入旱溪。見「走讀臺灣」：
　　　　http://www.tccgc.gov.tw/report/Taichung/ecology/terrain/terrain-6.htm。讀取日
　　　　期：2008 年 6 月 2 日。
〔註154〕參閱張勝彥《臺中市史》頁 132。臺中市：臺中市政府，1999 年。

才是。據其戶籍登記看來，大約在今日北屯區內。

　　另，據蔡壽星〈捲濤閣詩草序〉說道：「辛酉夏，余再渡鹿港，聞君已徙居臺中，深以不獲握手傾談爲恨事。」辛酉年乃大正 10 年（1921），則可知：梅樵至少一直到大正 10 年（1921）夏季，都還居住在臺中。但這仍非梅樵落定之地。

（五）臺南港町

　　大正 12 年（1923）梅樵又遷居到臺南市港町。這一次的遷居長達三年的時間。梅樵此次客居臺南的目的，主要還是講學授課。這三年間經常可以在報刊上看到梅樵與南社、酉山吟社、月津吟社及南部詩友之間的往來唱和與吟會活動。〔註155〕

　　施梅樵客居臺南三載，於大正 15 年 2 月 26 日啓程歸返彰化。〔註156〕離別前夕，詩友酬贈餞別，《臺南新報》曾以〈詩人梓歸〉爲標題加以報導，云：

> 鹿港詩人施梅樵氏，客南三載，設帳授徒，受其薰陶者頗不乏人。
> 者番因受彰化人士之聘，仍就育英之責，遂賦歸里。經於昨日買車
> 就道矣。而氏將去時，聞其施姓者并酉山吟社，均贈銀杯，俾存紀
> 念。又其門人等亦贈以金牌云。

可見梅樵在臺南地區作育英才甚有成績。

四、晚年時期——定居彰化

　　大正 15 年（1926）5 月 28 日梅樵轉居彰化。這一次之後，梅樵從此定居彰化。但在彰化街內卻也看到了有六次的戶籍遷移，大致可歸納爲四區：

（一）彰化西門

　　梅樵返回彰化，首先落腳於西門。梅樵在其《施梅樵書帖》跋文中提到本書緣起時曾說：

> 時余家居臺南，英梧、雪若過訪，勸余歸，主講席。余與白沙吟社
> 誼關桑梓，詎敢推辭？又得楊宗堯、楊玉衡、楊心靈、楊全、楊英

〔註155〕以《臺南新報》所見爲例，如：大正 13 年 12 月 27 日 8213 號南社以「固園
　　　　聽鶯」爲題召開春季吟會；大正 14 年 6 月 3 日 8369 號酉山吟社擊缽；大正
　　　　14 年 10 月 4 日 8515 號高雄四美吟會擊缽等。
〔註156〕見《臺南新報》大正 15 年 2 月 27 日，第 8638 號報導。

梧諸君子極力鼓舞，得以成其事。爰於丙寅春初中澣移硯斯地。

跋文末署日期爲「丙寅首夏清和之月」，即是大正 15 年（1926）農曆 4 月。梅樵正是受彰化諸老南下力邀，爲主講白沙書院，於是自臺南移居彰化，時年 57 歲。

當時領銜力邀梅樵者，正是白沙吟社社長楊英梧。根據《施梅樵書帖》封底所示：該書發行人即是楊英梧，其所載地址爲「臺中州彰化郡彰化街字西門二七六番地」。這個地址與梅樵戶籍上所載「轉居彰化西門 445 番地」，二者都同屬於今日彰化市萬壽里，地理位置上非常接近。或者正是楊英梧代爲安排住所，並便於就近招呼所致。

隔年，昭和 2 年（1927）10 月，梅樵另遷至「西門 21 番地」，不算太遠，但屬今日長樂里。

（二）彰化東門

昭和 3 年（1928）3 月 8 日轉居住在東門 249 番地，約在今銀宮戲院附近。據其孫施景明表示：此處原是彰化名紳楊吉臣所擁有的住宅，楊吉臣與梅樵相交甚篤，租予梅樵一家居住。梅樵在此居住時間長達 8 年。昭和 6 年（1931）11 月梅樵爲楊煥彩壽徵詩披露啓事〔註 157〕時，即註明詩稿收受處在其「彰化街東門」。梅樵以東門爲其居住處。

（三）彰化南郭

光復前移居彰化南郭草園底租屋，即今彰化基督教醫院一帶。在戶籍資料上，梅樵在南郭有 377、237 番地兩次的搬遷記錄。時間分別在昭和 11 年（1936）10 月 7 日、昭和 15 年（1940）1 月 5 日，直到民國 36 年（1947）1 月才又再遷出。總計在南郭一區的居住時間長達有 10 餘年，是梅樵家居時間最長的地區。

而梅樵主編《孔教報》時，自昭和 11 年（1936）10 月第一號至昭和 13 年（1938）12 月第二卷 9 號，期間都以「彰化南郭」爲編輯所。又昭和 17 年（1941）11 月梅樵出版《邱黃二先生遺稿合刊》時，也於「彰化市南郭」完成。據昭和 9 年（1934）出生的梅樵孫施景明說：他從有記憶以來，就都是住在彰化，沒住過鹿港，小學時就是住在此處。三者的記錄與說法都能相合一致。

〔註 157〕見《三六九小報》昭和 6 年 12 月 6 日 134 號。

（四）彰化孔廟

光復後遷居孔廟。據其孫施景明表示〔註 158〕：二戰結束之後，戰敗的日本人紛紛離開臺灣，遺留下來的原有住宅紛紛遭到臺灣人及大陸來臺人士的佔用居住。光復時，梅樵一家在南郭的住處因遭遇強烈颱風嚴重毀損，實在不堪使用。有人勸梅樵也去佔一間日本人屋宅來安家，梅樵卻毫不考慮的說：「那是狗住的地方，人怎麼可以去住！」日治時期，臺灣人私下詬稱日本人為「四腳仔」。梅樵寧可接受地方政府的安排，也不願意入住日本人住過的所在。其氣節若此！梅樵對日本人的鄙視，到日本結束統治臺灣之後，也絲毫沒有改變。後來在國民政府安排下，和許多民眾一起遷居於孔廟，施氏一家就安頓在東廡。戶籍資料正是登記著：「彰化市大成里 1 鄰 17 戶孔門路 6 號」。

戰後梅樵擔任省立彰化女子中學教師，〔註 159〕適得其所。又，梅樵自日治時期以來即甚受尊重，文廟每年舉行祭孔大典時，梅樵總是膺任大殿與後殿雙項的主祭官之職。據聞後來政府規範：前殿由縣長主祭。前殿方由彰化縣長主祭，而後殿主祭官，則一直都由梅樵繼續擔任，直到逝世為止。不論在詩壇、孔教界或社會上，施梅樵都受推崇為祭酒的地位。妻子李氏常向兒孫說起，語氣中充滿驕傲。梅樵最後即逝世於彰化孔廟的居處。梅樵過世後，施家配合規劃移居孔廟後殿。當時縣長陳錫卿〔註 160〕還曾特別交代部屬：對梅樵一家要善加禮遇。而施姓一家自梅樵始入至其玄孫遷出，總計四代人皆居住在孔廟內。

五、其他從業

梅樵一生以漢學教授為主業，此外，也兼職商務。《臺灣日日新報》曾登載一則詩人動態，云：「彰化施梅樵氏，為調查商務，去三十一日來北，宿大

〔註 158〕據筆者記錄施景明、施林錦霞夫婦訪問稿，2008 年 6 月 16 日於彰化施宅。
〔註 159〕彰化女中創立於大正 8 年（1919），原名「台灣公立彰化女子高等普通學校」，民國 34 年（1945）更名「台灣省立彰化女子中學」。見「國立彰化女子高級中學」全球資訊網「校史」。網址：http://www.chgsh.chc.edu.tw/releaseRedirect.do?unitID=183&pageID=3421
〔註 160〕陳錫卿，臺灣地區實施地方自治前，於民國 37～39 年（1948～1950）間擔任彰化市長。實施地方自治後改任為首任彰化縣長，於民國 40～49 年（1951～1960）期間連任三屆。

東旅館。日程按三日間。」〔註161〕在報導中，並未載明梅樵到臺北是從事何種商務活動，但這則報導則可以證實施梅樵在漢學教職之外，確實另有從業。筆者自文獻資料所得，可知施梅樵在漢學教師之外，另外具有三種身份：一為書法家，二為記者，三為土地仲介。

（一）書法家

施梅樵書法與其詩歌齊名。摯友洪棄生早年即讚譽他「君詩既豔，君字尤佳」〔註162〕。及今，臺灣書法界仍讚譽施梅樵之書藝「含蓄中另見姿態」，「與臺南洪鐵濤同為日治時期臺灣書家中寫何紹基最具功力者」。〔註163〕其書法作品至今仍為公私立博物館及書法界行家名苑所珍藏者甚多。日治時期與鹿港書家鄭鴻猷並稱。與臺北名家王少濤、鳳山畫家王坤泰（太瘦生）等皆相友善，以書畫交遊。後輩名家施讓甫、胞弟施鏡樵都追隨他習書成名。大正年間總督府舉辦的「始政紀念日紀念展」、「慶祝大正天皇登基大典奉祝書畫展」等，都邀請了施梅樵作品的展出。〔註164〕

梅樵書藝名聞遐邇，其動態亦受到關注。曾多次應邀遠赴臺北舉開書道會，頗獲好評〔註165〕，也曾多次義賣書法響應報國賑災〔註166〕。又，前述之

〔註161〕見《臺灣日日新報》11547 號 4 版，昭和 10 年（1935）6 月 2 日。

〔註162〕見〈捲濤閣詩草序〉，此序文撰就於「壬子仲秋」，即民國元年（1912）8 月。收在《捲濤閣詩草》頁 4。

〔註163〕見麥青龕《日治時期臺灣出版書家墨跡研究》頁 55。臺北：麥氏國際文化股份有限公司，2004 年 4 月初版。

〔註164〕見葉心潭《日治時期臺灣小學書法教育》頁 214、225。臺北：蕙風堂，1999 年 9 月。

〔註165〕以《臺灣日日新報》登載為例，如：昭和 3 年（1928）7 月 28～29 日假臺北博物館，舉開書幅展覽會；昭和 3 年（1928）8 月 9 日原假北市港町如水會，後移往亞細亞旅館舉開書道展覽，並一再延期，展至 8 月 22 日等。此次展覽會的相關消息，另見於 7 月 27 日、8 月 13 日、8 月 20 日、9 月 8 日等數日於《臺灣日日新報》的連續報導。
如《臺灣日日新報》昭和 3 年（1928）8 月 20 日第 10177 號 6 版〈施氏展覽再延〉：「鹿港詩人施梅樵氏。於書道負盛名。去月來北。嘗在博物館。開展覽會。嗣受北部詞友之勸。再於亞細亞旅館。陳列其所揮毫者數百點。以公同好頗受各界歡迎。茲再展期二日間。然後束裝歸里。豫定九月間。載筆東渡云。」又，昭和 9 年（1934）12 月 6 日《臺灣日日新報》報導：「彰化書家施梅樵客遊至臺北，以應客求。」。

〔註166〕以《臺灣日日新報》登載為例，如：曾題扇一萬枝義賣，捐作國防獻金，見 12275 號 4 版，昭和 9 年（1934）6 月 6 日；又，關刀山大地震時，義賣書法勸募賑災，見 12600 號 8 版，昭和 10 年（1935）4 月 30 日。

臺中醉墨軒的開業，實應即呼應求購者眾的需求，而轉爲店面經營。甚至晚年經濟較爲困窘時，其親筆揮毫的潤筆費也發揮了補助生活的效果。

梅樵的書法在市場上一直有一定的行情水準。昭和 10 年（1935）發生關刀山大地震時，據《臺灣日日新報》報導：施梅樵大出所有條幅、對聯、橫匾等公開義賣，並標示價格以勸募賑災。試以此例一窺大概，報載：

> 行書：三宣大中堂五圓；聯對四圓；小中堂四圓；二宣大中堂七圓；
>
> 聯對五圓；小中堂五圓。楷書：價格優額。〔註167〕

以當年一般小學教員月薪大約 20 圓上下來比較，梅樵的書法價格是有相當的水準。只是，作爲一個藝術家的詩書高手，卻似乎不盡然擅長商務經營。醉墨軒實際上沒有能夠持續經營，但他仍然樂於揮毫。書法是漢學的一部份，是梅樵的專長，也是他在教職之外最重要的事業。

（二）報社記者

施梅樵於客居臺南講學期間，曾兼任記者職務。據《臺灣日日新報》大正 15 年 1 月報導：

> 大阪《大正日日新聞》爲業務擴張，籌設臺南分局。去十二月一日在臺南市大功町三丁目，開辦業務。以徐淵深氏爲分局主事，施梅樵、林藻若、蔡賜等爲地方記者。現正於臺灣版，準備漢文云。〔註168〕

不過，這個記者工作應該沒有從事太久，因爲大正 15 年 2 月 26 日梅樵已經收拾行囊返回彰化了。未知梅樵是否轉而成爲駐彰化地方記者？

（三）土地仲介

戰後，梅樵戶籍資料上也登記梅樵職業爲「教員」。除前已提及曾經營筆墨莊、報社記者之外，在日治時期彰化街戶籍資料上，梅樵職業欄曾記載爲「貸地業」，應該相當於今日的土地仲介業！這乍看之下性質迥異的工作，與他的教學工作其實並不衝突，而且早在終戰之前就已經從事。梅樵有一張昭和 20 年（1945）自臺中頭汴坑寄發予詹作舟的明信片中，清楚提到了他所進行的土地仲介的交涉情形，內容如下：

> 承囑交涉山地之事敢不盡力，奈業主竟視爲奇貨，愈唱愈高。愚自

〔註167〕《臺灣日日新報》12600 號 8 版，昭和 10 年（1935）4 月 30 日。

〔註168〕見《臺灣日日新報》大正 15 年 1 月 13 日。

> 七月二日疏大屯郡太〔註169〕平庄頭汴坑以後，又拜託二人往鹿港與
> 之婉商，依然不能成局。因二人共業，一人欲出賣，一人不欲出賣，
> 故難成也。若論避氛入山愈深爲宜。如此頭汴坑之地，不減桃源，
> 比之山仔腳有十倍之堅固。有暇祈來一遊，倘合意者，愚當托中覓
> 主。……〔註170〕

梅樵說明詳細，口吻頗具專業感，相信是已經累積相當的經驗。而他實際從
事土地仲介，可視爲其教學生涯之外的副業。

　　綜觀梅樵一生許多經歷，深切地受到大時代脈動的影響；而他個人也其
實影響著詩壇（詳後）。爲了能一目了然地總體反映施梅樵的生平經歷，茲就
其生平重要記事與作品，並同當時臺灣文壇與社會大事，編年序列排比，製
成「**施梅樵年表**」如後，冀便瀏覽。

表2-4　施梅樵年表

紀年／年齡	生 平 記 事	作品繫年〔註171〕	臺灣文學紀要	臺灣大事紀
道光年間	祖籍福建晉江錢江鄉。祖父閣銓，始卜居鹿港，遂籍焉。			
1851，咸豐元年，辛亥	父家珍公出生於鹿港。			
同治年間	父家珍公爲歲貢生。			彰化戴潮春、施九緞先後起事。
1870，同治9年，庚午，1歲	農曆十一月初一日寅時（冬至日），出生於臺灣鹿港，肖馬。當天恰逢冬至日。		鄭用錫《北郭園全集》發行。	

〔註169〕明信片原稿作「大平」，查今臺中縣太平市自古未有作「大平」者，應爲作者
　　　　筆快省誤，應改正爲「太平」。據白棟梁《鳥榕頭與它的根——太平市誌》頁
　　　　93 記載：「太平」是日本治臺至後所訂的地名。源於日本接收臺灣初期，許多
　　　　抗日義軍不敵日軍，紛紛逃向太平山區藏匿。太平地區的大墾戶們深怕日軍前
　　　　來搜山傷及無辜，於是紛紛在各庄頭大書「太平」二字，以示無意與日軍爲敵。
　　　　因此大正 9 年（1920）日本政府重定全臺行政區域時，將「鳥榕頭」的原來舊
　　　　地名，改爲「太平庄」。臺中太平市：太平市公所。1997 年 1 月。
〔註170〕見〈施梅樵書信十九〉，收在張瑞和編《詹作舟全集三・書信雜文篇》頁220、
　　　　221，永靖鄉：詹作舟全集出版委員會，2001 年 11 月初版。
〔註171〕單篇作品凡已見本論文附錄一「施梅樵佚作彙編」者（已按編年序列），爲避
　　　　免冗贅，謹請從略。

1872，同治11 年，壬申，3 歲	9 月 16 日，妻李氏却出生於彰化馬芝遴堡浮景庄（今彰化福興鄉）。			2 月，馬偕抵達淡水，開始傳教事業。
1886，光緒12 年，丙戌，17 歲	3 月 3 日庶出弟施六出生。		秋，新竹蔡啓運等成立竹梅吟社。	臺灣巡撫劉銘傳奏請實施清丈田畝，以「一條鞭法」開徵新稅。
1887，光緒13 年，丁亥，18 歲	由父親陪同赴府城應試，主司欲拔置案首，其父恐其少年得志，轉生驕惰，薦洪棄生以代之。			3 月，劉銘傳創辦西學堂，延請洋人任教。
1888，光緒14 年，戊子，19 歲	9 月 22 日，官軍到浸水莊，鹿港施家珍等人率勇會攻。彰化縣令李嘉棠遂稟劉銘傳治罪施氏。 11 月 6 日，巡撫劉銘傳奏請褫革施家珍、施藻修衣頂。 11 月 22 日，巡撫劉銘傳電提貢生施家珍、廩生施藻修等到轅集訊。 12 月 3 日，御批：施家珍、施藻修著分別斥革拿辦。 事件後，弟婦林貞女投井死，施氏舉家逃往泉州。			9 月朔，施九緞事件爆發。 清賦完成。
1889，光緒15 年，己丑，20 歲	2 月，巡撫電札各諭，如鹿港認捐此款，除施家珍一人仍行歸案拏辦外，其餘紳商概不追究。		邱逢甲高中進士。好友洪棄生錄取為秀才。臺南唐景崧等成立斐亭吟社。	8 月，臺灣府動工建設。
1890，光緒16 年，庚寅，21 歲	6 月 23 日前，父親施家珍不幸憂憤而卒，得年四十。梅樵遂丁父憂。母親陳氏秤可能亦於此時前後過世。		彰化蔡德輝等成立荔譜吟社。大肚磺溪書院建成。	8 月，劉銘傳因委託英商辦理基隆煤礦事件，遭革職留任處分。

1891，光緒17年，辛卯，22歲	11月16日，與彰化廳馬芝堡浮景庄李氏卻完婚入戶。時李氏芳齡20歲。		此年之前，許劍漁考取秀才。臺南許南英等成立浪吟詩社。臺北唐景崧等成立牡丹詩社。	11月，唐景崧出任福建臺灣布政使。
1893，光緒19年，癸巳，24歲	以案首入泮，爲彰化縣學庠生。許夢青作〈賀施梅樵入泮〉。後就學泉州。		臺北林輅存等成立海東吟社。唐景崧《詩畸》發行。	11月，臺北至新竹鐵路竣工。
1894，光緒20年，甲午，25歲				唐景崧擔任巡撫。8月，中日甲午戰爭爆發。
1895，光緒21年／明治28年，乙未，26歲	2月，北京張珍五太史寄信催赴戶部。梅樵遂避亂晉江。祖母雙聲寄信召返，歸鹿港。	此年之前作〈過施靖海將軍故園〉、〈春日偕同族諸子致祭有明定國將軍施公墓〉。	南投鹿谷黃錫三等成立彬彬社。日本作家森鷗外隨軍來臺。	3月23日，中日簽訂《馬關條約》，臺灣割讓予日本。5月，臺灣民主國成立。
1896，光緒22年／明治29年，丙申，27歲			6月17日《臺灣日日新報》創刊發行。嘉義賴雨若等成立茗香吟社。	3月，公佈六三法。6月，雲林柯鐵起兵抗日。
1897，明治30年，丁酉，28歲	與同鄉洪月樵、許劍漁、苑裡蔡啓運倡設「鹿苑吟社」，聯絡詩人聲氣。		洪棄生《臺灣戰紀》發行。彰化鹿港施梅樵許劍漁、洪棄生、苗栗苑裡蔡啓運成立鹿苑吟社。	5月8日，住民去就決定日。
1898，明治31年，戊戌，29歲			章太炎來臺主編《臺灣日日新報》漢文欄。11月，臺北臺、日籍詩友聯合成立玉山吟社。	7月17日，臺灣總督兒玉源太郎舉行饗老典於臺北、彰化、臺南、鳳山等處舉辦，後編《慶饗老典錄》。
1899，明治32年，己亥，30歲			6月《臺南新報》創刊。	3月15日，臺灣總督兒玉源太郎在淡水舉行揚文會。6月，臺灣總督兒玉源太郎別業「南

				菜園」落成，召開全臺詩人聯吟大會，後出版《南菜園唱和集》。
1900，明治33年，庚子，31歲			施讓甫出生。	2 月，總督府公佈新聞紙法。
1902，明治35年，壬寅，33歲	12 月 14 日，螟蛉子健甫出生於彰化燕霧上堡港墘厝。		黃遵憲〈致梁啓超書〉：「二十世紀中，必有刻黃、邱合稿者。」霧峰林痴仙等成立櫟社。	6 月，頒佈糖業獎勵規則。
1903，明治36年，癸卯，34歲			彰化田中陳紹年等成立蘭社。	4 月，總督府下令禁止度量衡舊制。
1904，明治37年，甲辰，35歲			摯友許劍漁去世。	5 月，總督府頒佈「大租權整理令」，以治一田多主現象。
1905，明治38年，乙巳，36歲	1 月 1 日，媳婦劉悅出生於彰化永靖。6 月 12 日，健甫以養子緣入戶施梅樵家。	〈圓光寺僧妙果招隱賦此示之〉	11 月，王松《臺陽詩話》發行。	10 月 1 日，實施第一次臨時戶口調查，確立戶籍基礎。
1906，明治39年，丙午，37歲	此年之前，梅樵母親施陳秤去世。		冬，臺南南社成立。鹿港莊太岳等成立拔社。	5 月，佐久間左馬太就任臺灣總督。
1908，明治41年，戊午，39歲	12 月 30 日，庶出弟施六去世。			3 月 18 日，臺灣縱貫鐵路全線通車。
1909，明治42年，己未，40歲			臺北謝汝銓等成立瀛社。嘉義白玉簪等成立羅山吟社。	10 月，變更地方制度，原 20 廳縮減為 12 廳。
1911，明治44年，辛亥，42歲	大雪後六日，羅秀惠撰成〈捲濤閣詩草序〉。應邀赴南投李春盛公館教授漢文，張深切（1904～1965）時年 8 歲，為其門生。	〈輓蔡啓運〉	3 月，梁啓超應櫟社邀請訪臺，引起旋風。冬，羅秀惠撰成〈捲濤閣詩草序〉。新竹蔡啓運（1862生）去世。	2 月，阿里山鐵路通車。10 月 10 日，辛亥革命成功。

1912，明治45年／大正元年，壬子，43歲	6月15日（舊曆5月初一日），往五桂樓赴霧峰萊園參加櫟社十週年紀念大會。因大雨連綿，勾留數日。	1月，〈哭厚中叔祖〉、〈題厚中叔祖寫照〉2月〈次韻答陳基六寄懷〉11月〈秋日病中孔昭嘯峰過訪席上話舊示之以詩〉	仲秋，洪棄生撰成〈捲濤閣詩草序〉臺南佳里吳萱草等成立琅環吟社。桃園簡若川等成立桃園吟社。	1月，中華民國成立。7月30日，明治天皇崩。
1913，大正2年，癸丑，44歲			邱逢甲《嶺雲海日樓詩鈔》出版。	3月，吳鳳廟翻修落成，佐久間總督親臨會場。
1914，大正3年，甲寅，45歲	與鹿港同鄉丁式周、陳懷澄等倡組鹿江詩會（又稱鹿港吟社）。成果錄為《鹿江詩會課卷》，今藏鹿港民俗文物館。10月，遊北斗。並永靖餘三館陳汝甘請為先父母陳有光夫婦畫像題字。	4月，〈次石川韻〉11月，〈過一鑑軒〉、〈過瑞芝堂〉12月，〈北斗雜詠兼示伯廉〉	臺中市犁頭店簡揚華成立犁江社。鹿港丁式周等成立鹿江詩會。宜蘭林星樞等成立仰山吟社。	2月，苗栗抗日革命事件，羅福星等多人被判死刑。
1915，大正4年，乙卯，46歲	1月15日，女婿何一牧出生於臺北蓬萊町。8月1日，應嘉義双溪口區長張進文聘主西席到嘉。同地詩友陳家駒、林玉書等開擊鉢會。施氏賦〈三宿諸羅有感〉，至深更盡歡而散。鹿江詩會第一期課題〈春燕〉，任右詞宗。除夕，仍在雙溪教學。	1月，〈乙卯元旦試筆〉3～4月，〈過嘉義〉、〈遊嘉義公園〉8月，〈過錫口贈桂屏茂松坤泰諸賢〉、〈次林毓川送別韻〉、〈還浦席上以有感詩見示次韻奉和〉9月，〈錫口曉發過松山訪桂屏〉、〈次王瑤京見贈韻〉、〈秋日得孔昭詩函賦示〉10月，〈留別桂屏茂松隆脩〉、〈輓林痴仙〉、〈送魏潤菴之閩中〉11月，〈秋日得嘯峰書詢近狀率成八絕答之〉	10月7日，林痴仙（1875生）去世。嘉義王殿沅等成立玉峰吟社。臺南洪坤益等成立春鶯吟社。臺北張純甫、林述三等成立研社。	2月，公佈「中學校官制」，功力臺中中學校核准成立。8月，西來庵事件爆發。

		12 月，〈寓齋雜感〉、〈乙卯除夕雙溪客次誌感〉		
1916，大正5年，丙辰，47歲	2 月 4 日（新曆 3 月 7 日），往大墩（今臺中市）敎夜學。適張麗俊來訪。 2 月 22 日（新曆 3 月 25 日），夜學門人楊漢欽、黃茂盛、英深喜、袁錦昌開晚宴。於是命〈席上即事〉爲題詠詩，不拘體韻。 4 月 11 日（新曆 5 月 12 日），受張麗俊等邀請參加豐原天上聖母祭晚宴。 5 月 9 日（新曆 6 月 9 日），與張麗俊約往弔戴還浦。 5 月 26 日（新曆 6 月 26 日），施梅樵臺中「醉墨堂」開幕。張麗俊等人到賀。 12 月 9 日，竹社例會，詩題爲「寒山」，與鄭香秋任詞宗。	3 月 11 日，〈張升三留飲席上次韻〉 5 月，〈輓戴還浦〉 12 月，〈題詩人林次逋寫照〉	竹社社長戴還浦去世。 嘉義賴子清等成立青年吟社。 屏東尤養齋等成立礪社。	4 月，逮捕西來庵事件主要人物之一江定。
1917，大正6年，丁巳，48歲	農曆 7 月初八日，施士洁撰成〈捲濤閣詩草序〉。 2 月 21 日，先生偕王少濤、胡南溟、張麗俊等文友晚宴。 6 月 1～3 日，鳳山畫家王坤泰（太瘦生）在臺北新公園內「臺北俱樂部」二樓舉行畫展。 12 月，臺灣新聞紙令通過。 彰化崇文社成立，後屢應邀爲詞／文宗。	4 月，〈暮春夜雨感賦並寄新竹羅山諸君子〉	彰化黃臥松等成立崇文社。 仲秋，施士洁撰成〈捲濤閣詩草序〉 鹿港施家本、莊太岳等成立大冶吟社。 苗栗彭昶興等成立天香吟社。 彰化黃臥松等成立古月吟社。 彰化黃臥松等成立新滑稽詩社。 南投吳維岳、黃棄民等成立南陔吟社。	12 月，臺灣新聞紙令通過。

1918，大正7年，戊午，49歲	7月25日，恩師莊士哲（1853～1919）去世。 12月，受聘爲臺灣文社評議員。	〈哭莊仰山夫子〉	11月12日，王坤泰去世。 二林許存德、許稼秋等成立香草吟社。 12月，臺灣文社成立，〈規則〉擬定。	6月，日本政府廢止「臺灣違警例」。 夏，林獻堂在東京發起六三法撤廢運動。
1919，大正8年，己未，50歲	2月10日，臺灣文社《臺灣文藝叢誌》第二期詩乙部徵詩詞宗，題目〈周勃〉。網珊吟社第一期課題詞宗。載《臺灣文藝叢誌》第5號。 5月，擔任彰化崇文社17期徵文文宗，題目〈戒訟說〉。 11月前，納如夫人一名。		1月1日，《臺灣文藝叢誌》第一號發行。 清水蔡惠如等成立鰲西吟社。 嘉義方輝龍等成立尋鷗吟社。 西螺黃文陶、廖學昆等成立芸社。 臺南七股陳峻聲等成立竹橋吟社。	1月，日本政府頒佈「臺灣教育令」，開始實施殖民地同化政策，屬行國（日）語推行，同時積極監督和取締私塾。 5月4日，大陸五四運動展開。 台灣公立彰化女子高等普通學校創立。
1920，大正9年，庚申，51歲		〈壽石汝鏘還曆〉	6月，顏國年《還鏡樓唱和集》發行。 西螺廖昆、黃文陶等成立茭社。	1月。總督府通告國民學校改用語體文。 市區改正。
1921，大正10年，辛酉，52歲	徙居臺中。 仲秋，蔡壽星撰成〈捲濤閣詩草序〉。 9月8日，養女施井出生於彰化福興庄。 「大冶吟社」成立，公推洪月樵、施梅樵、陳材洋、鄭鴻猷、鄭貽林爲顧問，並推舉施家本爲社長。	〈近樗四十初度有詩次韻祝之〉 11月，〈哭施家本〉	11月5日，施家本（1886.11.25生）去世。 臺東鄭品聰等人成立寶桑吟社。 仲秋，蔡壽星撰成〈捲濤閣詩草序〉 11月，連橫《臺灣通史》完成發行。	1月，林獻堂展開臺灣議會設置請願運動。 10月，臺灣文化協會成立。
1922，大正11年，壬戌，53歲	8月25日大冶吟社第一期徵詩課題〈秋夢〉，詞宗施梅樵。得詩近300首。報導於《臺灣日日新報》。	〈春日歸里大冶吟社諸賢見訪〉 5月，〈送鏡川松岩之南安〉 11月，〈赤崁園小集〉、〈喜黃茂笙見過客次〉、〈夢遊仙〉、〈閒雲〉	5月23日，施士洁（1855生）去世。 季秋，嘉義朴子楊爾材等成立樸雅吟社，推楊爾材爲社長。 11月《大冶吟社	4月，總督府高等學校舉行開學典禮，爲臺灣最早的高等教育機關。

		12 月,〈南遊歸來冬至日大冶吟社諸彥過訪〉、〈壬戌生日誌感〉	詩卷第二號》發行。 12 月 28 日後《大冶吟社詩卷第三號》出刊。 彰化大城吳澄江等成立大成吟社,聘施讓甫爲師。	
1923,大正12 年,癸亥,54 歲		7 月,〈端午節喜杜甲溪枉顧客盧有作兼以述舊〉 8 月,〈遊安平次雪若韻〉 秋,〈秋日偕諸子遊開元寺〉 10 月,〈祝尋鷗吟社大會〉 11 月,〈遊公園即景〉、〈遊公園〉 12 月,〈與諸賢話舊感而有作〉、〈癸亥生日感作〉	《大冶吟社詩卷第四號》,大正12 年 1 月。 彰化楊英梧等成立白沙吟社。 北港龔顯升等成立汾津吟社。 臺北林景仁等成立臺北鐘社。 臺北陳廷植等成立聚奎吟社。 臺北趙一山等成立劍樓吟社。 臺南吳子宏等成立桐侶吟社。	1 月 8 日,總督府實施治安警察法。 3 月,總督府任命臺中州楊吉臣、新竹州鄭拱辰爲府評議委員。 12 月,爆發治警事件,賴和、林幼春等 49 人被捕下獄。
1924,大正13 年,甲子,55 歲	子健甫結婚,眾詩友賀詩。	1 月,〈新年言志〉、〈竹韻〉 2 月,〈立春後一日偕蘇心淵沈堤元施水池泛舟安平港有作〉 3 月,〈漫遊東港槎仙靜軒兩昆仲留宿將歸倚裝賦贈兼及研社諸君子〉、〈養花〉	1 月,臺灣總督內田嘉吉以〈新年言志〉邀全臺詩人唱和,並錄集出版《新年言志》。 2 月,《臺灣詩薈》發行,發行人兼主編連雅堂。 4 月,全臺詩人齊聚臺北「江山樓」,召開聯吟大會。張我軍發表〈致臺灣青年的一封信〉攻擊舊文學,引發論戰。 5 月 5 日,員林黃溥造等成立興賢吟社。	11 月,宜蘭線鐵路完工。

1925，大正14年，乙丑，56歲	3月，施福濮堂第五回同宗懇親會，梅樵親臨，與眾親族攝影留念。 1，施梅樵、林藻若、蔡賜等擔任《大正日日新聞》地方記者。	1月，〈贈梅〉 3月，〈延年同學將赴大陸以詩言別次韻示之〉 4月，〈春暮感懷〉、〈靜軒過訪旅次有詩次韻慰之〉 7月，〈諫果〉〈輓洪以倫〉	1月2日，張我軍於《臺灣民報》發表〈請合力拆下這座敗草叢中的破舊殿堂〉。 2月1日大阪《大正日日新聞》於臺南市大宮町開辦業務。徐淵深擔任分局長。	4月，公佈「治安維持法」。 10月，彰化二林蔗農事件爆發。莊垂勝等人於臺中創辦中央書局。
1926，大正15年／昭和1年，丙寅，57歲	2月26日，客居臺南三載後，啓程歸返彰化。 4月，受楊英梧等人力邀，講學於彰化白沙書院（吟社）。 5月28日，梅樵入戶籍轉居彰化。 9月11日（新曆10月17日），遊豐原，與王叔潛、蔡梓舟四十餘人在蓬萊閣旗亭開宴，入席陪賓有廖鏡堂、張麗俊等多人。施梅樵、王叔潛、蔡梓舟等十一人爲首席，近八時席散。 11月28日，臺灣總督上山滿之進於東門官邸開翰墨宴，以國分青崖作主賓，與會之臺灣人有：林獻堂、陳槐庭、施梅樵、鄭家珍等34人，席上聯句〈仿伯梁體〉，賓客即席賦詠諸詩作，嗣經編印爲《東閣唱和集》。	2月25日，《捲濤閣詩草》發行。 6月，《施梅樵先生書帖》發行。此年之後所作詩歌，收編於《鹿江集》。 8月，〈次韻答拱五〉	臺中吳子瑜等成立怡社。 高雄苓雅寮陳皆興等成立苓洲吟社。 澎湖陳錫如成立蓮社。 新竹關西邱筱園等成立陶社。 宜蘭頭城吳祥輝等成立登瀛吟社。 基隆周步蟾等成立網珊吟社。	3月，花東鐵路全線通車。 6月總督伊澤多喜郎爲蓬萊米命名。
1927，昭和2年，丁卯，58歲	7月13日，中部聯吟大會，被被選爲詞宗。		鹿港王養源、施性湍等人成立聚鷗吟社，施讓甫爲社長。	7月，臺灣民眾黨成立。

			8月，《臺灣民報》在臺發行。 苗栗彭昶興等成立栗社。 竹南鄭鷹秋等成立南洲吟社。 鹿港施讓甫等成立聚鷗吟社。	
1928，昭和3年，戊辰，59歲	7～8月，於臺北博物館、亞細亞旅館等處開書道展覽會。 10月8日（新曆11月19日），至臺中林耀亭務滋園參加擊缽吟會。 秋日，偕諸詞客遊北投，有〈秋日偕諸詞客遊北投讀疇五叔潛諸君子和作疊韻却寄〔註172〕〉	2月，〈輓洪棄生〉	2月9日，洪棄生（1866生）去世。 臺南新化王文德等成立虎溪吟社。 臺南麻豆高澄秋等成立綠社。 嘉義溪口張進國等成立笑園吟社。 雲林斗南李雲從等成立斗南吟社。 臺北樹林黃得時等成立樹林吟社。	5月，久邇宮親王於臺中遭遇朝鮮人刺殺。 7月，總督府設置高等警察。 12月，總督府公佈臺灣新鴉片令，遭到臺灣民眾黨強烈抗議。
1929，昭和4年，己巳，60歲	1月31日，施井以養女緣入戶施梅樵家。 12月22日，六十大壽，眾弟子並紛紛祝賀。 12月，施讓甫為母郭孺人慶祝花甲大壽徵詩。	1月，〈己巳元旦〉、〈黃景謨理街政三十一年解組後受川村總督特表彰為臺灣功勞者街之紳耆囑余賦詩頌之〉、〈贈黃槎仙〉 3月，〈春日過屏東諸吟社開歡迎宴感賦〉、〈遊東港將歸留別槎仙〉、〈同學諸子訪余於近江屋客次賦示〉 10月，〈六十初度放歌述懷兼以誌感〉、〈斗南道上〉 12月，〈家嫂郭孺人六旬帨辰敬賦〉	臺中蔡天弧等成立東墩吟社。 鹿港成立鐘樓吟社。 鹿港王養源等成立芸香室吟社。	1月，總督府召開評議會，議決工業振興政策。

〔註172〕《臺灣日日新報》第10255號4版，昭和3年（1928）11月7日。

1930，昭和5年，庚午，61歲	元旦，為《金川詩草》撰〈序〉完成。施梅樵與傅錫祺、林幼春等臺灣知名士紳同時受聘為《詩報》創刊顧問。	4月，〈輓王舜年〉6月，〈坐擁〉9月，〈有贈〉秋，〈輓許菊隱〉	8月，黃石輝等人掀起鄉土文學論戰。9月9日，臺南《三六九小報》創刊，發行人趙雅福。10月30日，《詩報》創刊，發行人周石輝。	10月27日，爆發霧社事件。
1931，昭和6年，辛未，62歲	3月，李城《大安港遊記》於臺中州發行出版。徵詩題目〈大安飛帆〉，徵文題目〈大安港遊記〉，由施梅樵兼任詞宗與文宗，進行評選。入選作品合輯為《大安港遊記》。5月，擔任崇文社30期徵詩詞宗，題目〈牛郎向天帝借聘錢〉、161期徵文文宗，題目〈島人欲向中華經營事業必有漢文而後可期成功論〉。10月25日，彰化和美道東書院本年蒐集沿革，立碑於庭。本日舉行祭典，及建碑除幕式。後宣講孔道，夜開擊缽。擬題〈道東書院立碑紀勝〉七律東韻，請施梅樵、王了菴分任左右詞宗。員林黃溥造等多人出席。11月，楊煥彩六十壽辰徵詩，為聯合發起人之一。	5月，〈偕久保天隨遊紅林席上賦贈〉	4月26日，櫟社創立三十週年鑄造詩鐘三架作為紀念，並在東山別墅舉行隆重之儀式。張添進等人創立大同吟社。臺中劉子源等成立華僑同鄉吟社。彰化芬園張振元等成立書德吟社。	2月，臺灣民眾黨代表大會遭日方當場禁止結社活動。

1932，昭和7年，壬申，63歲	3月20、21日，全島詩人聯吟大會，推薦臺中王了庵及彰化施梅樵爲次唱左右詞宗，詩題爲〈午報機〉七絕灰韻。 春，（全島）詩人大會召開於竹塹，曾文新（小夂郎）拜爲門下弟子。曾文新有〈竹塹喜晤施梅樵先生〉。 12月16日，子健甫與永靖劉氏悅結婚，於自宅開新婚紀念擊缽吟會，題擬〈並蒂梅〉。 應聘至埔里講學。		3月20、21日，全島詩人聯吟大會由臺北州聯吟值東，會場設於大龍峒臺北孔廟，當天與會者多達三百多人。 彰化溪湖人尤瑞、陳進學、何策強等成立菱香吟社。 新竹曾秋濤等立來儀吟社。 苗栗苑裡陳聯玉等成立蓬山吟社。 苗栗竹南成立篁聲吟社。	8月，臺灣地方自治聯盟第一次大會。
1933，昭和8年，癸酉，64歲	2月11、12日，全島詩人聯吟大會在屏東，推薦施梅樵、蔡子昭爲次日首唱左右詞宗，詩題爲〈溪月〉。 仲春，許劍漁《鳴劍齋詩集》初成，受邀撰序。 4月29日，梅樵名列林湜卿七十壽辰徵詩啓發起人之一。	2月，〈賦示莊垂裕〉 5月，〈癸酉閏夏五下浣題扇寄王養源〉 7月，〈輓林純卿〉、〈李少菴四十初度寄詩索和次韻兼敍鄙懷〉 8月，〈壽林植卿〉 秋，彰化溫泉浴場建設，有〈溫泉試浴〉。 9月，〈次丘荷公六十自壽韻並述鄙懷〉、〈溪月〉 11月，〈秋日登八卦山六首〉 12月，〈行腳僧〉、〈漁村〉	2月11、12日，全島詩人聯吟大會由屏東聯吟值東，會場設於屏東公會館，當天與會者達155名。 2月，張廬山去世。 林純卿（1876生）去世。 沙鹿蔡衍三等人共創「榕社」。 鹿港徐天甫、許文奎等人創立「淬勵吟社」。 鹿港徐天甫等成立淬礪吟社。 沙鹿蔡衍三等成立榕社。 南投柯鎭等成立東洲吟社。	4月，答馬烏社爲日本征服。此爲最後降日的原住民。
1934，昭和9年，甲戌，65歲	2月1日，養孫施景明出生於彰化永靖。	1月，〈對酒〉 3月，《東寧擊缽吟前集》收錄梅	3月，曾笑雲編《東寧擊缽吟前集》發行。	9月，日本政府召林獻堂等人會談，諭令停止臺

	3月《捲濤閣諸門人詩集》即將付梓。 夏日,遊桃園。 7月15日蒲夏,審定《興賢吟社百期詩集》並撰序。 7月24~26日(新曆9月2~4日),臺中怡園五十雙壽慶祝聯吟會,蒞會致賀。 中部聯吟大會春季擊缽吟,與田中蘭社魏國楨分任左、右詞宗。	樵〈雨意〉、〈雙星會〉、〈鄉夢〉等11首。 6月,〈許天奎壽詩唱和集及自著鐵峯詩草詩話索題〉、〈鴻濤自北歸來下車相訪〉 9月,〈陪江亢虎游彰化溫泉〉 8月,〈偕黃師樵訪夢花〉 11月,〈次黃鯤瀛韻〉、〈遊金山	4月7、8日全島詩人聯吟大會由嘉義聯吟值東,會場設於嘉義公會堂。 6月1日《詩報》披露〈臺灣詩人名鑑發刊趣意書〉。 6月,許天奎《鐵峰山房唱和集》發行。 彰化北斗陳子綬等成立螺溪吟社。	灣。議會設置請願運動
	臺中林幼春、傅錫祺等聯合施梅樵、張玉書等人倡辦中州敦風吟會。 秋,與臺北曾登龍相逢於客邸,強調孔教救世8月22日,江亢虎(1883~1954)蒞臺訪問19天。梅樵作陪遊覽彰化溫泉並唱和之。 冬日,偕林荔奴、陳鴻林諸友遊淡水。 應聘進入埔里教授漢學,有門人邱榮習等。	蔡子淘以詩見贈次韻〉 12月,〈許奇高畫家自潮陽渡臺聞余名來彰化相訪袖畫虎一幅見贈並索題句〉、〈陳蕃榻〉、〈遊淡水即事〉、〈高賓閣席上書所見〉	臺中傅錫祺等成立中州敦風吟會。 臺中林石峰等成立萍社。	
1935,昭和10年,乙亥,66歲	1月10日夜「清談會」假林子惠宅舉行第十回例會,邀請鹿港書家施梅樵、彰化書家李輝名家現場揮毫,至九時乃盡歡散會。 5月9日(新曆6月9日),往臺中怡園吳子瑜家參加中州聯吟會,參加者40餘人。會中出四題,拈着〈水心亭觀釣〉七律、〈榴火〉七絕。 10月27、28日,為	1月,〈過新竹賦贈魏澄川兼懷潤菴〉 3月,〈喜杜香國至留飲〉 6月,《臺灣詩醇》收錄梅樵詩作〈斐亭聽濤〉等2首、〈客次贈次逎〉、〈散悶〉、〈記得〉。 9月,〈一鳴族姪留宴於平和樓〉	王少濤偕林子惠等十多位臺北友人,組織「清談會」。 2月10、11日,全島詩人聯吟大會由臺中州聯吟值東,會場設於臺中公會堂,參加人數計達202名。 6月,《臺灣詩醇》前、後編發行。 9月,《三六九小	10月,臺灣始政四十週年紀念博覽會,於臺北召開。

	慶祝始政四十週年紀念臺灣博覽會，全島聯吟大會開於臺北蓬萊閣，由瀛社主辦，膺任八位擬題者之一：陳春林、洪鐵濤、吳牧童、盧史雲、施梅樵、張筑客、西川萱南、高槐青等八氏。出席者 600 餘名，盛況空前。秋，執教於埔里，創設詩社，並親定名為「櫻社」。	11 月，〈題張雨亭遺照〉、〈歸里賦示寶書〉、〈公園口占〉	報》停刊。	
1936，昭和11 年，丙子，67 歲	1 月 5 日，永靖男童施景明，以養子緣入戶施健甫家。3 月 21、22 日，全島詩人聯吟大會由新竹州值東舉辦，會場設於新竹市公會堂。首日首唱推薦施梅樵、黃春潮為左右詞宗，詩題為〈仲春遊竹塹〉五律。9 月 3 日（新曆 10 月 17 日），往男子公學校講堂赴中部聯吟會。受廖碧峰薦為七絕左詞宗，題目為〈白菊〉四豪韻。10 月，南游嘉、南、高、屏等地。10 月 16 日，《孔教報》（一卷）一號發行。由發行人施梅樵創辦。〔註 173〕遊訪基隆。	1 月，〈輓鄭永南〉、〈弔簡若川〉2 月曾笑雲編《東寧擊缽吟後集》收錄梅樵詩歌 6 首。4 月，〈養花〉、〈春耕〉5 月，〈次寄懷韻示小多郎〉、〈喜鏡如文新至次鏡如見贈韻〉、〈竹風〉6 月，〈輓趙雲石〉、〈次韻答拱五〉7 月，〈端輝族姪將遊大陸賦詩壯行〉8 月，〈題少雨族叔寫生〉、〈過豐原柏峰留飲〉9 月，〈新涼〉	2 月曾笑雲編《東寧擊缽吟後集》發行。8 月，南社社長趙鍾麒雲石（1863～1936）病逝。臺南趙雲石、臺中蔡子昭先後去世。彰化和美黃文鎔、許幼漁等創設道東吟社，屬於道東書院附屬詩社。豐原廖柏峰等倡立富春吟社。	10 月，中日無線電正式通話。

〔註 173〕《孔教報》創刊號僅題「第一號」。惟後來有「第二卷」的出現，故擬加「第一卷」以示區別。

1937，昭和12年，丁丑，68歲	1月，黃溥造編《興賢吟社百期詩集序》出版，茲集悉依梅樵與王竹修兩先生鑑定本。 遊能高。 3月，全島詩人聯吟大會由苗栗值東舉辦，會場設於苗栗獅頭山。次日首唱推薦施梅樵、王了庵爲左右詞宗，詩題爲〈待榜〉。 首夏，倡設中州敦風吟會，創社成立典禮，召開擊缽吟會9月11日，以四天三夜赴田中蘭社－斗南－臺南－彰化拜訪詩友。〔註174〕 訪九份，奎山吟社召開「歡迎施梅樵詞長芝生畫伯及大同諸君子」擊缽會，詩題爲〈畫菊〉。	4月，〈次嘯雲感懷韻〉、〈新柳〉 6月，〈敦風吟會將舉行發會式寄函索詩賦祝〉 7月，〈酒旗〉 8月，〈月澄老兄七秩榮壽〉 9月，〈次王少濤韻〉 11月，〈偕青蓮遊鐵砧山訪勉之次勉之韻〉	4月，總督府禁止使用漢文，廢止各報漢文欄，漢文雜誌停刊，漢書房（私塾）也強制廢止。 6月1日，久保天隨（1875生）去世。 9月，臺北《風月報》創刊，發行人簡荷生，主編林荊南、吳漫沙，共發行一九〇期。 施性湍（1905生）去世。 苗栗後龍黃祉齋等成立龍珠吟社。 苗栗竹南鄭鷹秋等成立薰洲吟社。 南投埔里莊南峰等成立梅社。 南投集集劉維新等成立集賢吟社。 苗栗竹南陳阿金等成立中南吟社。	7月7日，中日戰爭爆發。臺灣軍司令部對臺民發表警告聲明。 8月，進入戰時體制。 9月，於臺北設立「國民精神總動員」本部，於各州廳設立支部，以防止臺民叛變。 9月，強召臺灣青年充當大陸戰地軍伕。
1938，昭和13年，戊寅，69歲	12月，梅樵主編《孔教報》發行第二卷9號。後未見繼續發行。	12月，〈過二林陳建上留飲賦贈〉		3月31日，總督府公布「國家總動員法」。
1939，昭和14年，己卯，70歲	與曾文新遊埔里。	1月，〈連日困雨既晴鴻濤寄詩索和次韻答之〉 7月，〈偕曾文新遊埔里雲釵治酒欸留席上次文新韻賦示雲釵〉 8月，〈夏日黃鶴樓小集分韻〉	彰化賴和、楊笑儂等成立應社。 8月，林幼春去世。	5月19日，總督小林躋造公開發表治臺重點：皇民化、工業化、南進政策 6月，開始實施肥料、米等配給制度。

〔註174〕《孔教報》12號頁28～29。

| 1940，昭和15年，庚辰，71歲 | 鹿港蔡梓材、施江西共組「新聲吟社」成立，邀梅樵加入為社員。
梅樵與莊幼岳倡組鹿港「洛江吟會」，社員與新聲吟社多有重疊。。
孟春，梅樵漫遊羅山。
5月18日，櫟社詩人吳子瑜氏女公子燕生女史，與蔡伯毅氏次郎漢威醫學士結婚。是日開擊缽吟會於醉月樓，受吳氏束邀往賀。是日出席詩人卅餘名。公推梅樵、啓南、竹修、少英四氏為詞宗。詩題首唱〈喜酒〉七律陽韻、次唱〈連理枝〉七絕齊韻，計得詩百餘首。並受邀與櫟社社長傅鶴亭、王竹修、朱啓南諸氏、頌讀祝詩數十章。
8月16日，「怡園擊缽吟錄」，詩題為〈泛舟〉，聘請先生擔任右詞宗，傅錫祺擔任右詞宗。為腳病所苦。〔註175〕 | 1月，〈七十述懷〉、〈勉王一儂〉
3月，〈義宸閣席上賦示傅心鴻飛芾亭諸賢〉、〈嘉福旅舍小集分韻〉
7月，〈偕拱五之東津訪靜軒靜園〉、〈次黃傳心寄懷韻〉
9月，〈元胡見過有詩因次其韻〉遊羅山，有〈勉王一儂〉。
10月，〈遊北津賦示汾津吟社諸賢〉、〈雁字〉、〈旅雁〉
11月，〈登定軍山〉、〈遣懷〉、〈秋潮〉
12月，黃洪炎編《瀛海詩集》收錄梅樵〈題陳坤輝小築〉、〈一鳴族姪孫聞余歸里治酒相歆感作〉、〈臺南客次諸同學來訪賦此示之〉、〈無題二首用義山錦瑟韻〉、〈擬淵明賞菊〉等6題十數首。 | 12月，黃洪炎編《瀛海詩集》出版。
彰化林振聰等成立聲社。
彰化鹿港蔡梓材等成立新聲吟社。
彰化鹿港莊幼岳等成立洛江吟會。 | 2月，日本政府廢止陰曆、強迫臺人改日本姓。
12月，長谷川清新任臺灣總督。 |
| 1941，昭和16年，辛巳，72歲 | 2月20日，養女施井與臺北何一牧結婚。
3月3日，《風月》125號刊登《瀛海詩集》廣告，謂有主要作家如邱逢甲、林痴仙、施梅樵等 | 1月，〈寄生辭漁業組合重任先寄詩道意並約三日後來訪〉、〈賦贈黃鏡軒〉、〈豐原訪柏峰〉
3月，〈插梅〉、〈臺中宿夜逢萱草自 | 日本總督府頒佈「私塾廢止令」，臺灣私塾至此成為絕響。
6月，元園客在《風月報》發表〈臺灣詩人的毛病〉，引起鄭坤五 | 4月，皇民奉公會成立。
10月，日方變更殖民地移民政策，即由開拓臺灣轉向南方移民政策。
12月，日軍偷襲 |

〔註175〕見陳渭雄〈次梅樵先生病腳瑤韻〉，《詩報》昭和15年12月17日238號頁2。

	人傑作。 3月3日，友人林植卿《寄廬遺稿》〈序〉撰就。 楊乃胡〈求梅樵先生揮毫率呈〉。 梅樵養女與何一牧結婚。	金陵歸留飲〉 4月，〈次蘇鴻飛見贈韻〉、〈嘉福吟盧雅集〉、〈次天福韻〉、〈次天福韻〉 5月，〈古寺題壁〉、〈次韻壽謝尊五〉 6月，〈遊茗園逢雪滄〉、〈高文淵來訪有詩即次其韻〉 10月26日，發表〈秋日書感〉，後唱和者逾40餘人。 12月，〈壽林灌園〉〈壽陳坤輝五十〉	等人激辯，蔚爲新舊文學論戰。 7月《風月報》更名爲《南方》。 12月，賴和被捕，入獄五十多天。 南投集集水里坑蕭紹弓等成立集萍吟社。 臺中豐原張九疇等成立墩山吟社。	珍珠港，太平洋戰爭爆發。
1942，昭和17年，壬午，73歲	1月，黃拱五《拾零集》〈序〉撰就。 12月27日，應邀往賀櫟社四十週年紀念大會，於萊園與詩友合照留念。	3月，〈雜詠〉 4月，〈春夜訪亦鶴〉、〈歲晚感作寄鄭養齋鄭雪汀〉 9月，〈夏郊晚步〉、〈嘉福旅次與蕙川臥雲雲翔天福話舊並開秋宴席上賦質諸君子〉 10月，〈秋日書感〉、〈梅村說劍見過有詩次韻〉、〈秋光〉 11月29日，施梅樵編、黃拱五校正《邱黃二先生遺稿合刊》出版。 11月，〈梅村梓舟來訪賦此〉 12月，〈題朱芾亭江南紀遊畫帖〉	黃拱五《拾零集文詩合編》出版。 櫟社四十週年。 6月，王則修發表〈鹿江詩集序〉。	4月，臺灣特別志願制度實施，強迫臺民參均。 6月，日方推行「三億元貯蓄強化運動」。

1943，昭和18年，癸酉，74歲	處暑前二日召開紀念會，與當日會詩友楊雲鵬、吳蘅秋、楊笑儂、陳虛谷、楊守愚、周定山等人合影留念。首夏訪溪湖。8月7日，《詩報》：「清書添削規定」，聘請梅樵爲35名參事之一。夏日遊訪基隆，至重陽歸。	1月，〈萊園雅集〉、〈聞笛〉2月，〈尊五寄詩索和因次其韻〉5月，〈寶桑吟社歡迎席上耀青贈詩次韻答之〉6月，〈望夜彤雲邀余與黃何諸賢飲於東芳樓〉、〈東行到枋寮換乘局營自動車〉、〈過豐原芳谷招飲感作〉、〈春柳〉7月，〈勉某生〉、〈自題七十四歲片影〉、〈遊基隆與大同吟社諸賢敘舊〉、〈次韻元煌同學六十感懷〉9月，〈癸酉重陽自基隆歸車中作〉、〈挹香山館小集賦質諸賢〉。10月，〈子敏一鳴見過喜賦〉、〈和王則修七七述懷韻〉、〈過南陔吟社劍秋留飲賦謝〉11月，〈宿東屯友人招飲舊識妓桔紅話前事〉、〈次韻小魯移居東山〉、〈與劍秋承郁話舊〉12月，〈大東吟社歡迎席上朱曉菴贈詩次韻〉、〈次朱曉菴見贈韻〉、〈次古少泉見贈韻〉、〈次劉翠岩見贈韻〉、〈次黃坤松見贈	1月，賴和逝世。2月，張文環獲臺灣總督府頒授「臺灣文化賞」。11月，臺灣文學奉公會成立，舉行臺灣決戰文學會議。	4月，皇民奉公會新設「臺灣青少年團」。12月，日本政府強徵學生兵入伍。

		韻〉遊訪東臺，有〈遊東臺諸詩人設席後待邱君耀青以詩見贈次韻奉答並質諸詩人〉。〈壽李崇禮古稀〉、〈遣懷〉		
1944，昭和19年，甲申，75歲	春遊遊南投水裏坑。梅樵生日寫真題詩留念。	1月，〈遊水裏坑〉2月，〈晨雞〉3月，〈偕北友水裏坑看山歸途於集集下車訪雪樵〉、〈白竹〉4月，〈春日漫興〉、〈雨夜宿嘉義朱茞亭來訪有詩次韻〉5月，〈別拱五〉6月，〈戶外〉、〈獨坐〉、〈自赤崁歸車中作〉、〈懷拱五〉、〈次琴生見訪韻〉8月，〈郊望〉、〈薄酌〉9月，〈答海洲依過訪原韻〉12月，〈早行即景〉、〈甲申生日誌感〉。		1月，總督府設立五十處皇民練成所，以強制執行同化政策。8月20日，臺灣全島進入戰場狀態。實施臺民徵兵制度。10月，臺灣受到嚴厲轟炸，死傷慘重。
1945，昭和20年／民國34年，乙酉，76歲	2月15日，養子施健甫於雲林虎尾，不幸遭遇盟軍空襲掃射，不幸罹難。8月，交涉頭汴坑山地買賣事。遊歷諸羅、臺南、屏東、東港等地，喜會諸吟友。	蔡汝修《臺海擊缽吟集》收錄梅樵詩歌〈夏木〉1首。〈春日漫興〉、〈遣懷〉、〈寫懷〉、〈除夕〉、〈南遊雜詠〉、〈杏菴招飲於招仙閣賦質拱五杏菴〉、〈王臥蕉留飲〉、〈羅山旅夜諸友畢集談詩至夜深始散余不能寐爰	蔡汝修《臺海擊缽吟集》出版。	盟軍加強對臺空襲，疲勞轟炸，全臺幾成廢墟。8月15日，日皇玉音宣詔無條件投降，二戰結束。10月25日，臺灣區受降典禮於臺北公會堂舉行。行政長官公署正式成立。12月，各地物價飛

		成此篇〉、〈楊嘯霞寄古稀吟索和賦祝〉、〈感賦〉、〈六憶詩〉、〈過生春醫院賦寄作舟〉、〈紀事〉、〈秋日苦熱感作〉、〈秋日書感〉		漲，竟達光復前的數十倍。
1946，民國35年，丙戌，77歲	「每星期到南屯講解，現十餘人，以後定有增加。每星期九點乘自動車往，午后三點歸臺中」。鹽水中學校長陳宗能與李再傳聯袂來府敦請梅樵就任鹽水中學教員。3月25日，移硯臺中。4月仍在南臺中老松町一丁目鈴蘭樓上教授生徒，有宿舍。妻李氏壽誕，寫眞留念，梅樵題詩。	〈題內子李孺人寫眞〉〈除夕書感〉	2月，《中華日報》創刊，發行人梁寒操。8月，林獻堂、葉榮鐘等人爲代表，組成臺灣省光復致敬團赴京滬西安各地致敬。	1月，公佈臺灣省漢奸總檢舉規則。4月，國語普及委員會成立。5月，第一屆臺灣省參議會開會。臺灣銀行發行1、5、10元新券。9月，中等學校禁止使用日語。11月，臺灣舉行第一次高等考試。
1947，民國36年，丁亥，78歲	1月，永靖謖懿宮請撰〈建築謖懿宮緣起〉。6月，由戰後第一任教育廳長許恪士推薦，接受彰化中學校長陳榆生之聘請，擔任該校教職。〔註176〕10月，洪炎秋、莊垂勝推薦梅樵擔任臺中省立圖書館顧問，並爲講師。爲胃病所苦。		10月，《自立晚報》創刊，發行人吳三連。	1月，金價、米價、物價暴漲。2月27日，臺北大稻埕因公賣局取締私煙，引發騷動，引爆二二八事件。5月，長官公署撤廢，臺灣省政府成立。
1948，民國37年，戊子，79歲	10月10日，成立臺灣詩學研究會，發行《臺灣詩學叢刊》第一輯。共出版兩輯。		12月，《國語日報》創刊，發行人洪炎秋。	7月，臺灣省地方自治協會成立。12月，臺灣銀行發行萬元券。

〔註176〕本則資料由論文初審匿名審查人提供，謹致謝忱。

1949，民國38年，己丑，80歲	正月初八日（新曆2月5日）子時，以胃疾病逝於彰化孔廟，享壽八十歲。後安葬於八卦山墓園。逝後翌日，台灣省參議會議長黃朝琴爲函請教育廳從優救恤。		1月，楊逵發表〈和平宣言〉，後被捕。3月，《中央日報》正式在臺北發行。	1月，陳誠就任臺灣省政府主席。12月，中央政府移轉臺北。
1952，民國41年，壬辰冥誕83歲		10月20日《瀛海吟草》天集選錄梅樵詩歌2題8首。12月15日，《瀛海吟草》地集出刊，選錄梅樵詩歌2題11首。	10月20日，洪寶昆創立詩文之友社於彰化。	3月，臺灣省物資局成立。4月，中、日和平條約在臺簽字。10月，青年反共救國團成立。
1955，民國44年，甲申，冥誕86歲			夏存鼎撰〈鹿江集序〉。	1月，立法院通過「中美共同防禦條約」。
1957，民國46年，丁酉，冥誕88歲		《鹿江集》出版，彰化瑞明印書局發行。	6月「臺灣文獻叢刊」開始發行。6月20日「聯合報」發行。	7月1日臺灣省政府疏遷至南投中興新村辦公。
1958，民國47年，戊戌，冥誕89歲		6月詩人節林植卿著，施梅樵刪定《寄廬遺稿》油印本出刊。	戊戌詩人節自由中國詩人大會於臺東召開。	8月，八二三砲戰爆發，臺海情勢緊張。
1959，民國48年，己亥，冥誕90歲	八七水災，彰化施家所藏梅樵書籍、字畫、文物，嚴重毀損，大量流失。	6月，廖漢臣纂修《臺灣省通志稿·學藝志·文學篇》第三冊出版，收錄梅樵詩歌16題。		8月7日，中南部嚴重水患，稱八七水災。
1960，民國49年，庚子，冥誕91歲	5月31日，施李却逝世於彰化家中，享年89歲。與梅樵同葬於八卦山上。		9月，許劍漁《鳴劍齋遺草》出版。	5月，橫貫公路全線通車。
1966，民國55年，丙午，冥誕97歲	4月8日，養女施井正式改名「施玉錦」。		12月，賴子清《圓機活法古今詩粹》前、後編出版。	3月，中共文化大革命開始，臺灣推動文化復興運動。

1967，民國56年，丁未，冥誕98歲	家人委託彰化健光畫像室，爲梅樵夫婦繪製肖像，永爲緬懷。		8月，詩文之友十五週年紀念，舉開全國詩人大會於彰化。	8月，總統令：國民義務教育延長爲九年。
1973，民國62年，癸丑，冥誕104歲	5月30日，媳婦劉悅逝於彰化，享年69歲。身後與梅樵夫婦同葬一處。		5月，《臺灣擊缽詩選》第三集出版。	5月，政府啓動「國家十大建設」。
1976，民國65年，丙辰，冥誕107歲			7月，李漁叔《三臺詩傳》出版。12月，林文龍〈鹿港詩人施梅樵資料雜錄〉出刊。	臺中港竣工啓用。抗戰電影《梅花》出品。
1986，民國75年，丙寅，冥誕117歲			11月，施懿琳〈自甘冷落作頑民，誓死羞爲兩截人——鹿港施梅樵及其詩〉出刊。	李遠哲榮獲諾貝爾化學獎。
1997，民國86年，丁丑，冥誕128歲			翁聖峰〈日據末期的臺灣儒學——以「孔教報」爲論述中心〉發表。	臺灣爆發豬隻口蹄疫事件。
2000，民國89年，庚午，冥誕131歲			施懿琳〈從張麗俊日記看日治時期中部傳統文人的文學活動與角色扮演〉發表。	5月，陳水扁就任總統，臺灣首次由非國民黨執政。
2001，民國90年，辛巳，冥誕132歲		6月，高志彬編《梅樵詩集》出版。11月，張瑞和編《詹作舟全集》，梅樵與詹作舟書信公開。	8月，張麗俊著、許雪姬等解讀《水竹居主人日記》出版。	夏，桃芝、納莉颱風先後侵臺，災情嚴重。
2002，民國91年，壬午，冥誕133歲			3月，吳彩娥〈古典書寫與主體性－施梅樵詩歌的一個考察〉發表。	1月，臺灣以「臺澎金馬獨立關稅領域」名稱，正式加入世界貿易組織。
2004，民國93年，甲申，冥誕135歲			5、6月，余美玲〈鹿港詩人施梅樵詩歌探析〉發表、出刊。	12月，臺北101大樓完工啓用，爲世界第一高樓。

			7月，余美玲〈日治時期臺灣秋懷組詩探析〉出刊。	
2006，民國95年，丙戌，冥誕137歲			11月，陳素雲主編《林維朝詩文集》出版。	6月，國道五號蔣渭水高速公路通車，雪山隧道成爲全球最長的雙孔公路隧道。
2007，民國96年，丁亥，冥誕138歲			6月，江啓綸《日治中晚期臺灣儒學的變異與發展－以《孔教報》爲分析對象（1936～1938)》，成功大學臺灣文學研究所碩士論文。	1月，臺灣高速鐵路通車正式營運。
2008，民國97年，戊子，冥誕139歲			7月，林翠鳳〈施梅樵的風月書寫探析——以女性主題爲對象〉出刊。	7月，正式開放大陸觀光客來臺。 12月，兩岸大三通啓航。
2009，民國98年，己丑，冥誕140歲			7月，林翠鳳《施梅樵及其漢詩研究》，中山大學中文研究所博士論文。	7月，高雄主辦世界運動會。 9月，臺北主辦聽障奧運會。

重要參考資料：

1、吳密察監修《臺灣歷史年表》，臺北：遠流出版公司，2001年1月。

2、林翠鳳〈臺灣傳統詩歌與詩社〉，收在《九十一年暑期臺灣史研習營講義彙編》，南投中興新村：國史館臺灣文獻館，2002年7月。

第三章　詩壇交遊網絡

　　施梅樵在歷經乙未割臺的巨變後，原來期望走上仕途以振家風的夢想，也於是遭到了斷崖式的摧毀。但對於日本新朝，他始終選擇疏離，並未因父親受誣事件的影響，而轉向新政府。他以漢文教學為業，指導後進詩學，在兼顧生活經濟的同時，同遺老們往來，共慰心曲，他勤走於各詩社之間，提倡大雅。施梅樵以詩社詩會與書房教學為二大主脈，廣結詩緣，交織成其個人在詩壇的人際網絡，藉此而推廣與傳承其延續漢文的理想。雖然當時也有許多前清士子紛紛投入經營書房教育，然而施梅樵以其參與的活躍與創作的質量，在整體臺灣詩壇產生了一定的影響力，儼然有一代詩壇祭酒的地位。

第一節　詩壇交遊網絡綜觀

　　俗諺：「物以類聚」，朋友能反映一個人的生活與性格。為了更精確踏實而全面性地反映施梅樵在詩壇的交遊網絡實況，筆者先行彙整製作了**「施梅樵往來詩友題名錄簡表」**（詳附錄二），彙集梅樵詩友達 422 人，以建構本章論述的文獻基礎，並據此就各項分類統計綜觀之。本彙錄以可於文獻得見詩文題稱者為收錄對象，期待藉此能比較聚焦於施梅樵以詩文為往來媒介的交遊範圍。

　　然因文獻不足、尋檢疏漏等主、客觀的因素影響，這份題名錄不盡然符合完全的理想。只是即使如此，此題名錄應該還是可以作為比較接近事實的一份交遊文獻呈現，可以具體地避免僅抽取知名者說介的偏弊。

一、出生年代

施梅樵及其同時代臺灣人所共同經歷的最大變局，首推乙未割臺莫屬。因以 1895 年乙未為界，統計梅樵詩友中出生於 1895 年（含）之前者，達 150 餘人，佔全體總數達 30%上下。顯見梅樵與同世代文人之間保有較高密度的往來，這也反映了梅樵所處遺民/遺老群的具體組成。

二、地　域

在可知籍貫或居地的詩友中，以地域分區統計之。

（一）中部地區（含今彰化、臺中、南投、雲林）

中部地區詩友約近 200 人，遠遠高過臺灣其他各地區。反映施梅樵的交友圈正是以他居地所在的中部地區為中心。其中又以彰化逾百人奪冠，就中梅樵故鄉鹿港一地又居半。顯見梅樵即使遊走各地從事教學，又即使早已遷居彰化城，但他與故里友人的聯繫度依然十分密切，其交遊圈的根柢性十分鮮明。

1、彰　化

梅樵在彰化地區可謂全面性的交遊。現今各鄉鎮幾乎俱可見與之密切往來的詩友。

（1）鹿　港

梅樵出生與長成都在鹿港，這裡的親友師生世代相承，交織成綿密的關係網，也構成了梅樵全臺人際網絡的軸心點。梅樵念舊，與故里一直保持頻繁密切的往來，許劍漁、洪棄生、辜叔廬、王寶書諸友的往來詩作歷歷可證，而以陳子敏最屬知交，二人往還詩作數量高居鹿港諸子之冠。其子侄輩代出才人，施讓甫、施一鳴、莊幼岳等，各擁天地，青出於藍。而鹿港詩壇也常奉梅樵為指導，規模最大的大冶吟社、新興的新聲詩社，均可見其倡發之姿，支持與跟隨者眾，與青年領袖施家本、施教堂均時相往來。其移寓外地者，也有延續故鄉人情誼而交遊者，如：移居竹塘的許存德、置宅和美的許幼漁、流寓臺東的王養源、設帳豐原的王叔潛等。凡此，鹿港詩人與施梅樵共同構成一股相惜相挺的群聚力量，雖未至形成獨具勢力的會眾，但仍然是詩壇不容忽視的有力者。

（2）彰化市

依據戶籍記錄，梅樵最早曾於明治 40 年（1907）12 月遷入彰化街南門，其家遷居彰化城超過 40 年，彰化是他再熟悉不過的城市。惟以詩文交友來看，其人脈主要反映在白沙吟社、應社、聲社三社詩友間。白沙吟社年代較早，社長楊英梧及其社員曾力邀梅樵返鄉教授漢學；應社活動中頗見梅樵身影，與楊雲鵬、陳渭雄、吳蘅秋皆常魚雁往返，尤其與楊笑儂間更見交情；聲社則與吳士茂、高泰山常通文訊。

（3）其他地方詩社

今彰化縣境內各鄉鎮，於日治時期文風昌盛，地區詩人頗見活力，常邀請施梅樵蒞臨指導，而梅樵亦樂於廣結善緣。從文獻上顯示梅樵與詩社中個別詩人往來最多者，乃是田中蘭社，計達 8 人。其中與社長魏國楨、茗園主人陳坤輝互訪最密。而與整體詩社例課切磋最頻繁者，當推員林興賢吟社與溪湖菱香吟社。前者與黃溥造、詹作舟二人私誼最深，後者則常見何策強、尤（世）瑞之唱和。此二社吸引周邊鄉鎮詩人加入，梅樵詩友亦延伸至花壇、永靖、大村、社頭等多處。此外，北斗螺溪吟社、二林香草吟社、大城大成吟社，俱常見梅樵吟蹤。

2、臺　中

梅樵在此地區可分為山線與海線二交友圈。山線以櫟社為交遊中心。梅樵與櫟社之間，早自創辦人林朝崧在世時即相互往來，其後包括林幼春、林獻堂、傅錫祺等俱有來往。及至櫟社四十週年時，梅樵依然是紀念會中的嘉賓〔註1〕，雙方淵源可謂久遠深厚。也透過櫟社諸友，延伸至周邊中、彰、投各鄉鎮，如：大村賴紹堯、太平吳子瑜、大里林耀亭、豐原張麗俊、臺中蔡梓舟、草屯張玉書等櫟社諸友，交互往來可謂頻繁。而櫟社多吸納鹿港人士為社員或社友，亦多為梅樵友生，交織成細密的網絡，相輔相成。海線則以大甲蘅社為主，尤與杜香國往還頗切；延及外埔許天奎、清水陳基六等詩友。

3、南　投

以南陔吟社與櫻社為交遊中心。南陔吟社為南投最重要的詩社之一，前

〔註1〕 見施梅樵〈櫟社四十週年紀念〉，《南方》168 期頁 32，昭和 18 年（1943）2
　　　 月 1 日。又見《詩報》昭和 18 年（1943）3 月 10 日，第 291 號頁 8。

後任社長吳維岳、連德賢、林承郁等俱爲後輩，對梅樵十分敬重。梅樵設帳埔里並親創櫻社，埔里一地詩家，多承其教。

4、雲　林

與斗六名儒吳克明、黃丕承及西螺廖家互有往來。

（二）北部地區（含今臺北、桃園、新竹、苗栗）

北部地區詩友合計亦逾百人。臺北、新竹分別約各佔三分之一，反映了梅樵在北部地區的活動重心。此二區自古爲北臺文教重鎮，活動力甚強。惟細觀梅樵交遊諸友，各區重點有別：

1、臺　北

施梅樵在臺北詩壇的活動，以在基隆一地往來最多，其中又以九份奎山吟社諸吟友最密切。包括創辦人吳如玉、詩學教導李碩卿、社長陳望遠，及社員多人，均可見往來。其次，則推瀛社諸友，包括李金燦、顏笏山、謝尊五等創社要員，其中王少濤同時是其書法藝術上的好友。

2、新　竹

施梅樵與竹社社長戴還浦相善，因與竹社社友往來較多，包括總幹事謝景雲、羅炯南及周石輝、林鐘英、鄭幼佩、曾秋濤等多人。其次，梅樵與北門鄭家諸弟之間也有密切往還，包括鄭香圃、鄭養齋、鄭蘊石、鄭玉田諸子等。而竹社中亦不乏北門裔孫，如曾任竹社副社長的鄭神寶。竹塹人才濟濟，曾寓居臺中的王石鵬、臺日報漢文主任魏清德昆仲、拜入梅樵門下的曾文新、才子張純甫等多人，俱爲出身竹塹，均爲梅樵良朋。

3、桃　園

中壢大東吟社、以文吟社爲施梅樵於此地區的主要交遊圈。前者如黃坤松、朱曉菴等；後者如朱傳明、梁盛文等。惟，次數並未見頻繁往來。

4、苗　栗

此區所見詩友僅 3 人。蔡啓運略年長，曾與梅樵共組鹿苑吟社。銅鑼灣邱仙樓則似爲佳友苑裏王清淵乃應酬之交。

（三）南部地區（含今嘉義、臺南、高雄、屏東）

南部地區往來詩友約近百人，嘉義與臺南互爲伯仲，梅樵在此二區皆曾設帳經年，友生頗多。

1、嘉　義

所見以羅山吟社諸友往來最多，包括賴惠川、林玉書、徐杰夫等，而與林培張最稱契合。再者，布袋岱江吟社吟友禮敬梅樵，互有唱和。另，從新出私人文獻中，顯示與新港林維朝相知相惜，書信往還甚爲密切。朴子楊爾材、嘉義施天福均爲梅樵弟子，頗見往來之作。前者創設樸雅吟社，梅樵與社員吟友林友笛、黃傳心、薛咸中等均成佳友。

2、臺　南

此爲南部文藝薈萃中心，南社爲領袖詩社，梅樵寓居府城時期，與南社社友多有交誼，包括林珠浦、羅秀惠、黃欣、洪鐵濤等。酬唱往來最爲頻繁者，首推黃拱五，兩人詩集中寄予對方詩作數量頗爲相當，均十分可觀。梅樵所有詩友中往來詩作最多者，允推黃拱五爲第一。因與拱五外甥王開運亦相交數十年。梅樵於府城時期交遊的另一特色，是女弟子尤眾。除了詩妓教導之外，以名媛黃金川、石中英最爲出色。另，酉山吟社詩會常邀梅樵蒞會，包括創辦人陳璧如、總幹事楊元胡及社員謝紹楷等多人，往來時見報端。於今臺南縣境內，梅樵與王則修、吳萱草俱頻頻詩文通訊，頗具情誼。

3、高　雄

梅樵在高雄地區交誼資料較有限。以王坤泰往來詩作較多，以翰墨雅藝相惜。

4、屏　東

此區交遊重心集中在東港，以黃景謨、黃景寬昆仲及蕭永東、蔡元亨、陳寄生最見朋儕之誼。其次爲屏東陳家駒、薛玉田等人。

（三）東部地區（含今宜蘭、花蓮、臺東）及離島

梅樵在東部地區的交遊以臺東寶桑吟社爲據點。二者雖相隔東西之遙，仍頻見互動。尤其洪特授、王養源原爲鹿港人士，與梅樵有鄉土親緣。

梅樵與離島地區因緣淡薄，有寓臺澎湖籍詩友，如鮑樑臣、吳紉秋、陳雲龍、薛咸中、蕭永東等人時相往來，惟尚未見離島交誼情事。

三、非臺籍人士

據「施梅樵往來詩友題名錄簡表」（詳附錄二）所示，茲將與梅樵曾有詩

文往來的非臺籍人士，製爲「施梅樵與非臺籍詩友詩作集錄」，俾便一覽。

表 3-1　施梅樵與非臺籍人士詩作集錄

日 籍 詩 友	時　間	作　品（依編年序）	背　景
渡邊詞友	1914-01-23	施梅樵〈贈渡邊詞友〉〔註2〕	酬贈
總督府	1916-03	施梅樵〈慶養老典〉〔註3〕	慶養老典
內田嘉吉	1915-08-12	施梅樵〈敬步內田民政長官瑤韻〉〔註4〕	賡和
上山滿之進	1926-12-15	施梅樵〈東門官邸雅集席上聯句仿柏梁體〉〔註5〕	東門官邸雅集
	1927-11	施梅樵〈上山督憲席上以詩見示謹步瑤韻併乞斧正〉〔註6〕	
	1927-11	施梅樵〈敬依蔗庵督憲原韻吟呈青厓先生斧正〉〔註7〕	
久保天隨	1931-04-27	施梅樵〈贈久保天隨博士〉〔註8〕	壽宴賀詩
岩田鶯崖	1932-11-16	施梅樵〈次岩田鶯崖翁七十自壽韻兼述鄙懷〉〔註9〕	祝壽賡和
久保天隨	1934-07-1	施梅樵〈輓天隨博士〉〔註10〕	悼輓
青木姿森	1940-05-21	青木姿森〈次梅樵夫子七十述懷韻〉〔註11〕	唱和
國本豐照	1943-06-07	施梅樵〈次韻（王養源遊卑南即景呈國本豐照先生）〉〔註12〕	春遊賡和

〔註2〕《臺灣日日新報》第 4892 號 3 版，大正 3 年（1914）1 月 23 日。
〔註3〕見臺灣總督府官房文書課編《壽星集》頁 167。大正 5 年（1916）3 月。
〔註4〕《臺灣日日新報》第 5439 號 3 版，大正 4 年（1915）8 月 12 日。
〔註5〕《臺灣時報》85 期頁 127，昭和元年（1926）12 月 15 日。又見豬口安喜編《東閣唱和集》，臺北市發行，昭和 2 年（1927）11 月。
〔註6〕見豬口安喜編《東閣倡和集》頁 9。昭和 2 年（1927）11 月發行。
〔註7〕見豬口安喜編《東閣倡和集》頁 18。昭和 2 年（1927）11 月發行。題下原註：「分韻得先」。
〔註8〕《臺灣日日新報》第 11148 號 8 版，昭和 6 年（1931）4 月 27 日。又收錄於《詩報》昭和 6 年 5 月 15 日，12 號頁 14，改題作〈贈久保天隨先生〉。後收錄在《鹿江集》頁 21，改題作〈偕久保天隨遊紅林席上賦贈〉。
〔註9〕《臺灣日日新報》第 11713 號 8 版，昭和 7 年（1932）11 月 16 日。又見於《詩報》昭和 7 年（1932）12 月 1 日，48 號頁 3。
〔註10〕《詩報》昭和 9 年（1934）7 月 1 日，84 號頁 15。
〔註11〕《詩報》224 號頁 4，昭和 15 年（1940）5 月 21 日。
〔註12〕《詩報》昭和 18 年（1943）6 月 7 日，第 297 號頁 6。王養源唱和作見該報同日同版。

五十嵐重四郎	1944-09-05	〈次韻寄海洲翁〉〔註13〕	
	不詳	〈秋日偕拱五振樑遊大甲歸途訪海洲留宴〉〔註14〕	
	不詳	〈答海洲依過訪原韻〉〔註15〕	
	不詳	〈海洲寄詩問訊依韻答之〉〔註16〕	
大陸詩友	時間	作品（依編年序）	背景
丘荷公	1933	施梅樵〈次丘荷公六十自壽韻並述鄙懷〉〔註17〕	祝壽賡和
江亢虎	1934-09-06	施梅樵〈陪江亢虎游彰化溫泉〉〔註18〕	訪臺作陪
	1934-09-06	江亢虎〈次韻（施梅樵陪江亢虎游彰化溫泉）〉〔註19〕	
	1934-10-01	江亢虎〈遊彰化喜晤施梅樵詞丈賦呈〉〔註20〕	
	1934-10-01	施梅樵〈次韻（江亢虎遊彰化喜晤施梅樵詞丈賦呈）〉〔註21〕	
陳沙崙	不詳	施梅樵〈席上次韻答陳沙崙〉〔註22〕	吟宴次韻

　　藉由上表顯示，梅樵非臺籍的詩友，可清楚地分別爲日籍與大陸人士兩類。日籍人士計有內田嘉吉等九人，大陸人士計有丘荷公等三人，合計僅十二人，數量甚少。日籍人數較大陸人數稍多，蓋以地緣關係爲主因。就其往來型態而言，不論日籍或大陸人士，大多偏屬於應酬之交。

　　總體顯示出：施梅樵並不積極於與非臺籍人士往來。分而言之，梅樵並未完全排斥與日籍人士往來，與日本朝野人士之間，保持著若即若離的關係。施梅樵也未熱中於與大陸人士往來，雖然他與寓居大陸的原臺籍文人之間，仍然保持著聯繫，如：施士洁、蔡壽星等人。

〔註13〕《詩報》昭和19年（1944）9月5日，319號頁5。
〔註14〕《鹿江集》頁31。
〔註15〕《鹿江集》頁40。
〔註16〕《鹿江集》頁60。
〔註17〕《鹿江集》頁69。
〔註18〕原載《臺灣日日新報》昭和9年（1934）9月6日8版第12367號，題作〈於彰化溫泉呈江博士〉。又收於《鹿江集》頁120。
〔註19〕《臺灣日日新報》第12367號8版，昭和9年（1934）9月6日。
〔註20〕《詩報》昭和9年（1934）10月1日，90號頁12。
〔註21〕《詩報》昭和9年（1934）10月1日，90號頁12。
〔註22〕《鹿江集》頁83。

其中政治地位最高者，自推臺灣總督上山滿之進，他也同時是相關詩作最多的個人，但其實都是同一次詩會的作品。但觀歷次與總督府的作品內容，都有遊戲應付之嫌。梅樵並未藉此步上青雲，府方也未因此多有往來。甚至，內田嘉吉尚擔任民政長官時期，梅樵即有詩唱和，爾後高昇總督之位後倡辦的《新年言志》詩集中雖未見梅樵應和之作，但實則他於當年亦作〈新年言志〉〔註23〕（1924）古詩一首，全詩以「丈夫立志貴自強，伏虎屠龍莫畏葸。百年三萬六千日，瞬息經過同逝水」作結，言語間既鼓舞男兒當勇於行動，不畏艱險，更指出逝者如斯，瞬息空幻。似乎在暗示著日治臺灣的霸權不會久遠，臺灣子弟要立志自強，勇於作爲。若此，則與當朝的籠絡懷柔，恰成對比。再者，梅樵爲前清秀才志在取進仕途，卻因改隸而中斷，但對於是否在日治之下親近當局以干仕進？梅樵的態度卻很清楚，他有詩曰：

> 桑梓未蕭索，能詩大有人。木應齊圻甲，命奈不逢辰。
>
> 慣作登壇將，羞爲入幕賓。書生覘氣節，到底守吾眞。〔註24〕

諸如此者都顯示了：即使時勢所趨無法避免與日人相往來，梅樵也是以保持距離且不衝撞的態度對應之，始終不曾改變他內在堅定於「書生氣節」的原則。

四、重要詩友例舉

統整目前所見梅樵與各地詩友往來之詩文爲據，依其雙方合計總數序列，製爲「施梅樵往來詩文排行表」，即可顯示詩書頻繁往來的重要詩友名單。

表3-2　施梅樵往來詩文排行表

排行	詩友姓名	生　卒	地　籍	往　來　作　品　數		
				施梅樵作	詩友作	合　計
一	黃拱五	1877～1949	臺南	31	21	52
二	陳子敏	1887～1944 之後	鹿港	26	22	48
三	楊笑儂	1868～1934	彰化	15	9	24
四	林維朝	1897～1982	北港	10	14	24
五	曾文新	？～1991 之後	新竹	11	12	23

〔註23〕見《捲濤閣詩草》頁105。

〔註24〕〈次韻（勉之〈喜梅樵詞伯偕壁鋒鷹秋二君枉顧草堂〉）〉，見《孔教報》第一卷10號頁15，昭和12年（1937）8月1日。

　　依上表所示，雙方往來作品數量最多的前五位，其合計都達到 20 題以上。其中，臺南黃拱五與鹿港陳子敏二人詩作數量，明顯地以倍增的數量大幅度領先於其他詩友之上，二人之間則以些微差距而互為伯仲，同為與梅樵往來頻繁的摯友。另外三位詩友作品數量彼此間均極接近，而接續在後。茲就黃拱五與陳子敏二人述介之。

（一）黃拱五（1877～1949）

　　名得眾，以字行，號瘦菊，又號多事老人。臺南人，享年 73 歲。拱五不幸 8 歲失怙，由母親及兄長養育成人。拱五自幼資質聰穎，早年就業，學有精進。光緒 18 年（1892），年 16 歲時，承清水寺街溝仔底吳厝聘為家傅。黃拱五自幼喜於吟詠，舞弄筆墨，及長，樂於風月，詩多豔麗。與趙鍾麒、連橫等人倡創南社，諸友之間多有往來酬唱吟作。又與洪坤益、羅秀惠、王開運、許丙丁等同為《三六九小報》經常撰稿人，時多作遊戲文章。1906 年後入主《臺南新報》筆政，長達三十年之久。

　　黃拱五雖家居臺南，距離施梅樵所在之彰化有超過百多公里的遙遠，雙方往來詩作之多，卻居諸友之冠，足見二人之交情匪淺。從現今存留的雙方作品內容看來，推考二人之所以成為好友，至少有三方面的契合：

1、性情相近

　　二人性情皆風流瀟灑，樂於交遊。梅樵「素性風流，為人倜儻」〔註25〕、「賦性豪邁，不同俗士」〔註26〕；拱五則「聰明天授，情性春和」〔註27〕，注重情趣〔註28〕。二人皆有天賦的聰明才氣，性情上有風流瀟灑的共同趨向，人情上樂於酬唱廣交。性情上的相近，是兩人結為好友的最重要因素。由此而更能坦誠相待，相知相惜。梅樵曾直言：「先生與余訂交二十年，往來毫無猜忌。……先生與余交情深厚」〔註29〕，拱五亦言：「論交淡素情能久，唱和詩詞雁不沈」〔註30〕，正因能無心機，以誠相待，而能長長久久。觀二人詩作，有能寄情思念、關懷安慰、慨嘆世道、詩文切磋、行旅記樂、次韻酬唱，

〔註25〕洪棄生《捲濤閣詩草·序》，頁 5。
〔註26〕蔡壽星《捲濤閣詩草·序》，頁 7。
〔註27〕施梅樵《拾零集文詩合編·序》，1942 年刊本。
〔註28〕黃拱五《拾零集文詩合編·自序》：「嘗聞詩可淘情，文能生趣。詩文之作，苟情趣不生，勉而為之雖連篇累牘，其有可堪寓目者鮮矣。」1942 年刊本。
〔註29〕施梅樵《拾零集文詩合編·序》，1942 年刊本。
〔註30〕黃拱五〈次梅樵翁七十述懷原韻并藉以賀之〉，見《拾零集文詩合編》頁 11。

甚至調侃戲謔等，可謂無所不談，眞乃知交也。

2、滄桑同慨

二人同歷乙未割臺之禍，而能同感家國滄桑之痛。拱五曾有詩曰：「滄桑漫寫傷心句，風雨空過落帽辰」〔註31〕、「欲醉無從覓春酒，不妨處世學裝痴」〔註32〕，表現了對日本治臺的難以認同，這與梅樵始終以遺民態度面對日人，都是類近的。兩人懷抱天涯淪落人的心理而連結聲氣，同感敵愾之餘，分外能相知相惜。梅樵主張以孔教救世以抵日人同化之危，拱五也曾說：「大成殿在空憐近，何日文風復古初」〔註33〕，對儒風的振興寄予期盼，二人可謂所見略同。

3、道業相融

二人既同好於文學，梅樵以詩馳名，拱五以香奩詩、遊戲文爲長；主要都從事於文教事業，梅樵教授漢學，遊歷各詩社之間，拱五長期主持報社筆政。二人不僅爲文學同道中人，彼此間還可以有所相容互補，相輔相成。梅樵主編《邱黃二先生遺稿合刊》時，曾由拱五協助校正。而拱五《拾零集》中大量收錄雙方往來的詩作，序文亦由梅樵爲之題撰，更重要的，此書實由梅樵大力催生而成。〔註34〕使得黃拱五生前出版的《拾零集文詩合編》，成爲兩人交遊的最佳見證。梅樵作品最常刊出的報紙之一，恰好正是拱五主持的《臺南新報》。特別是梅樵講學府城期間（大正12～15年），梅樵作品與消息的見報率尤其頻繁。〔註35〕二人不僅在感情上友好，在事業上也相互支持，更增進彼此的密切關係。

（二）陳子敏〔註36〕（1887～1944之後）

字勉之，號縱奴、碧蘭軒主人、說劍室主人。彰化鹿港人，爲九曲巷內

〔註31〕〈次梅樵翁七十述懷原韻并藉以賀之〉之四，見《拾零集文詩合編》頁11。

〔註32〕〈庚辰元日感作〉，見《拾零集文詩合編》頁12。

〔註33〕〈移居感作〉，見《拾零集文詩合編》頁19。

〔註34〕施梅樵《拾零集文詩合編·序》：「昔年余以《捲濤閣詩草》發刊，近又將刊《鹿江集》。君始知著作爲一生心血，不堪拋棄。爰以平昔所存，付之手民，名之曰『拾零集』。」黃拱五《拾零集文詩合編·自序》亦言：「（吾作）多棄而不存焉。……客力勸編集，乃曰留作鴻雪則可。」

〔註35〕以施梅樵佚作爲例，即相當顯著。參見附錄一：「施梅樵佚作彙編」。

〔註36〕主要參考文獻：梁基德《清翰林等科舉名家墨跡藏珍》頁120，彰化福興：作者自印，2001年7月再版。

著名古蹟「十宜樓」之舊主人。後遷居臺中，工詩文，通經史。梅樵門生。為鹿江詩會、大冶吟社健將。曾至彰化、和美、二林等地設帳教授漢文。早年曾與府城才女石中英結褵，後因故離異。昭和 6 年（1931）繼施梅樵之後赴埔里櫻社教授國學，至昭和 12 年（1937）始離開〔註37〕。有《挹香山館勉之吟草》稿本〔註38〕傳世。

　　梅樵與子敏為同鄉忘年之交，二人經歷背景相近，思想意志亦相近，兼以志趣相投，時相述志互勉，往來愈發密切，交情累積深厚。梅樵謂「往來因忘形，依倚若唇齒」〔註39〕，子敏則以「師兼弟」〔註40〕形容之，在兩人別集中都有彼此的大量詩作，可見互為知交。由於同歷乙未割臺之難，又都無法認同日治新政府，因此常懷棄才遺老心情，而以詩酒相互撫慰砥礪。例如：梅樵慨嘆曰：「……談詩藉以遣愁悶，薄酌殊愧酒非醇。方今國家正多難，宜葆元氣奮精神。相逢一語莫吾瞋，手撥劫灰護斯民。」陳子敏應和道：「……滄海肆橫流，狂瀾知莫挽。相對久昏迷，烟雲時蔽眸。吾儕貴進取，莫漫悲白頭。詩酒且締盟，頭銜署醉侯。所期在遠大，志勿負千秋。」〔註41〕世亂滔滔，二人絕意仕進，而猶懷遠志，實乃苦心孤詣。

第二節　全島聯吟大會

一、日治時期全島詩人聯吟大會的發展概況

　　臺灣傳統漢詩結社始於清代康熙年間的、由沈光文等人倡設的東吟社，而全島詩人聯吟則自日治時期始，最早當推第四任總督兒玉源太郎（任期：

〔註37〕　《挹香山館勉之吟草》手稿影本頁 49 有〈丁丑自埔里社移硯鐵砧山麓近水樓感作〉。查：丁丑乃昭和 12 年（1937）。因知一般流傳陳子敏任教四載之說實誤。參考蘇麗瑜《鹿港書家王漢英及鹿港書壇》頁 69。明道大學國學研究所書法藝術組碩士論文，2007 年 6 月。

〔註38〕　《挹香山館勉之吟草》手稿影本，蘇麗瑜提供，二十多年前由其友人處複製收藏之。

〔註39〕　《臺南新報》大正 12 年 7 月 31 日，7696 期頁 5。刊於詩壇。

〔註40〕　陳子敏〈游竹溪寺依梅樵詞宗原韻〉：「登臨難得師兼弟，歌嘯何論是與非」，作者自註：「時與梅樵詞宗同遊」。見《臺灣日日新報》第 4892 號 3 版，大正 3 年（1914）1 月 23 日。

〔註41〕　施梅樵〈喜子敏一鳴見過偶感〉與陳子敏〈偕一鳴社弟訪梅樵詞伯〉，俱見《詩報》昭和 18 年 10 月 11 日，第 304 號頁 3。

1898 年 2 月 26 日～1906 年 4 月 11 日）建「南菜園」別業於古亭莊，落成時自賦一詩，廣邀全臺詩人唱和，於明治 32 年（1899）6 月召開全臺詩人聯吟大會，共得詩八十七首，彙編出版《南菜園唱和集》，為全臺擊缽聯吟之濫觴。〔註 42〕兒玉督憲此舉明顯有懷柔臺灣仕紳的政治用意，在上者刻意藉著傳統漢詩欲以拉近朝野距離的作法，確實也向傳統詩壇傳達了鮮明的認同態度，同時開啟了臺灣日後聯吟大會的風氣。

後繼者如田健治郎、內田嘉吉、上山滿之進等總督先後追繼，現今仍然可見到的《大雅唱和集》、《新年言志》、《東閣唱和集》〔註 43〕等詩集，都給予了最具體的見證。並且也產生了上行下效的影響，高官、巨賈、詩社紛紛效尤。如：明治 37 年（1904）後藤新平以書齋「鳥松閣」為名擬題作〈鳥松閣偶題〉七絕二首，由日人木下新三郎、館森萬平以及臺南文人羅秀惠聯合向全臺徵詩，不拘體、不限韻，一隨作者之意，且隨得隨錄，悉照原人手筆，不加點竄，以存原貌，最後集為《鳥松閣唱和集》。〔註 44〕為總督以下官員辦理全島聯吟之始。

再，大正 3 年（1914）基隆顏雲年所築環鏡樓落成，瀛社因以〈甲寅小春〉為題，柬邀全臺詩人唱和，雲集於基隆。而為私人辦理全島聯吟之始。

又，大正 10 年（1921）臺北瀛社主辦「全島詩社大會」，為詩社辦理全島聯吟之始。〔註 45〕至此為止，所見之全島聯吟，率皆集中於全臺政經中心的臺北，其他各地尚無所見。

瀛社辦理全島詩社大會的經驗，可說是全臺詩社之最。在總督府的支持之下，大正 13 年（1924）由瀛社發起，號召全島詩人齊聚大稻埕江山樓，正式成立「全島聯吟會」。至昭和 2 年（1927）全島聯吟會明訂由北、中、南等五州輪值辦理，連結全臺各地詩社計畫性的企圖大力鼓吹詩風。所謂「五州」，是指日本政府治臺期間劃分全臺行政區域為五大州，自北而南依序是臺北州、新竹州、臺中州、臺南州、高雄州。廣義上的「五州」意指全臺灣，還

〔註 42〕參王文顏《臺灣詩社之研究》頁 115。政治大學中文研究所 1979 年碩士論文。
〔註 43〕大正 10 年（1921）田健治郎《大雅唱和集》、大正 13 年（1924）內田嘉吉《新年言志》、大正 15 年（1926）上山滿之進《東閣唱和集》。
〔註 44〕參許雪姬等：《臺灣歷史辭典》，頁 865。臺北：行政院文建會，2005 年 5 月。
〔註 45〕惜餘齋主人〈瀛社簡史〉，見「網路古典詩詞雅集」，網址：http://www.poetrys. org/phpbb/viewtopic.php?t=7816&sid=c75ccf35e1802a43ef1228bc7c6f080d。讀取日期：2008 年 6 月 26 日。又參：林正三《瀛社社史之整理纂修與研究》，94 年度臺北市文化局補助研究報告。

可以含括臺東廳、花蓮港廳、澎湖廳。

於是，昭和 3 年（1928）3 月 21 日如期舉辦了第一回臺灣全島聯吟大會，以〈鱟魚〉爲題，敦請張息六、陳槐廷分任左、右詞宗，得第作品並且公開刊登在《臺灣日日新報》〔註46〕。以後遂逐年輪值舉行。

一直到昭和 12 年（1937）爆發中日蘆溝橋之役，戰事逐漸升高，昭和 13 年（1938）日本政府宣佈在臺灣實施「國家總動員法」，臺灣各地活動受到嚴格管控，民間社團聚會尤其嚴格，全島聯吟會因此而停止活動。

綜合以上可知：昭和 2 年（1927）全島聯吟會明訂輪值辦法，實可爲全臺聯吟大會發展史上的里程碑。以此爲界，前期多爲有力單位主辦之特殊性詩會，後期則爲區域聯合主催之常態性例會。前期主辦者社經地位高，受邀與會者亦多爲詩壇佼佼者。後期當時社會上詩風正熾，詩家樂於與會，新知舊雨絡繹於途。從而促進區域聯吟的風潮隨之而起，以風行之勢促進了漢詩聯吟的普及化。

全島聯吟大會自昭和 3 年（1928）到 12 年（1937），總計前後共舉辦十年十回。這十年之間對聯絡詩人聲氣，團結漢詩社團，從而促進民族文化意識等，都產生了一定的影響。筆者茲以《臺灣日日新報》和《詩報》等相關資料爲依據，製成「日治時期全島聯吟大會一覽表」，以誌其盛並便觀覽。

表 3-3 日治時期全島聯吟大會一覽表

舉辦時間地點	名 稱	題目	詞 宗	資料出處	梅樵得第
明治 32 年，南菜園				《南菜園唱和集》	
明治 37 年，鳥松閣				《鳥松閣唱和集》	
大正 3 年基隆顏雲年慶祝「環鏡樓」落成開於顏宅環鏡樓	詩人聯吟大會			惜餘齋主人〈瀛社簡史〉	
大正 10 年 10 月 23 日臺北春風得意樓瀛社主辦	主催首屆全臺詩人大會			《臺灣瀛社詩學會會志》頁 98	
大正 13 年 4 月 25 日臺北江山樓瀛社主辦	臺灣全島聯合吟會			《臺灣瀛社詩學會會志》頁 108	

〔註46〕見《臺灣日日新報》昭和 3 年 3 月 22 日第 10026 號 4 版。

昭和 2 年 3 月 20 日開於臺北蓬萊閣瀛社主辦	全島聯合吟會			《臺灣瀛社詩學會會志》頁 118	
昭和 3 年 3 月 21 日出席人數不詳	全島聯吟大會（第一回）	蠹魚	左詞宗張息六右詞宗陳槐廷	臺日報昭和 03 年 03 月 22 日 10026 號 4 版	
昭和 4 年	全島（第二回）聯吟大會			據第一、四回推知	
昭和 5 年	全島（第三回）聯吟大會			據第一、四回推知	
昭和 6 年 3 月 21 日開於新竹約 200 餘人與會	全島第四回聯吟大會首日首唱	雨絲	左詞宗趙雲石右詞宗傅鶴亭	臺日報昭和 03 月 22 日 11113 號 3 版、詩報昭和 6 年 4 月 15 日 10 號頁 6	
	全島第四回聯吟大會首日次唱	剪刀風	左詞宗連雅堂右詞宗魏潤庵	詩報昭和 06 年 05 月 01 日 11 號頁 6	
昭和 7 年 3 月 20、21 日開於臺北州大龍峒孔子廟、蓬萊閣出席者 280 餘名	「騷壇消息」報導			詩報昭和 07 年 04 月 01 日 32 號頁 1	
	首日首唱	春寒	左詞宗趙雲石右詞宗鄭養齋	詩報昭和 07 年 04 月 01 日 32 號頁 1	
	首日次唱	報午機	左詞宗王了菴右詞宗施梅樵	詩報昭和 07 年 04 月 01 日 32 號頁 1	
	次日首唱	屯山積雪	左詞宗莊太岳右詞宗邱筱園	詩報昭和 07 年 04 月 01 日 32 號頁 1	
	次日次唱	祝花朝錦格	左詞宗張純甫右詞宗謝星樓	詩報昭和 07 年 04 月 01 日 32 號頁 1	
昭和 8 年 2 月 11、12 日開於屏東公會館出席者 155 名	「全島聯吟大會」報導			詩報昭和 08 年 03 月 01 日 54 號頁 1	
	首日首唱	屏東春曉	左詞宗莊太岳右詞宗洪鐵濤	詩報昭和 08 年 03 月 01 日 54 號頁 1	
	首日次唱	瑞竹	左詞宗鄭永南詞宗張一泓	詩報昭和 08 年 09 月 01 日 66 號頁 6	

	次日首唱	溪月	左詞宗施梅樵 右詞宗蔡子昭	詩報昭和08年09月15日67號頁6	右四左避
	次日次唱	展元宵	左詞宗呂傳祺 右詞宗楊爾材	詩報昭和08年03月01日54號頁1	
昭和9年4月7、8日 開於嘉義公會堂 出席人數不詳	「全島聯吟大會預告」報導			詩報昭和09年03月01日76號頁1	
	首日首唱	阿里山曉望	左詞宗葉文樞 右詞宗王了菴	詩報昭和09年05月01日80號頁4	
	首日次唱	撚鬚	左詞宗李石鯨 右詞宗郭芷涵	詩報昭和09年05月01日80號頁6	
	次日首唱	諸羅春色	左詞宗莊太岳 右詞宗賴子清	詩報昭和09年05月15日81號頁4	
	次日次唱	觀櫻會	左詞宗陳梅峰 右詞宗鄭永南	詩報昭和09年05月15日81號頁6	
昭和10年乙亥2月10、11日 開於臺中公會堂 出席者202名	「騷壇消息」報導			詩報昭和10年03月01日100號頁1	
	首日首唱	人日雅集	左詞宗鄭養齋 詞宗魏潤庵	詩報昭和10年03月01日100號頁3	
	首日次唱	梅粧	左詞宗趙雲石 右詞宗陳春林	詩報昭和10年03月01日100號頁4	
	次日首唱	中州覽勝	左詞宗張純甫 右詞宗洪鐵濤	詩報昭和10年03月01日100號頁5	右十九左二四
	次日次唱	東山觀荔	左詞宗王則修 右詞宗鄭永南	臺日報3月23日12562號8版、12563號8版 詩報昭和10年03月01日100號頁7	

爲慶祝始政四十週年紀念臺灣博覽會，昭和10年乙亥10月27、28日開於臺北蓬萊閣出席者600餘名瀛社主辦	「全島聯吟大會概況」報導			詩報昭和10年12月01日118號頁1	
	首日首唱	嶺梅	左詞宗郭芷涵右詞宗王了菴	詩報昭和10年12月01日118號頁1	擬題者：陳春林、洪鐵濤、吳牧童、盧史雲、施梅樵、張筑客、西川萱南、高槐青等八氏
	首日次唱	雞群鶴	左詞宗趙雲石右詞宗鄭養齋	詩報昭和10年12月01日118號頁1	
	次日首唱	博覽會紀盛	左詞宗吳子宏右詞宗吳子瑜	詩報昭和10年12月01日118號頁1	
	次日次唱	人海	左詞宗鄭坤五右詞宗邱筱園	詩報昭和10年12月01日118號頁1	
昭和11年3月21、22日開於新竹出席人數不詳	首日首唱	仲春遊竹塹	左詞宗施梅樵詞宗黃春潮	詩報昭和11年04月18日127號頁3	右四二
	首日次唱	春耕	左詞宗趙雲石右詞宗李碩卿	詩報昭和11年04月18日127號頁6	右二左七
	次日首唱	養花	左詞宗莊太岳右詞宗林述三	詩報昭和11年04月18日127號頁10	右十
	次日次唱	竹風	左詞宗林仲衡右詞宗吳萱草	詩報昭和11年04月18日127號頁13	
昭和12年3月開於苗栗獅頭山出席人數不詳	首日首唱	獅山雅集	左詞宗施梅樵右詞宗王則修	詩報昭和12年04月01日150號頁3	
	首日次唱	禪房聽經	左詞宗張純甫右詞宗葉文樞	詩報昭和12年04月01日150號頁4	
	次日首唱	待榜	左詞宗施梅樵右詞宗王了菴	詩報昭和12年05月11日152號頁22	右廿三左避

	次日次唱	春雨	左詞宗張純甫 右詞宗楊爾材	詩報昭和 12 年 05 月 25 日 153 號頁 20	左十四右 廿一
昭和 12 年 瀛社承辦	全島聯吟大會			惜餘齋 主人 〈瀛社簡史〉	

二、從全島詩人聯吟大會看施梅樵的詩壇活動

（一）總督府聯吟詩會座上賓

日本總督兒玉源太郎於明治 32 年（1899）6 月開風氣先，由總督府召開全臺詩人聯吟大會。爾後由總督府陸陸續續在各地舉辦揚文會、慶饗老典等活動，也廣邀三臺詩家振筆應和。這些舉動意在拉攏臺灣仕紳文人，都有明顯的懷柔意味。例如在現存傳世的《壽星集》〔註47〕中，多有名家，如連雅堂、謝汝銓、黃贊鈞、洪以南、駱香林等人，也可見到有梅樵〈慶饗老典〉〔註48〕詩一首名列其中。

昭和元年（1926）11 月 28 日（陰曆 10 月 24 日）臺灣總督上山滿之進於東門官邸開翰墨宴，以國分青厓作主賓，邀請臺灣仕紳名人 34 人與會，皆為一時之選，包括有：林獻堂灌園、陳槐庭沁園、黃欣茂笙、鄭家珍伯璵、謝汝銓雪漁、魏清德潤庵、黃贊鈞石衡、趙鍾麒雲石、洪以南逸雅、陳信齋、尤養齋蛻窩、張純甫筑客、劉克明篁邨、陳其春伯漁、楊仲佐嘯霞、李碩卿石鯨、簡朗山綠野、施梅樵天鶴、黃純青、倪炳煌希昶、盧子安磐石、林佛國石厓、高樹木肇藩、林纘述三、葉蓮舫、曾逢辰吉甫、莊伯容諸羅、許廷光凌槎、林熊徵薇閣、吳昌才萬華、羅秀惠麓蕉、林茂生耕南、許梓桑迺蘭、陳梅峰等人。

而時年 57 歲的施梅樵，正是座上嘉賓之一，足見梅樵在當時臺灣詩壇，是具有代表性的臺灣詩人。席上以〈東門官邸雅集席上聯句〉為題材，「仿柏梁體」的方式，賓主即席賦詠，當時梅樵所撰句為「琴劍匆匆卸客裝」〔註49〕；

〔註47〕日本大正天皇初登極，即詔令全臺宴請老人，賜木杯、點心等物。並廣召全臺耆老作詩為文紀念。後集錄饗老、養老二典所作，約二十萬言，題曰《壽星集》，大正 5 年（1916）3 月發行。
〔註48〕見臺灣總督府官房文書課編《壽星集》頁 167。大正 5 年（1916）3 月。
〔註49〕《臺灣時報》85 期頁 127，題作〈東門官邸雅集席上聯句仿柏梁體〉，昭和元年（1926）12 月 15 日。又見豬口安喜編《東閣唱和集》，臺北市發行，昭和 2 年（1927）11 月。

又與總督唱和，分韻賦詩，梅樵有〈上山督憲席上以詩見示謹步瑤韻併乞斧正〉〔註50〕、〈敬依蔗庵督憲原韻吟呈青厓先生斧正〉〔註51〕諸作。當時諸家佳作後經編印爲《東閣唱和集》〔註52〕。

　　臺灣文人參與由臺灣最高權力單位所主辦的詩會，與其個人對日本當局的政治認同，並不具有一定的關係。親日媚進者有之、無奈虛應者亦有之，如林獻堂、連雅堂等人，終生反日意識清晰，即爲顯例。但在社會階級尚且嚴明區分的當時，若是應邀出席總督吟宴賦詩唱和，至少在社會觀感上，必將產生「重要人士」的形象，也將在詩壇產生一定的地位象徵意義。施梅樵正爲此例。

（二）詩社主催全島聯吟歷任詞宗

　　由臺灣五州詩社聯合輪值主催的全島聯吟大會的舉辦，都被視爲詩壇年度盛事，是日治時期傳統詩壇參與範圍最廣、也最受到矚目的聯吟會。以現在有限的資料來看，昭和 6 年（1931）之後大會出席人數，大約在 150～200 餘人之間。以日治時期全臺詩社總數超過 300 個來看，這樣的出席人數平均之下，顯示還沒有達到各社都有代表出席的程度。以昭和 10 年（1935）2 月全臺聯吟大會召開於臺中〔註53〕爲例，出席詩社共計有大同吟社等 56 個漢詩社團，從詩社名單可以看出：都是臺灣當時活動力較爲旺盛的詩社。相對的也可知，日治時期詩社總數雖多，而其實大多是社員規模並不大的小型社團。各社派出代表出席，人數合計 202 名，而報端披露此爲「近來稀有之盛況也」〔註54〕。其社會背景，應與殖民專制之下，人們行動不自由、交通不方便、經濟不充裕等因素有關。

〔註50〕見豬口安喜編《東閣倡和集》頁 9。昭和 2 年（1927）11 月發行。

〔註51〕見豬口安喜編《東閣倡和集》頁 18。昭和 2 年（1927）11 月發行。題下原註：「分韻得先」。

〔註52〕豬口安喜編《東閣唱和集》，臺北市發行，昭和 2 年 11 月。

〔註53〕張麗俊《水竹居主人日記》1935 年 2 月 10 日條曾記錄此次於臺中公會堂舉行的全島聯吟大會的盛況：「是日大會我臺中州管內諸吟友爲主人，其吟友自臺北、新竹、臺南、高雄四州來赴會者皆爲來賓，但臺中諸吟社爲主，又推我櫟社爲主中之主，我櫟社中又是吳子瑜一人爲設備。故將公會堂爲會場，其位置寬敞，設備周全，中掛諸名人書畫，欲寄附贈元眼爲賞品。……午后，子昭述開會辭，子瑜爲議長，推薦詞宗左鄭養齋、右魏潤庵。首題五律〈人日雅集〉魚韻，七絕〈梅妝〉元韻。」

〔註54〕見《詩報》昭和 10 年 3 月 1 日 100 號頁 1〈騷壇消息〉報導。

其中最特別的是，昭和 10 年（1935）10 月大會人數高達 600 餘位，是歷次大會的數倍之多。主要是本次全島聯吟大會的舉辦，在配合日本政府為慶祝始政四十週年紀念臺灣博覽會，政治慶祝的目的性強烈，與會者合官、紳兩界來賓，而創造了「在臺各種大會未曾有之盛況」〔註 55〕。或者可能即為此原因，次日次唱甚至就以「人海」為題目競詩，紀盛、寫實的意味甚濃。

在參與人數如此踴躍的情況下，全島聯吟大會也就成了日治時期少數具有高度曝光機會的大型詩界聚會。於是大會上各地高手雲集，詩家們莫不殫思竭才，期望能頭角崢嶸。日治時期臺地漢詩寫作風氣較盛，因此詩會的舉辦及其成績，也受到相當的矚目。因此，聯吟大會上的評選詞宗，尤其必須德高望重，詩才特出，素富令譽，才足以服眾。透過「**日治時期全島聯吟大會一覽表**」的資料呈現，可以看到在歷年的全島聯吟大會的詞宗們，都是當時詩界名聞遐邇的前輩，包括有林幼春、連雅堂等人。當時詩壇濟濟多士，詞宗一般由主辦單位敦請，詩壇前輩或名家若受聘膺任全島聯吟大會詞宗，一則是反映了詩壇的倚重，一則也是詩家個人的才德崇隆的榮譽。

在全島聯吟大會的歷年詞宗名單上，多次出現了「施梅樵」。從「**日治時期全島聯吟大會一覽表**」所示，梅樵膺任詞宗的記錄可歸納條理如下：

（1）施梅樵除了昭和 9 年（1934）未見之外，連續於昭和 7、8、10、11、12 年擔任大會詞宗。此時為梅樵 63～66 歲之間。

（2）自昭和 8 年（1933）之後，施梅樵四次擔任首唱左詞宗。

（3）昭和 10 年（1935）始政紀念聯吟會上，施梅樵擔任擬題詞宗。

（4）昭和 12 年（1937）施梅樵一人身兼首日及次日的首唱左詞宗，張純甫一人身兼首日及次日的次唱左詞宗，是全臺聯吟大會史上前所未見的創新記錄。

梅樵的出現集中在後半期，但綜觀、比較其他詞宗來看，這樣重複出現的情形，引人注目。茲以昭和 3 年之後共計十年間的全島詩人聯吟大會為對象，將歷次受聘詞宗彙整，統計各人任職次數，製成「**全島聯吟大會詞宗膺任次數統計表**」，俾便觀覽。

〔註 55〕見《詩報》昭和 10 年 12 月 1 日 118 號頁 1〈全島聯吟大會概況〉報導。

表 3-4　昭和 3～12 年全島聯吟大會歷次詞宗名錄暨膺任次數統計表

膺任次數	全 島 聯 吟 大 會 詞 宗 姓 名
五	施梅樵、趙雲石。
四	王了菴、張純甫、莊太岳。
三	鄭永南、鄭養齋。
二	邱筱園、洪鐵濤、魏潤庵、王則修、郭芷涵、楊爾材、葉文樞。
一	傅鶴亭、連雅堂、李碩卿、林述三、張息六、陳槐廷、呂傳祺、李石鯨、陳梅峰、吳子宏、鄭坤五、林仲衡、謝星樓、張一泓、蔡子昭、賴子清、陳春林、吳子瑜、黃春潮、吳萱草。
總計	吟會詞宗合計 32 人／62 人次。

　　由統計表中顯示：在十年間六次全島詩人聯吟大會而能擔任五次詞宗者，除了施梅樵之外，也僅有臺南趙雲石一人而已。頻率之高，顯見二人在當時詩壇具有極為崇高的輩份。

　　聯吟大會所聘請的詞宗，一般為了表示對來客的尊崇，會多多邀請外地名家擔任。詩會所在地區的詩人即使有擔任詞宗，也是穿插點綴的性質。試看「日治時期全島聯吟大會一覽表」，很明顯的，仍然大致上是依循著這個傳統。以施梅樵所膺任詞宗的地區來看，依次是臺北、屏東、臺北、新竹、苗栗。昭和 10 年（1935）在臺中召開的全島聯吟大會，他雖有參加，並且作品得第左 19 右 24，但在首、次唱中都未膺任詞宗，可能與身為地主區域的詩人有關。

　　從聯吟大會上的 32 位詞宗看來，巨富如吳子瑜，權勢者如傅鶴亭等，僅是少數，反而是才子文士較夥。尤其膺任次數達四、五次的施梅樵、張純甫等五人，率皆從事文教工作。可見詞宗的聘請是以其在詩壇上的才學為重。梅樵非賈非官，蓋以其詩名傳聞遐邇，素負令譽，而得屢屢受聘為詞宗。這也顯示詩壇重視才德的風氣，正與仕紳們提倡文化抗日是相互呼應的。

（三）《詩報》長期顧問

　　聯吟大會得以屢屢召開，反映了臺灣各地詩社活力的蓬勃，相對的，詩友間作品與信息的往來觀摩與傳遞，不僅更加暢旺，也更形需求。昭和 5 年（1930）10 月創刊於桃園的《詩報》，正是呼應於這股趨勢，應運而生。這一份日治時期最重要的傳統詩刊，創刊即發予雄心，其「創刊號」中發佈的〈本報意趣〉第四則清楚指出：「學校已廢漢文，書房不容易設，鼓舞讀漢文，惟

此詩社詩會可以自由，故不可無發表機關。」〔註56〕詩社詩會與詩刊的昌盛，可視爲漢文被廢止的一種反動，這股反動的意志，促成了詩界力量的凝聚，大家出錢出力，讓傳統詩的寫作與活動持續活絡。《詩報》的創刊匯集了詩壇的大老名家，共同成爲其號召與後盾，幾乎每一期都刊載的〈詩報顧問〉名單，幾乎可說是臺灣詩壇菁英名錄。而《創刊號》的顧問，則更可說是詩界當時重量級的代表。

　　筆者以爲，昭和 3 年（1928）之後全島聯吟大會的詞宗們，與昭和 5 年（1930）10 月《詩報》創刊號的顧問群，兩者的時代背景極其類近，若以比對的方法進行萃取二者的交集，應該可以比較有依據地得出詩壇富於聲望的代表性人物。茲將《詩報》創刊號的顧問群依原刊序羅列姓名，對照上表「全島聯吟大會詞宗厯任次數統計表」，將其中曾擔任過全島聯吟大會詞宗者，以黑體字加底線標示之，製成「《詩報》創刊號顧問與全島聯吟大會詞宗比對表」，可一目了然。

表3-5　《詩報》創刊號顧問與全島聯吟大會詞宗比對表

詩報創刊號顧問	趙雲石、傅錫祺、林幼春、連雅堂、謝雪漁、魏潤庵、林獻堂、邱筱園、陳基六、鄭養齋、陳懷澄、王了庵、倪炳煌、黃茂笙、黃純青、李碩卿、施梅樵、連碧榕、吳榮隸、蘇櫻村、黃爾璇、洪鐵濤、張鐵村、林述三、張純甫、鄭實秋、簡若川、鄭永南、簡明山、鄭神寶。	
統　計	《詩報》創刊顧問，共 30 人	
	《詩報》創刊號顧問與全島聯吟大會詞宗複見者，計 13 人	

　　透過「《詩報》創刊號顧問與全島聯吟詞宗比對表」互相比較之後，可以發現：其中重出者共計 13 人。這 13 位佔目前所知的聯吟大會總計 32 位詞宗總數的 41%、佔《詩報》顧問群 30 人中的 43%，二者比例恰好相當，可具體見出這 13 位詩家在當時詩壇受到共同的尊重，具有重要的地位。其實，從創刊號伊始，施梅樵就此長期擔任《詩報》顧問，至昭和 18 年（1943）的顧問名單上，均能得見，可謂詩壇大老。

　　再比對昭和元年（1926）11 月總督臺灣上山滿之進東閣唱和束邀與會的臺灣名紳詩家有 34 人，則在東閣吟會、全島聯吟、《詩報》顧問三者皆複見者有：趙雲石（1863～1936）、魏潤庵（1886～1964）、鄭養齋（1872～1939）、

〔註56〕見《詩報》創刊號頁6。昭和 5 年（1930）10 月 30 日。

李碩卿（1882～1944）、施梅樵（1870～1949）、林述三（1887～1957）、張純甫（1888～1941）七人。這七位詩翁在昭和年間臺灣詩壇地位的崇高，已經不言可喻了。而施梅樵與其他六位詩翁俱有詩文往來，加以其齒德兼具，六年間膺任五次全島詩會詞宗，更加凸顯出他在詩壇聲望之崇隆。

第三節　地方詩社吟會

一、日治時期臺灣詩社吟會發展的背景

臺灣詩社，肇始於清康熙 24 年（1685）沈光文、季麒光等人倡立的東吟社。

清光緒 20 年（1894）甲午戰爭清廷失利，臺灣因此割讓給日本。當時全臺為之激憤，文人、百姓的陳情、抗議，不絕於途，臺灣全島展開了有史以來最大的一場戰役，即使是文人，也紛紛起身抵抗，臺灣民主國也於焉誕生。在此一逆變的大時代，文學成為文人抒懷的最佳場域，日治時期臺灣傳統詩歌寫作，因此而被推向了一個高峰。割臺是臺灣史上的空前巨變，臺灣從此進入新的殖民統治時期。從初期武裝對立的激亢，在力量懸殊的節節敗退中，無奈地逐漸轉化為長期不妥協的柔性抗日。臺灣許多人對於與中國在血脈上、文化上的繫聯關係，即使在強勢政治的轉替變動下，依然很難割捨，或無從離棄。從清朝時明代遺民世代傳承的「生降死不降」，到日治時期民眾的拒剪髮辮、常著漢服等，都鮮明地標誌著臺人內在骨骼中堅硬不妥協的抗議精神，以及外在以柔制強、隱忍不拔的堅韌性情。臺灣人在政權上雖無力扭轉局面，但「恥從日化」、「義不臣倭」的堅持，讓臺灣百姓，特別是知識份子，卻能執著對文化與氣節的傳統理念，臺灣傳統詩文界「相約斯文延一脈」的寫作，在這個大時代裡得到了空前的激勵。

全臺各地詩社紛紛成立，與時遽增的盛況，最足以作為顯例。依據統計，有清在臺 213 年（1683～1895）期間全臺詩社目前所知約計 20 所，然而日治50 年期間卻高達 310 餘所，全臺傳統詩社團的數量，至此達到了顛峰。〔註57〕

〔註57〕日治時期全臺詩社數量：民國 13 年（1924）連橫〈臺灣詩社記〉統計共 66 所（見《臺灣詩薈》第 2 號頁 98，1924 年 3 月）；民國 78 年（1989）廖一瑾《臺灣詩史》統計有 280 多所（臺北：文史哲出版社，初版，1999 年 3 月）。

這可說是不成比例的跳增。

　　詩社林立的現象爲臺灣歷史上所未有，顯示出詩社成立的目的並不盡然只是爲了文人之間的切磋交誼而已。有爲延續一脈香火的民族使命而堅持者，有爲互通聲氣舒洩抑鬱之氣而奮筆者，有爲附會風雅追上潮流者等等。〔註58〕而因時代所產生的文化意識與民族情感，可謂爲其中最主要的精神所在。施梅樵與好友洪棄生、許劍漁等人於明治 30 年（1897）共組鹿苑吟社，就是基於此一情懷動機的好例子。另外一體雙面的是，當詩社越形擴增的同時，也產生一定程度的活動力與吸引力，促進交流，吸收新血，而活潑了詩社的運作。傳統詩社成爲傳統士人最重要的匯聚中心，經由運作詩社活動所建構出來的網絡，使得文化抗日更加可長可久。

二、從詩社吟會看施梅樵的詩壇活動

　　施梅樵以設帳三臺教授漢學爲業，又以延續漢文香火爲使命，他與地方詩社之間的互相往來或應密切，與詩友們酬唱吟會亦可能十分頻繁。其具體行蹤如何？檢閱日治時期重要報刊，如：《臺灣日日新報》、《詩報》、《臺南新報》、《風月報》等，確實頗見刊載。與其同時代的詩人群中，也能發現往來作品。茲以當時重要報刊爲主要文獻材料，以詩社吟會爲主要標的，彙整知見所得爲「梅樵往來全臺詩社吟會知見錄」，以示施梅樵與地方詩社、吟會、詩人之間的往來實況之一斑，並俾便查覽。

　　關於「施梅樵往來全臺詩社吟會知見錄」，有兩點可先予以說明：

　　（1）本表分作二部：上部爲詩社，下部爲吟會雅集。詩社所記，多屬社團性的活動；雅集者，則或爲私人聚會聯誼，或爲人情慶弔徵錄，隨興而起，隨機可止。

　　在雅集項目，這一部份資料量龐大，有反映梅樵社交的意義，但也是本表難以全面反映的部分。一則篇幅過長，恐有充數之嫌；再則過於瑣碎，與其統合彙整，或者不如隨主題議論運用爲妥。例如，各式的即席諸作，其實背景上都代表著一次聚會，或呼朋引伴，或三兩促膝，各成群聚。以《捲濤

　　據民國 91 年（2002）林翠鳳〈臺灣傳統詩歌及詩社〉一文中「臺灣傳統詩社彙編」統計達 310 餘所。（見「暑期臺灣史研習營」《講義彙編》第 99 頁，南投：國史館臺灣文獻館，2002 年 7 月）。

〔註58〕參黃美娥〈日治時代臺灣詩社林立的社會考察〉，《臺灣風物》47 卷 3 期，1997年 9 月。

閣詩草》爲例，總計 403 首詩歌中，僅以「席上」爲題諸作即達 20 首，若觀諸報端則爲數更夥。梅樵以吟宴雅集爲生活常態，由此可見一斑，而藉此聯繫起來的人際網絡反映了梅樵的人脈系統，也呈顯了梅樵在詩壇的地位。

（2）類似筆者「施梅樵往來全臺詩社吟會知見錄」之製表，已先有學者余美玲〈鹿港詩人施梅樵詩歌探析〉文末「附表」〔註59〕，表中錄列《詩報》所載可見梅樵的詩社與雅集名稱及次數，計 54 處。提供閱讀者很好的參考，其爲學精神與方法值得學習。惟，可惜因該表並未註明出處卷頁，讀者難以尋檢驗證。筆者因據《詩報》原稿影刊本進行地毯式檢閱，在余文基礎上擴充至 86 處，並逐條加註目見出處。

在詩社項目，余文「附表」所載詩社地點有四處恐爲不慎誤植，包括：香草吟社實在彰化二林，誤以爲在北斗；榕社實在臺中沙鹿，誤以爲在鹿港；大成吟社實在彰化大城鄉，誤以爲在鹿港；玉社實在花蓮玉里，誤以爲在臺南等計四處，吾表已予修正。

表 3-6　施梅樵往來全臺詩社吟會知見錄

序	所在地	詩社／集會名	出　處　例	代　表　人	※
詩　社					
1	基隆市	大同吟社（1931）	鹿江集頁 80、詩報 243 號頁 28	李碩卿、陳其寅	4
2	基隆市	網珊吟社	臺灣文藝叢誌 11 號	周步蟾、李碩卿	
3	臺北九份	奎山吟社（1937）	詩報 92 號頁 16	李碩卿	2
4	臺北市	臺北同聲聯吟會	詩報 2 號頁 5		1
5	臺北市	瀛社（1909）	臺日報 1934-12-05-8	洪以南、謝汝銓	
6	臺北萬華	仿蘭亭	詩報 256 號頁 16	陳子敬、高文淵	
7	臺北	心社潛廬讀社	詩報 243 號頁 22		1
8	桃園中壢	大東吟社	鹿江集頁 82、詩報 308 號頁 8	劉石富、黃坤松	1
9	新竹市	竹社	臺日報 1916-11-02-3、捲濤閣詩草頁 47	戴還浦、魏清德	
10	新竹	柏社	詩報 195 號頁 14	張純甫	1
11	新竹竹北	鋤社	詩報 150 號頁 9		1

〔註59〕余美玲〈鹿港詩人施梅樵詩歌探析〉，《國文學誌》八，頁 296。

12	竹北鳳崗	來儀吟社（1932）	詩報 99 號頁 12	葉文樞、曾東農	1
13	新竹關西	關西陶社	鹿江集 59 頁	鍾盛鑫、徐錫卿	
14	苗栗竹南	南洲吟社	詩報 150 號頁 17	鄭鷹秋	1
15	臺中市	東墩吟社（1929）	詩報 94 號頁 7	王竹修、張笏山	10
16	臺中市	中洲敦風吟社（1937）	鹿江集頁 98、詩報 154 號頁 16	林幼春、傅錫祺	5
17	臺中市	華僑同鄉吟社	詩報 19 號頁 10	劉子源、劉晶珊	1
18	臺中豐原	豐原吟社	詩報 144 號頁 18	廖柏峰	1
19	臺中大甲	大甲蘭社	詩報 71 號頁 13	杜香國	2
20	臺中霧峰	櫟社	詩報 291 號頁 8	林痴仙、林獻堂	
21	臺中沙鹿	榕社	詩報 74 號頁 14	陳廷材、王竹修	3
22	臺中太平	怡社（1926）	詩報 90 號頁 3	吳子瑜、吳燕生	1
23	彰化市	彰化卦山吟社	詩報 10 號頁 8	克士、爾竹	2
24	彰化市	彰化吟社	詩報 278 號頁 18	楊笑儂、陳渭雄	2
25	彰化市	崇文社附屬滑稽吟社（1917）	詩報 15 號頁 18		1
26	彰化市	彰化聲社（1940）	詩報 263 號頁 24	周定山、吳士茂	19
27	彰化市	彰化應社（1939）	詩報 282 號頁 10	陳渭雄、楊雲鵬	1
28	彰化市	白沙吟社（1923）	號頁 169 號頁 1	楊英梧	1
29	彰化員林	興賢吟社（1924）	詩報 10 號頁 10	黃溥造、詹作舟	70
30	彰化溪湖	菱香吟社（1932）	鹿江集頁 107、詩報 124 號頁 13	何策強、施學文	52
31	彰化田中	蘭社（1903）	鹿江集頁 44、詩報 248 號頁 13	魏國楨、陳景崧	3
32	彰化和美	道東書院（1935）	詩報 103 號頁 16	許幼漁、施一鳴	12
33	彰化大城	大成吟社（1922）	詩報 264 號頁 9	吳澄江、吳多青	2
34	彰化北斗	螺溪吟社（1934）	鹿江集頁 110、詩報 309 號頁 22	許燕汀、郭涵光	2
35	彰化二林	香草吟社（1918）	詩報 209 號頁 13	許存德、蕭文樵	1
36	彰化鹿港	鹿苑吟社（1897）	臺日報 1897-11-20-1	洪棄生、蔡啓運	
37	彰化鹿港	鹿江吟社（1914）	臺日報 1913-12-20-6	施梅樵、丁式周	
38	彰化鹿港	大冶吟社（1921）	捲濤閣詩草頁 34.62.63	施家本、莊太岳	5
39	彰化鹿港	聚鷗吟社（1927）	詩報 136 號頁 13	施讓甫、王養源	2
40	彰化鹿港	淬礪吟社（1933）	詩報 239 號頁 52	施性湍、施讓甫	1

41	彰化鹿港	新聲詩社（1940）	彰化文學史頁 266	蔡梓材、施江西	
42	彰化鹿港	洛江吟會（1940）	彰化文學史頁 266	莊幼岳、蔡梓材	
43	彰化鹿港	潮社	詩報 126 號頁 6		1
44	彰化鹿港	臺西吟社	詩報 76 號頁 14		1
45	南投市	南陔吟社（1917）	鹿江集頁 54、詩報 231 號頁 14	張笏山、吳維岳	3
46	南投草屯	碧山吟社	捲濤閣詩草頁 116		
47	南投埔里	埔里櫻社（1935）	詩報 158 號頁 9	陳占峰、邱榮習	1
48	雲林斗南	斗南吟社	詩報 72 號頁 12	黃紹謨、王子典	2
49	雲林北港	汾津吟社	鹿江集頁 65、詩報 234 號頁 4	陳家駒、陳茂才	2
50	雲林北港	正聲吟社	詩報 247 號頁 18		
51	嘉義市	麗澤吟社	詩報 233 號頁 18	施天福、薛咸中	4
52	嘉義市	尋鷗吟社	臺南新報 7773 期、捲濤閣詩草頁 142		
53	嘉義市	羅山吟社（1909）	捲濤閣詩草頁 96	賴惠川、張玉書	
54	嘉義朴子	樸雅吟社（1922）	鹿江集頁 73、臺南新報 8395 期	楊爾材、陳月樵	
55	嘉義布袋	岱江吟社	詩報 08 號頁 11	林純卿、蔡嘯峯	1
56	嘉義布袋	白水吟社	詩報 177 號頁 17	李笑林、蔡火土	1
57	嘉義布袋	岱江靜修吟社	詩報 175 號頁 17、臺南新報 8107 期		4
58	嘉義東石	東石石社	詩報 221 號頁 18	林眠雲、黃秀峯	6
59	臺南將軍	將軍吟社	詩報 137 號頁 9	吳萱草、吳丙丁	1
60	臺南麻豆	綠社	鹿江集頁 88	邱濬川、李步雲	
61	臺南鹽水	月津吟社	臺南新報 8224 期	黃金川、黃朝碧	
62	臺南北門	北門吟會	臺南新報 7451 期		
63	臺南市	南社	捲濤閣詩草頁 60、臺南新報 8273 期	黃拱五、王則修	
64	臺南市	桐城吟會	詩報 302 號頁 12	楊元胡、李步雲	1
65	臺南市	酉山吟社	臺南新報 8079 期	謝少楷、黃廷楨	
66	臺南市	桐侶吟社	臺南新報 8191 期	王芷香、洪鐵濤	
67	高雄市	高雄市詩會	詩報 138 號頁 7	鮑樑臣、陳春林	1
68	高雄市	瀨南詩社	詩報 90 號頁 9	許君山、施子卿	1

69	高雄市	四美吟會	臺南新報 8515 期		
70	屏東市	礪社	臺日報 1923-04-28-6、捲濤閣詩草頁 75	尤養齋、吳蔭培	
71	屏東市	東山吟社〔註60〕	臺南新報 8499 期	陳家駒、郭芷涵	2
72	屏東東港	研社	捲濤閣詩草頁 146、鹿江集頁 52		
73	屏東東港	東林吟會	詩報 302 號頁 11	陳寄生、黃景寬	
74	屏東林邊	興亞吟社	詩報 223 號頁 18	林又春、鄭坤五	3
75	屏東林邊	蕉香吟室	（待詳）〔註61〕		1
76	花蓮玉里	玉社	詩報 131 號頁 1	小冬郎、曾穀三	1
77	花蓮	洄瀾詩社	鹿江集頁 78		
78	臺東市	寶桑吟社（1921）	鹿江集頁 77、詩報 134 號頁 7	王養源、洪特授	3
79	（未詳）	讀我書社	（待詳）〔註62〕		2
80		全臺詩社	臺南新報 8261 期		
81		全臺詩社聯吟大會	臺南新報 8261 期		
82	另詳	全島聯吟會	另詳		
83	臺中	中州/中部聯吟	詩報 81 號頁 10		
84	彰化市	彰化聯吟會	詩報 24 號頁 11		
85	高雄州	雄州聯吟會	詩報 238 號頁 18		1
86	屏東市	屏東聯吟會	詩報 137 號頁 14		
雅　集					
87	基隆	道南樓小集	詩報 236 號頁 17	陳道南	1

〔註60〕 東山吟社，係王松江、陳家駒等四人創立於屏東，成立後推郭芷涵（名蔡淵）為社長（見《臺南新報》8406 期、《臺灣日日新報》9039 號。

〔註61〕 林邊蕉香吟室據余教授表錄暫置此。筆者檢索〈臺灣漢詩數位典藏資料庫〉確實記載「《詩報》302 期頁 16 林邊蕉香吟室〈秋曉〉七絕之作」。但查閱《詩報》原稿影刊本所見者爲：〈秋曉〉七絕實爲「彰化聲社」週課之作，梅樵此詩得第右一左二。而林邊蕉香吟室適巧在前一頁，但未有梅樵詩。顯然〈漢詩資料庫〉登載有誤。余文或有可能是受此誤導所致，或另於他處見之。筆者不得而知，因暫置之。「臺灣漢詩數位典藏資料庫」網址：http://www.literaturetaiwan.idv.tw/poetry/04/04_02/04_02_01.htm

〔註62〕 讀我書社 2 次據余教授表錄暫置此。經筆者目驗者尚未見此，再檢索〈臺灣漢詩數位典藏資料庫〉該書社的歷次詞宗或詩作詩人，亦皆未見梅樵/可白名號。因暫置之。

88	臺北九份	談雪齋擊缽	詩報 93 號頁 12		3
89	桃園	詩報——鯤島同吟課題	詩報 238 號頁 14		2
90	新竹	偏遠堂雅集	捲濤閣詩草頁 121	鄭幼佩	
91	臺中太平	怡園	詩報 225 號頁 13	吳子瑜、吳燕生	4
92	臺中太平	東山雅集	鹿江集頁 75、詩報 77 號頁 4	吳子瑜、吳燕生	3
93	臺中大甲	鐵砧山房	詩報 64 號頁 8		1
94	臺中大甲	大甲鎮瀾四點金	詩報 143 號頁 17		1
95	臺中霧峰	萊園雅集	鹿江集 81、詩報 288 號頁 3	林痴仙、林獻堂	1
96	臺中神岡	筱雲山莊雅集	鹿江集 64	呂賡年	
97	臺中大里	務滋園擊缽會	水竹居日記頁 450	林耀亭	
98	彰化市	彰化唱和集	詩報 12 號頁 14		2
99	彰化市	彰化小集	詩報 06 號頁 6		3
100	彰化市	捲濤閣小集	臺南新報 7695 期	施梅樵	
101	花壇	傳藜書閣雅集	詩報 219 號頁 13	劉傳藜	1
102	彰化鹿港	鹿江紅豆館徵詩	詩報 160 號頁 18	王一儂	1
103	鹿港	靜遠樓雅集擊缽	詩報 108 號頁 3	施江西	2
104	彰化田中	茗園小集	詩報 220 號頁 14	陳坤輝	1
105	嘉義	羅山小（雅）集	捲濤閣詩草頁 96.130、鹿江集 96		
106	嘉義	寄廬雅集	鹿江集頁 70.101	林培張	
107	嘉義	嘉福旅社（吟廬）小集	鹿江集頁 73、121、詩報 246 號頁 4	施天福	1
108	臺南市	赤崁園小集	捲濤閣詩草頁 91		1
109	臺南市	開元寺擊缽	臺南新報 7877 期	釋愼淨	
110	高雄岡山	岡山小集	詩報 305 號頁 19		1
111	宜蘭蘇澳	蘇澳小集	孔教報 1 卷 3 號頁 27		
112		草草堂雅集	詩報 248 號頁 6		1
113		小品山館小集	詩報 218 號頁 2		1
114		慶餘堂和集	詩報 308 號頁 16		
115		人日雅集	鹿江集頁 45		
116		四知堂雅集	鹿江集頁 68		

117	鹿港	挹香山館小集	鹿江集頁 81、詩報 303 號頁 3	陳子敏	1
118		摘翠樓雅集	鹿江集頁 93		
119		黃鶴樓小集	鹿江集頁 97、詩報 206 號頁 4		1
120		西園小集	鹿江集頁 100		
121		聯吟慰勞會	詩報 102 號頁 4		1
122	旗津	旗津徵詩揭曉	臺日報 1923-02-05		
123	屏東	屏東礪社徵詩	臺日報 1923-04-28		
124	布袋	布袋岱江吟社第三期徵詩	臺日報 1928-04-06		
125		祝張文翁六秩晉一榮壽擊缽	詩報 135 號頁 8	張文翁	2
126	鹿港	許志坤先室紀念徵詩	詩報 74 號頁 2	許志坤	1
127	嘉義	施天福氏椿萱並慶紀念徵詩	詩報 254 號頁 11	施天福	1
128	彰化二水	二水陳古鉞氏徵詩	詩報 110 號頁 12	陳古鉞	1
129	彰化鹿港	朱氏金剛石婚盛典擊缽錄	詩報 102 號頁 2	朱氏	1
130	彰化北斗	楊鶴年氏所徵新婚紀念徵詩	詩報 102 號頁 13	楊鶴年	1
131	臺南	張耀宗新婚徵詩發表	詩報 264 號頁 16	張耀宗	1
132	嘉義	靴店徵詩	臺日報 1924-09-09		
雅集、吟會、徵詩等活動甚多，不及備載，舉例如上。					

【附註】

1、「※」表示「詩報所見次數小計」。

2、為節約篇幅，部分出處簡稱如下：《臺灣日日新報》簡稱「臺日報」、《彰化縣文學發展史》簡稱「彰化文學史」、《水竹居主人日記》簡稱「水竹居日記」。

「施梅樵往來全臺詩社吟會知見錄」乃依據文獻歸納知見所得，據此統計試分析說明如下：

（一）就分區數量來看

　　梅樵往來的各地詩社估計達 73 所，若加計詩社與詩社之間規模大小不等的聯吟會，僅以見諸各報所見者粗估，至少已有 80 處。以日治時期全臺約 310 個詩社計，已經超過 25%。梅樵以一人隻身而能周旋往來全臺四分之一的詩社之間，可以具體顯示梅樵在全臺詩壇參與的廣度和積極度。若以各縣市分開統計，則另製「施梅樵往來全臺詩社分計表」如下，俾便觀覽。

表3-7　施梅樵往來全臺詩社分計表

縣 名	臺北縣市	桃園縣	新竹縣	苗栗縣	臺中縣市	彰化縣	南投縣	雲林縣	嘉義縣	臺南縣	高雄縣市	屏東縣	宜蘭縣	花蓮縣	臺東縣	離島
詩社數	6	1	5	1	8	22	3	3	8	8	3	4	（1）	2	1	0
合　計	北部				中部				南部				東部			
	13				33				26				4			

　　取現今行政區域來看上表所示，梅樵幾乎與臺灣各縣詩社都有所往來。唯獨宜蘭與外島地區尚未見有詩社往來記錄。這或許與地理阻隔、交通不便有關。

　　在各縣市分計排行中，顯然以彰化縣單一縣內合計達 22 個詩社高居第一，其次為臺中縣市、嘉義縣、臺南縣三地同為 8 個詩社，其三則臺北縣市是 6 個詩社。概括來說，中部地區是首要活動區，其次是南部也頗為活躍，再其次為北部，而後為東部。

　　日治時期詩社活動的方式主要是集會與郵傳。能作為長期而常態性參與的，都必然地具有地緣因素。彰化是梅樵出生與長住的故鄉地，彰化地區詩社多見梅樵足跡，地緣上的人親土親，是最重要的因素。梅樵本家在鹿港，從上表所見梅樵與鹿港一地就有 9 個詩社的活動參與，是全臺單一鄉鎮市中，參與密度最高者，顯示了梅樵與鹿港之間無法割捨的臍帶關係。而梅樵成年後居住時間最長者則在彰化市，上表中彰化市一地即見有 6 個詩社，若加上唱和小集，其實質密度甚至高出鹿港許多。

　　以梅樵戶籍資料來看，一生居地主要有四，即鹿港、嘉義、臺南、彰化四地。過去的社會不似現今變異的快速，戶籍的遷定，可以代表一段較長時

期的穩定居住。從上表來看，梅樵與此四地詩社之間的往來正好高居於各地
之上。梅樵的教學工作，需要透過長住狀態才能適合於一段長時期的授課需
求，在客居教學時期，同時能於暇時與當地詩社詩友往來，其間唱和之作，
也因此頻頻而出。可見活動次數的多寡與地區居住時間的長短，二者之間是
呈正比的關係。換言之，梅樵戶籍遷徙的主要理由，應該就是爲了配合遠遊
長期教學的需要。

　　以臺南爲例，梅樵曾設籍臺南市三年，其間設帳授徒之餘，也與臺南地
區詩社、詩友多有往來。在他落籍的臺南市，受到酉山吟社數度邀請參與的
擊缽會，即頻見於報端〔註 63〕。與黃茂笙、蔡蘭亭、鄭香圃、黃拱五、洪鐵
濤等南社詩友的雅聚吟會頻頻，與南社有關的桐城吟會、桐侶吟社也多見交
遊。而南市之外縣境內的將軍、麻豆、北門、鹽水，也爲梅樵遊蹤之所及。
有時還延伸到高雄〔註 64〕等地。以梅樵作爲線索，鮮明地看到他穿梭於區域
內各詩社之間，詩人酬唱交遊不斷，聲氣連通活絡。梅樵即將辭別歸里前夕，
不僅從報端可見眾子弟賦詩惜別之作〔註 65〕、致贈金牌銀杯之盛，尤有〈詩
人梓歸〉〔註 66〕的訊息報導，施梅樵客居臺南期間，似乎爲地區詩社帶起一
陣熱潮。

　　日治時期詩社的運作具有鮮明的地域性，是小眾群聚的中心，梅樵與許
多地區性詩社的互動，累積起來呈現出梅樵在詩壇活動的版圖，卻反而展現
出跨區域的連結特質。而梅樵的這塊詩壇版圖的中心區在彰化，範圍則擴及
臺灣北、中、南、東四界。以曾經往來過的詩社數量看，梅樵在臺灣詩壇是
相當活躍的。

（二）就活動型態來看

　　「施梅樵往來全臺詩社吟會知見錄」主要歸納爲詩社與吟會雅集二類，
其中既有各自獨立的活動，也有相融的型態。

〔註 63〕 以《臺南新報》爲例，所登載酉山吟社例會擊缽吟，例如：詩題〈苔髮〉，見
　　　　 大正 14 年 3 月 18 日，8292 期頁 5，此次梅樵膺任右詞宗；詩題〈牧羊圖〉，
　　　　 見大正 14 年 6 月 3 日，8369 期頁 5；詩題〈諫果〉，見大正 14 年 7 月 4 日，
　　　　 8400 期頁 5 等。
〔註 64〕 如：高雄四美吟會，敦聘施梅樵爲詞宗。《臺灣日日新報》9131 號 4 版，大正
　　　　 14 年 10 月 9 日。
〔註 65〕 如：《臺南新報》8624 期 6 頁、8626 期 6 頁、8635 期 6 頁，均可見黃建安、
　　　　 荷香等弟子所作留別諸作。
〔註 66〕 見《臺南新報》大正 15 年 2 月 27 日第 8638 號報導。

　　所謂「獨立的活動」，是指詩社或雅會的各自運作。以詩社言，典型的即是課題擊缽的例會，以及定期召開的聯吟會。這都是詩社既有的常態活動，需集合眾人協力完成。以雅會言，乃是私人不定期或偶一為之的聚會吟詠，有為迎賓示好者，有為雅興聯誼者，不一而足。而施梅樵在這一部份的活動是十分大量的。

1、詩社常態例會

　　以詩社常態例會來看，雖然由於資料難以全面所造成的侷限，但由上表中僅以《詩報》所見統計的次數，也可以看出梅樵參與最多的前五名，依序是：員林興賢吟社、溪湖菱香吟社、彰化聲社、和美道東書院、臺中東墩吟社。這五個詩社都位居中部，其中四者都集中在現今之彰化縣境內，與梅樵地緣上的關係甚深。且由這五社的文獻記錄顯示，詩社活動絕大多數是日常例會的課題與擊缽，反映出梅樵在此五處社團常態活動中長期而穩定的高密度參與，也反映了彼此合作關係上的密切。梅樵在這些例會中的角色，仍然幾乎都是擔任詞宗，尤其是左詞宗為多。在整體詩社的運作上，不僅是擁有評鑑等第權力的裁判者，經由長期的合作，梅樵實質上的也扮演著詩學指導的教授者角色。詩社中的社員們、甚至是社長，和梅樵既是詩友交誼，也是師生傳承，雙方多有著亦師亦友的關係。

　　此五社和梅樵亦師亦友的情誼，也表現在後來事業上的力挺。例如：梅樵於昭和 11 年（1936）10 月於彰化創辦《孔教報》，並膺任主編。在該報二年多的編輯過程中，統計各地詩社投稿情況，即以溪湖菱香吟社居冠，員林興賢、鹿港大冶再次。〔註67〕這並非偶然的現象，除了因為地緣上同在彰化縣境內，距離相近容易聯絡之外，更重要的，是主編施梅樵與此三社長期以來深密的往來、師友支持相挺，而有以致之。日治時期傳統文人所謂「相約斯文延一線」，此亦表現之一方。

2、個人興辦的詩會雅集

　　在社團集體活動之外，尚有許多個人興辦的詩會雅集。這一類的詩會雅集有許多是詩友們的雅興相會吟詠，可以視為詩社活動的延伸，也是社友的

〔註67〕據江啟綸《日治中晚期臺灣儒學的變異與發展——以《孔教報》為分析對象（1936～1938）》表四「孔教報出版會同人居住地分佈一覽表」、表五「孔教報出版會同人創作次數與居住地分布一覽表」，頁 184、185。成功大學臺灣文學所 95 年碩士論文。

社外活動。或出郊賞景，或小酌品茗，或訪友迎賓等等，皆得吟詠創作，並藉以促進彼此感情的交流。一般詩社中即常見歡迎詩友、詞長來訪的擊缽會，而文人園樓齋館之聚更無可勝數，以上表所見爲例，有：基隆陳道南的道南樓、新竹鄭幼佩的偏遠堂、臺中林培張的寄廬、神岡呂家的筱雲山莊、霧峰林家的萊園、大里林耀亭的務滋園、外埔許天奎的鐵砧山房、鹿港王一儂的紅豆館、田中陳坤輝的茗園、嘉義施天福的嘉福旅社等等，也包括有施梅樵的捲濤閣。這些都具體反映了當時詩人於詩社的社團公聚之外，社外私人雅集的情形也十分普遍。這些個人私交、以詩會友的交遊集會，匯流爲一股風氣，助益於正面擴張了社會上詩風流化的密度。

以臺中太平吳子瑜小魯家爲例。小魯雖爲富紳而好於吟詠，於太平東山修怡園，創怡社，常廣邀中部詩友吟會。《詩報》中所見以怡社爲名的活動，梅樵僅出現一次，然以怡園、東山爲稱號的雅會，卻高達 7 次。其中多爲擊缽會，怡園/東山雅會與怡社活動的地點相同，而參加者重疊性高，既是雅會也是詩社活動。另有慶祝會，如昭和 9 年（1934）小魯五十壽誕，到賀諸友依柏梁體各賦七言以祝；昭和 15 年（1940）爲慶祝吳家千金女詩人吳燕生與蔡漢威醫學士結婚舉開擊缽會。

本來社團就具備著游藝與交誼的雙重功能，既有日常例會切磋詩藝，也有節慶、婚喪、紀念等人情往來。日治時期詩社社員人數通常不會過於龐大，以十數人上下組成一個詩社的情況十分普遍。因此一人之事，也會藉由社團力量擴大或完成，慶弔就是常見的事例。如：溪湖菱香吟社，社員私人的喜慶就常結合詩社進行，包括社員陳馨新婚紀念、社員楊連基新築落成、社員楊得時令弟新婚紀念徵詩、社員何策強萱堂陳太夫人六旬帨辰徵詩〔註 68〕等。

由上述可見，日治時期詩社活動與日常生活是高度的緊密結合。原本作爲一項藝術創作與欣賞的詩歌，在日治特殊的時代背景催化下，詩社的運作明顯地趨向生活化，詩歌藝術自然也隨之傾向大眾化、通俗化。在優的方面看，優雅的詩歌貼近日常習尚，可以提升生活的藝術化、雅致化，這是值得鼓舞的。而以傳統漢詩作爲文化先鋒，延續民族傳統，推廣精神上的抗日，也有一定的成效。

但無法否認的是，雅會的社交性遠大於其文學性。在此社交活動中衍生

〔註68〕依序分見《詩報》152 號頁 11、159 號頁 8、147 號頁 6、152 號頁 1。

所得的應酬唱和的作品，也對詩歌創作產生了一定程度的侷限性。在日治時期詩壇蓬勃發展的背景下，這一部份的作品數量十分龐大，固然也不乏可觀的佳作，但整體而言，卻無助於傳統詩在藝術認同上的提升，反而淪爲新文學或文化運動者詬病爲舊文學的一大弊端，力主掃除之。這可謂爲劣的方面。

3、各界徵詩

受到日治時期整體社會詩歌瀰漫的流風之所及，包括詩社、詩友、一般民眾或公司行號，亦喜徵詩擊缽，附庸風雅。甚至七字仔、四句聯等騰播市井眾口之間，旗亭伶優甚至延師習詩，以切合時尚所趨。日治時期詩風之熾盛，已不獨爲詩人之專利。

此或爲詩社廣開交流之道，或爲詩道中人好於此藝，又或爲附庸風雅追逐時尚，看看《詩報》等報刊上經常出現的「徵詩啓事」、「徵詩發表」等消息，上自政府官員，下至平民百姓，可知已儼然成爲一股時代風氣。如：民政長官後藤新平，即曾以〈鳥松閣偶題〉向全臺徵詩；又如上表中所示之新婚紀念徵詩、榮壽慶祝徵詩，甚至是靴店徵詩等，都可爲示例。梅樵由於名氣甚大，往往受邀爲徵詩詞宗或主持，不勝枚舉。舉其犖犖大者，如：施讓甫慈尊郭孺人花甲徵詩紀念〔註69〕、李城《大安港遊記》徵詩詞宗〔註70〕等。

這不只是梅樵詩學社交的一部份，也是其社會服務、業外兼營的一部份。

4、媒體刊布

上述的許多詩社吟會的活動，甚至是個人作品與動態，往往披露、刊登於報紙雜誌之上。而透過報紙雜誌之類的媒體公開放送，文人的名氣，很容易的便宣揚開來。見諸於報端的頻率越高，自然聲名也將越高漲。在古典漢詩當時主要的刊布媒體上，「施梅樵」三字經常的出現。

檢閱《臺灣日日新報》梅樵的訊息量超過三百則以上。〔註71〕最早者可推至明治30年（1897）11月20日的「鹿苑吟社」報導。而大正至昭和14年（1940）的三十年之間，僅有大正 9 年（1920）一年未見其相關訊息出現。其他則每年都有數則到數十則以上的作品或動態披露於報端。少者如大正 2 年（1913）僅 3 則訊息，多者如昭和 4 年（19298）有 21 則，大正 4 年（1915）

〔註69〕《鹿江集》頁（5）。
〔註70〕李城《大安港遊記》，臺中州：李城，黃啓茂活版所印，昭和6年（1931）3月。
〔註71〕詳檢漢珍數位出版「臺灣日日新報」影像資料庫：http://www.tbmc.com.tw/tbmc2/cdb/intro/Taiwan-newspaper.htm

更高達 27 則，平均每個月都見報 2 次以上。透過報紙的高密度曝光，相信即使不是詩壇中人，對梅樵之名也不會太陌生。若檢閱梅樵擔任顧問的《詩報》，其訊息量更高出許多。除了昭和 5 年（1930）10 月 30 日創刊當年已屆年底，訊息量僅個位數之外，其餘每一年的訊息量都是數十則以上，可說是《詩報》上的常客。「我從報界久知名」〔註72〕一語正反映了梅樵之馳名詩壇，媒體傳播確實產生過巨大有效的力量。

　　詩友們稱梅樵「詩名海內重當今」〔註73〕、「騷壇牛耳擅馳名」〔註74〕，固然是因為他的才情早已騰芳眾口之外，他廣交各界詩人，廣遊於各地詩社，並且頻見諸於報端雜誌之上，梅樵名氣在詩壇是十分響亮的。雖然他自己認為是「偶從壇坫博虛名」〔註75〕、「徒博虛名雕蟲技」〔註76〕，惟對以詩歌教學為業的梅樵而言，保持一定的名氣，應該還是有正面意義的。再者，幸好梅樵樂於讓作品刊布於媒體，也才能使關於他的文獻，獲得多一重的保留，而增加後世瞭解他的機會。

三、詩社區域連結的縮影──施梅樵與中部詩壇

　　以分區統計來看，如前所計，中部地區明顯的以 33 個往來詩社領先於其他地區。固然這是拜梅樵成長生活的主要範圍之便，但中部地區自古文風鼎盛，至日治時期又富於文化意識，此實為其前提。就以梅樵往來的這 33 個詩社來看，其彼此之間交錯連結的關係，可以作為日治時期臺灣各區域詩社連結的一個具體縮影。楊雲萍曾說：「吾臺文運肇自南部，而中部，而北部。中部初以鹿港為中心，劍漁先生與洪棄生、施梅樵即其代表。」〔註77〕許劍漁

〔註72〕　朱傳明〈喜施梅樵夫子枉顧二首〉句，《詩報》307 號頁 3，昭和 18 年 12 月 8 日。

〔註73〕　古少泉〈席上敬呈施梅樵夫子〉句，《詩報》307 號頁 3，昭和 18 年（1943）12 月 8 日。

〔註74〕　尤銳明〈呈施梅樵先生〉《臺灣日日新報》第 10405 號 8 版，昭和 4 年（1929）4 月 8 日。

〔註75〕　施梅樵〈次韻（朱傳明喜施梅樵夫子枉顧）〉句，《詩報》307 號頁 3，昭和 18 年（1943）12 月 8 日。

〔註76〕　施梅樵〈六十初度放歌述懷兼以誌感〉，《臺灣日日新報》第 10589 號 4 版，昭和 4 年（1929）10 月 10 日。又收在《鹿江集》頁 14，改題作〈六十初度放歌述懷〉。

〔註77〕　見楊雲萍〈鳴劍齋遺草序〉，許劍漁、許幼漁著、許常安編輯《鳴劍齋遺草》，高雄：大友書局，1960 年 9 月。

不幸英年早逝，洪棄生個性孤高，只有施梅樵奔走各地，勤於走訪聯繫，而且長壽。時日累積之下，聲名愈加顯著。茲以「**梅樵往來全臺詩社吟會知見錄**」爲主要依據觀察之。

（一）個別詩社的參與

臺灣許多文人希望以漢詩傳承堅持固有文化，避免過度被日本同化，而日本政府卻也希望藉由鼓勵詩社活動達到籠絡臺灣人的政治目的，雖然各自的利益目的不同，則因此正好使得臺灣傳統詩社所受到的箝制減少，催化了蓬勃發展的趨勢。日治時期臺灣各地詩社如雨後春筍般在各鄉鎮紛紛成立，詩社的據點顯著地擴張。

施梅樵參與活動的詩社，以中部地區各鄉鎮市分區計算來細看，日治時期僅鹿港小鎮一地，即高達 9 個詩社，居所有者之冠。再者爲彰化市的 6 個詩社爲次，其三則爲臺中市的 3 個詩社。鹿港與彰化二地，都是發展歷史超過一、二百年的古都，其古典文化的積累既久且深，從古典詩社的設立數量上，也反映了在文學方面的深厚動能。茲分述之。

1、鹿港地區

鹿港一地面積不大，但僅僅在日治五十年之間，先後成立的詩社就達到 14 個〔註 78〕，依年代序列包括有：鹿苑吟社（1897）、拔社（1901）、鹿江吟社（1914）、潮社（1921 之前）、大冶吟社（1921）、聚鷗吟社（1927）、鐘樓吟社（1929）、芸香室吟社（1929）、萍聚吟社（1931）、芸寶吟社（1931）、淬礪吟社（1933）、臺西吟社（1934 之前）、新聲詩社（1940）、洛江詩社（1940）等。放眼臺灣各地，其密度之高，實不多見。而文獻記錄上可以看到，梅樵至少先後與其中的 9 個詩社有所往來（如「**施梅樵往來全臺詩社吟會知見錄**」所示），比例甚高。更是部分詩社的創建元老，可見施梅樵與鹿港一地詩社關係之廣泛與深切。何以如此？推其原因，概有數端：

其一、梅樵個人的詩學造詣深厚，對詩歌寫作的愛好，容易以詩會友，尋求同好；其二、梅樵本是鹿港出身，長年關切鹿港詩運與漢學傳承，以維繫地方良好文風；其三、梅樵爲鹿港詩社的早期先鋒，是鹿港詩界的前輩，受到後生一定程度的尊重；其四、以梅樵長年活躍臺地詩壇，諸多門生詩友

〔註78〕日治時期鹿港地區詩社，據《詩報》、施懿琳、楊翠主編《彰化縣文學發展史》（彰化：彰化縣立文化中心，1997 年 5 月）。

皆有往來，不論是鹿港或外地的詩社，溝通聯絡多有支持，樂於往來。

就以施梅樵參與創設的五個詩社為例，〔註79〕分述如下：

（1）鹿苑吟社

鹿苑吟社是日治時期鹿港與苑裡地區最早的詩社，也是大彰化地區的第一個詩社。日後臺灣中部地區的許多詩社，都以鹿苑吟社為最初的源流。

「鹿苑吟社」的成立，在當時是受到日本觀察界注意的。《臺灣日日新報》於明治 30 年（1897）11 月 20 日當日頭版報頭下第一欄，即以「鹿苑吟社」為標目，刊載該詩社新近成立的消息。這是目前有關鹿苑吟社年代最早的一則報導，文獻意義珍貴，茲錄全文如下：

> 鹿苑吟社　鹿港為聲明文物之邦，雖遭兵燹，而騷人詞客贈答歌吟時登報紙。近得苑裡纂修志書之蔡茂才同聲相應，聯異地為同堂，遂表其名為「鹿苑詩社」，亦一時韻事也。聞：本月開課詞宗為苑裡蔡君，取列狀頭者則鹿之詩人許劍漁、施梅樵兩茂才。依閩中擊缽吟規則：次期詞宗即以首期狀頭之人主之。此風一行，諒可由近及遠，日新月盛，是亦晉安風雅之遺也。惟題目、詩篇未及籍窺一二，徒於聞風之下時切景行。云爾。

可知：鹿苑吟社成立於明治 30 年（1897）11 月 20 日前不久，由鹿港詩人與苑裡蔡啓運（1862～1911），因聲氣相投致異地連結，成立詩社。報載當月掄元者即鹿港許劍漁（1870～1904）與施梅樵二子。時梅樵 28 歲，與好友許劍漁同被視為鹿港才子。至今施家尚珍藏著一張題署「一漁一樵」的兩人合照，也成為割臺初期最典型的一張鹿港老照片。（見圖像集）而蔡啓運以好於擊缽吟而聞名，鹿苑吟社的遊戲規則似乎也由他主導，詞宗的選定即仿擊缽方式而產生。只是，由於當時政治風氣依然緊張，詩友間的活動實際上並未聚集擊缽，而是以郵筒相唱和。故而題目、詩篇難以窺識。

鹿苑吟社的詩題與作品，現今雖難以一窺全貌，惟《臺灣日日新報》1898年 11～12 月「文苑欄」曾刊出「鹿苑吟社第六期課卷」佳作〔註80〕，詩題為

〔註79〕以下詩社參考賴子清〈古今臺灣詩文社（一）〉，《臺灣文獻》10 卷 3 期頁79～110，1959 年 9 月；賴子清〈古今臺灣詩文社（二）〉，《臺灣文獻》11卷 3 期頁 74～100，1960 年 9 月；施懿琳、楊翠主編《彰化縣文學發展史》，彰化：彰化縣立文化中心，1997 年 5 月。

〔註80〕見《臺灣日日新報》明治 31 年（1898）11 月 20、22 日 1 版第乙名徐莘田；23日 1 版第式名彭種藍；27 日第 1 版第參名陳槐庭；12 月 10 日第 1 版鄭幼佩；

〈打稻〉、〈採茶〉、〈酒媼〉、〈詩婢〉、〈琴童〉、〈劍僕〉，可略見該社命題特色。以上諸題乍看多似擊缽詩題，既無應酬慶弔之意，也與時局無甚關係。但此番設計，應是刻意地欲與現實脫鉤，以避免因牽涉敏感的時政而罹禍。只是詩人們的詩中往往婉轉寄託著家國淪亡之痛，與對日人施政的不滿。

當時參加的詩人還包括有洪棄生（1867～1929）、莊士勳（1856～1918）、丁式周（1864～1929）、丁式勳、許存德（1868～1929）、陳懷澄（1877～1940）、呂喬南（1864～1918）等臺籍人士，還有大陸寓臺的梁成枏。明顯的是一次詩壇菁英，尤其是鹿港當地的青壯才俊的結合，並未侷限於鹿港、苑裡二地。

成立於割臺僅僅兩年之後的鹿苑吟社，是帶著遺老心境反對現況的詩社，目的在藉著傳統漢詩互抒滄桑之變的沈痛心情。雖然可能因爲時局敏感的緣故，詩社並未有聚眾集會的活動，而僅採用郵傳的方式互通詩作聲氣。但鹿苑吟社象徵了區域內文人首度以詩社形式彙聚民族意識的形式作爲，不僅藉此撫慰了割臺的痛苦，也爲臺灣傳統意志提供了集體後盾。而身爲創辦者之一的施梅樵，透過組織鹿苑吟社的實際行動，已經具體地表達了他對割臺與日治的極大不滿，及其對傳統文學的看重。而這一份以詩社作爲拒絕同化的方法，也持續延伸到日後他對臺灣傳統詩壇的實際支持上。

（2）鹿江詩會

創立於大正 3 年（1914），又稱鹿港吟社、鹿港詩會。由施梅樵與丁式周、陳懷澄、呂喬南等鹿港人士，聯合發起組成。當時的活動頗爲活躍，今鹿港民俗文物館典藏有《鹿江詩會課卷》手鈔稿，就是最佳的見證。筆者所見的是甲寅年第十一期課卷，詩題〈寒鴉〉，七絕八齊韻，詞宗林紉春。依序抄錄北門嶼泰春、新竹潛園□□〔註81〕、（鹿港許）逸漁、田中央陳紹年、桃園謝玉衡、桃園謝用九諸人之作，足見參與該詩會課題的詩友分佈之廣泛。另，書眉處有詞宗註記選取序號，詩歌文字亦見圈點批改，顯然這是詞宗的批閱本。

（3）大冶吟社

創立於大正 10 年（1921）。由陳懷澄、莊太岳、丁式周、朱啓南、施家本等人邀集鹿港同鄉詩人聯合共組，大家公推洪月樵、施梅樵、陳材洋、鄭鴻猷、鄭貽林爲顧問，施家本爲社長。大冶吟社是以鹿江詩會爲核心，吸收

---

12 月 11 日第 1 版鄭鵬雲；12 月 13 日第 1 版鄭養齋。
〔註81〕 □□，原件破損。

整合鹿港地區詩人詩友及小型詩社，社名因此取意「大冶英才於一爐」，頗能反映實情與自信。也成為鹿港地區規模與活力最大的詩社。從《詩報》中所見，這也是施梅樵在鹿港地區參與活動較為頻繁的詩社。

大冶吟社每期以油印本的方式，編製《大冶吟社詩卷》，分贈詩友留念。由於首任社長施家本（1886.11.25～1921.11.5）於吟社成立後不久的 11 月 5 日去世，吟社第一期徵詩課題，遂延後延至大正 11 年（1922）8 月，方於《臺灣日日新報》上公開徵詩，題目〈秋夢〉，並聘定施梅樵膺任首課詞宗。當年得詩近 300 首，經施梅樵選定前四十名入選。〔註82〕

《大冶吟社詩卷》第二～四號，今幸為鹿港民俗文物館珍藏。瀏覽這批材料，赫見施梅樵出現次數頗為頻繁。例如：膺任第三期課卷〈迎春〉詞宗；膺任第四期課題〈蝶夢〉右詞宗；刊載梅樵〈歸里喜晤子敏啓南漢津并寄大冶吟社諸賢〉唱和諸作 14 首〔註83〕、〈南遊歸來冬至日訪大冶吟社諸彥〉三疊韻唱和諸作 20 首〔註84〕等。在有限篇幅中，如上諸作顯得十分突出，施梅樵之於大冶吟社，似乎也烘托出其詩界前輩的特殊地位。

（4）新聲詩社

創立於昭和 15 年（1940）。由鹿港蔡梓材、施江西等人籌組，邀請施梅樵、周定山、莊幼岳、許逐園、施讓甫、蔡梓舟、施炳揚、蔡茂林等人加入。以鹿港年輕一輩的詩人為主力。可謂自大冶衍生。

蔡梓材與施讓甫、蔡梓舟、施炳揚等人皆是梅樵弟子；莊幼岳祖父正是梅樵老師莊仰山；施江西、周定山、許逐園、蔡茂林俱為同鄉後輩詩友。則施梅樵在年齡和資歷上，蓋屬師長輩。

（5）洛江詩社

創立於昭和 15 年（1940）。由施梅樵與莊幼岳倡議成立，意在提攜後進，振興詩風。主要成員尚有蔡梓舟、蔡梓材、施炳揚、蔡茂林等。社員和新聲詩社多有重疊，亦頗見於大冶吟社。此時梅樵年事已高，尚且猶挺身而出，

〔註82〕 見《大冶吟社課卷第二號》原刊本刊布入選詩作，大正 11 年 11 月。又見《臺灣日日新報》大正 11 年（1922）8 月 25 日 6 版。即日公告，定 9 月 24 日交周定山收卷。

〔註83〕 見《大冶吟社課卷第二號》原刊本。又收在《捲濤閣詩草》頁 34，題作〈春日歸里大冶吟社諸賢見訪〉。大正 11 年 11 月。

〔註84〕 見《大冶吟社詩卷第三號》原刊本，大正 11 年 12 月 28 日後。

倡辦詩社，其立意傳承的用心，至爲鮮明。

2、中部其他

施梅樵於中部與彰化應社、彰化聲社、田中蘭社、二林香草吟社、大城大成吟社……等，都有經常性的往來，其中尤其以員林興賢吟社、溪湖菱香吟社最爲密切，容後詳談。

而和美道東書院與員林興賢吟社，二社都以興儒道、倡詩教名聞遐邇。而梅樵與此二社的往來記錄，僅以《詩報》所見，前者有 12 次，後者更高達 53 次（見「施梅樵往來全臺詩社吟會知見錄」）。而臺中中洲敦風吟社，創立於昭和 12 年（1937）。由櫟社詩人林幼春、傅錫祺、林仲衡等邀集施梅樵、張玉書、蔡梓舟、許逸漁、施讓甫等，並號召同志三十多名組織而成。社名取意於「敦勵風化」，亦同樣以裨益世道爲宗旨。凡此者，皆非志同道合者恐怕不能長久爲之。

3、埔里地區——櫻社

山城埔里櫻社的成立，可以說是由施梅樵一手創辦。櫻社，應是埔里地區有史以來的的第一個詩社。

據賴子清記載……：時梅樵應聘執教於埔里，爲鼓勵風雅，遂就門人中能詩者，如陳占峰、邱榮習等十數名組織詩社，並親定社名爲「櫻社」。〔註 85〕但是，賴子清的記載，恐怕與事實是有出入的。

梅樵其實早在昭和 7 年（1932），即已應聘至埔里地區任教，至昭和 10 年（1935）12 月《詩報》出刊第 119 期〔註 86〕上，就已經看到「埔里櫻社」名義發表〈秋夜賞月〉爲題的擊鉢入選詩作。顯然最慢在昭和 10 年（1935）12 月之前，埔里櫻社已經成立，並且開始運作。

據此，知賴子清〈古今臺灣詩文社（二）所記「民國二十五年成立櫻社」，比較實際至少晚了一年。賴子清的錯誤，是因爲他看到了昭和 12 年（1937）2 月 19 日《詩報》刊載的〈埔里櫻社創立一週年感懷〉諸作，據此逆推而得埔里櫻社創設於「昭和 11 年（1931）」的結論。實際上：詩社舉開紀念會到作

〔註 85〕查《臺南新報》大正 14 年（1925）3 月 28 日 8302 期，有「櫻社」諸作，詩題：〈觀櫻會〉。惟，觀各詩歌內容，頻見「草山」、「屯嶺」、「竹子湖」等用詞，與今陽明山（舊名草山）、大屯山、竹子湖皆同。則此「櫻社」應在臺北，與梅樵所設埔里「櫻社」，乃截然各二。

〔註 86〕見《詩報》119 期頁 3，昭和 10 年（1935）12 月 15 日。

品公諸報端，期間的作業時間落差，至少是 1 至 2 個月左右。則《詩報》所見的「昭和 12 年（1937）2 月 19 日」擊缽作品，其眞正舉開吟會的時間，最快也必然是在「昭和 11 年（1936）年底之前」。因此再往前推一年的「昭和 10 年（1935）年底之前」，應該才眞正是櫻社的創設年代。而《詩報》所見最早的櫻社社員作品，正是昭和 10 年（1935）12 月 15 日，與吾人以上推論完全切合。再者，櫻社創社吟會擬題〈秋夜賞月〉，這應是呼應季節所擬的詩題。綜合可知：櫻社實乃創設於昭和 10 年（1935）秋季時節。

櫻社創社吟會擬題〈秋夜賞月〉七言絕句，聘請施性湍（1905～1937）、一澄擔任左右詞宗，前者爲梅樵同鄉門生，後者不詳。當期獲選刊登的作者包括有邱榮習、趙曉東、陳景賢、楊少波、趙長春、韻青、進春、宜生、欽鶴等人。櫻社早期詩會的詞宗有不少是與梅樵常見交誼者，或是門生如：朴子楊爾材、鹿港陳子敏；或是好友如：臺南吳紉秋、嘉義林玉書等。地理上看，北到大稻埕臺北王少濤，南達屏東蕭永東等，包羅甚廣。姑且不論這些詞宗們是否親范埔里，都足見梅樵引進交好詩友與門人相互切磋的用心。

施梅樵對埔里詩壇的影響，至今依然延續。今日南投縣境內的傳統詩人，凡出自埔里孔廟及南投藍田書院系統者，幾乎皆習得「江南調」的吟唱法。而此一古調，正是由施梅樵當年至埔里教讀時傳授而出。據詩詞吟唱名家黃冠雲表示〔註87〕：

日治時期施梅樵夫子因乙未割臺，內渡避亂於福建晉江，在江南一帶結交文士，相酬詠唱，因此學得此一吟唱調。昭和年間應地方人士之聘，移席埔里，遂創設櫻社，期能鼓吹文風。從此，該吟唱調也就成爲埔里地區文人雅士吟詩時慣用的曲調，因有稱「文人調」；以其源自江南，故又名「江南調」。「江南調」由施梅樵傳授，其弟子埔里王梓聖再傳黃冠雲等人，因埔里地區一脈傳唱而盛，亦稱「埔里調」。埔里調的基本調式即傳統詩十六式平仄譜，強調依平仄吟唱。

埔里民風純樸，至今依然孜孜不懈地傳承著古調吟唱，十分可貴難得。而施梅樵當年致力傳承漢學的苦心，於今尚聞雅音不輟，相信其於地下亦當感到安慰才是。

梅樵培育漢學人才，推廣風雅，在教學之餘推動詩社的組成，一則可以

〔註87〕據筆者 2008 年 11 月 9 日於埔里訪問黃冠雲先生筆記。又參考「黃冠雲的影音」部落格：http://blog.xuite.net/hhaw3710。2008 年 11 月 13 日讀取。

作爲提升門人學習的機關組織，一則也可以拓廣參與層面。並附設漢文研究會，推行月課、聯吟。諸如這般，對引領內山文風，啓發傳統漢詩教化，相信具有重要的意義。櫻社的活動一直延續到戰後仍然按期活動，與南陔吟社成爲二次大戰之後南投地區僅存唯二的兩個詩社之一。〔註88〕埔里雖地處內山，但地方人士注重文教，重於傳承，由此可見一斑。對創設者梅樵而言，應能感到安慰才是。

上列諸多詩社，以鹿港一地的數量最多，顯示梅樵即使因工作關係移出外地定居，但是和故鄉的聯繫不僅一直緊密保持著，凡有詩社成立，多邀請梅樵參與以壯聲勢，足見他所受到鹿港詩壇的推崇，以及他對詩友與後輩的支持和鼓勵。但更重要的，是梅樵以傳統漢詩作爲民族意志凝聚的期待，依然可以與時俱進地，在新生一代的傳承中獲得相容的共事與合作，而持續對日本政府發出沈靜的不滿。這應該是他始終保有支持態度的重要原因之一。

臺灣自割臺之後，以堅持漢文學習作爲民族自我認同的想法，普遍地存在於許多前清遺民文人、詩壇老輩的身上，並延續到下一代，從而匯聚成爲一股時代意識，即是所謂的「柔性抗日」精神。因而從傳統詩社當中散發出來的民族意識，有許多是相當鮮明的。相對的，詩社的幹部或成員能在志同道合中組織詩社，其相互間的結社與互動，自然也顯示了彼此在思想上的共識。

由於客觀地理上的接近，區域內的詩社固然便於互相往來連結，最主要的，還在於同樣作爲古典詩壇的一份子，詩人們在精神上與作爲上得以因此互通聲氣，觀摩相挺。換句話說，除了聯誼的目的之外，理念認同的共識基礎，是區域詩社連結的根本因素。

若以梅樵作爲一條貫穿各詩社的引線，可以清楚的看到，凡是梅樵往來較爲頻繁的詩社，有許多是具有明顯傳統精神的詩社。如他參與創設的中洲敦風吟社，成立的宗旨一如其社名，立意於「敦勵風化」，期能以漢文詩教推廣而能古風重現，有益於世道人心。

（二）以櫟社爲中心的詩壇網絡

梅樵素來對日本政權反感，又早在明治 30 年（1897）即成立鹿苑吟社，欲以此作爲軟性的抗議。而日治時期全臺三大詩社中抗日色彩最爲濃厚者，

〔註88〕見林文龍《臺灣的書院與科舉》頁130。臺北：常民文化出版公司，1999 年 9 月。

自非位於中臺灣的霧峰櫟社莫屬。梅樵與櫟社創辦者的見解，可謂英雄所見略同。或者基於理念相近，梅樵屢屢成為霧峰林家與櫟社的座上賓。梅樵與櫟社的關係，從三方面來觀察：

1、與櫟社新舊社員的往來密切

（1）林痴仙（朝崧）

梅樵與櫟社最早的關係，可以溯自與櫟社創立者林痴仙（1875～1915）的遊訪唱和中。《捲濤閣詩草》中可見到〈偕沈笛亭、許存奏過林癡仙無悶草堂〉、〈次韻答癡仙〉。梅樵和痴仙同樣都是前清秀才，卻都遭逢割臺巨變，彼此有著「同是天涯淪落人」的感慨。梅樵在其〈偕沈笛亭許存奏過林癡仙無悶草堂〉中有云：

> ……等身著作存詩卷，亂世功名付酒樽。
>
> ……相逢禁說滄桑事，舊雨凋零已斷魂。〔註89〕

滿腹才學，遭逢此亂世，卻只能付諸酒樽。「禁說」二字其實反映的是更大的壓抑與無奈。而兩人的交情似乎可以更向前推溯。林痴仙中年早逝，梅樵十分傷心，在澎湃的傷悼心情中，他一口氣寫下十首〈輓林癡仙〉七言絕句〔註90〕弔別老友，如其詩有云：

> 及身親見幾滄桑，去國當年枉斷腸。
>
> 零落天涯同瀧淚，豈因佳節便思鄉。（三）
>
> 客中正好對門居，苦雨酸風夜讀書。
>
> 黃榜科名慳進取，為卿為相願皆虛。（四）

二首短詩，情意綿長。原來早年二人曾有對門客居之誼〔註91〕，卻又同歷滄桑之異，零落於天涯之外。思及過往，黃榜夢碎，「慳」於進取，遺民之痛，只有老友能知惜。

林痴仙後來正式成立櫟社，雖然梅樵並非其中社員，然而與櫟社詩友之間的詩文情緣仍然繼續。包括賴紹堯（1871～1917）、陳基六、張麗俊、林獻堂等新舊社員多人，都在梅樵作品中可見彼此往來詩作。例如：〈偕祝澄劍漁

〔註89〕見《捲濤閣詩草》頁12。「相逢禁說滄桑事，舊雨……」原倒置作「相逢禁說舊滄桑，事雨……」，今改。又，「著」字原誤作「箸」、「已」字原誤作「己」，今均改。

〔註90〕見《捲濤閣詩草》頁127。

〔註91〕這應該是指割臺之初，霧峰林家奉太夫人之命，家族40餘人渡海到泉州避難之事。當時梅樵也尚在泉州，而有此機緣。

世珍紹堯多日觀菊分韻〉顯示與賴紹堯等人早在明治 37 年（1904）之前許劍
漁還健在時，即有往來。梅樵〈紹堯寄詩放歌答之〉〔註92〕詩有云：

> ……近來已絕勢利交，生涯不厭長寂歷。
>
> 　感君愛我寄佳句，讀之百回不忍釋。
>
> ……蒼生霖雨事艱難，天教閒散作詩伯。
>
> 　筆墨朋輩相往還，山中猿鶴亦生色。

與紹堯的筆墨之交，在艱難勢利的世局中，無疑是寂寞生涯的一種安慰。如
此心情，在與「頻藉双魚通消息」〔註93〕的陳基六詩中亦可見，如〈次韻答
陳基六寄懷〉〔註94〕：

> 中州西望海雲徂，仙島蓬萊水欲枯。……
>
> 每懷舊雨生春夢，得讀新詩碎唾壺。
>
> 荐荐乾坤知己少，論交端合拜屠沽。

中國的希望已經渺茫，蓬萊仙島的臺灣生機枯涸，只有在老友的詩文往來
中，能激起興味生機。乾坤大矣，而知己何其少，兩人的交情因此而倍感珍
貴。

（2）張麗俊

　　與張麗俊升三過從甚密。若僅從梅樵詩集中搜尋，其實僅見〈張升三留
飲席上次韻〉〔註95〕一首，難以一窺交遊實況。至張麗俊日記手稿發現並公
開出版之後，看到日記中從明治 45 年（1912）到昭和 11 年（1936）之間，陸
陸續續記載著兩人相互往來交遊的點點滴滴，特別是在大正 5～6 年（1916～
1917），大正 15 年（1926）～昭和 4 年（1929）兩個時期，詩文資料明顯較
多。可能與當時梅樵于大墩教夜學，並開業於臺中，於是兩人時常相偕參加
詩會酬唱，也包括櫟社的活動。升三與梅樵可說是相互欣賞的詩友，試舉例
如下：

〔註92〕見《捲濤閣詩草》頁 37。
〔註93〕見梅樵〈壽陳基六案兄花甲〉，《臺灣日日新報》第 9789 號 4 版，昭和 2 年（1927）
　　　　7 月 29 日。詩後附潤庵漫評：「以海桑變遷。乃至於由少壯而老立論。上半篇
　　　　頗與尋常之壽詩不同。」
〔註94〕見《捲濤閣詩草》頁 99。
〔註95〕見《捲濤閣詩草》頁 26 與頁 39，二處重出。又收在張麗俊著、許雪姬等解讀
　　　　《水竹居主人日記》大正 5 年頁 307。臺北：中央研究院近代史研究所，2001
　　　　年 8 月初版。

喜晤梅樵先生奉呈　　　　升三〔註96〕

　　斗山才學早高華，東箭南金兩足誇。
　　鹿島羣英推巨擘，鯤洋庶士仰方家。
　　人爭採玉師崧切，我愛拋磚望蝦奢。
　　長冀蘆墩施夜雨，春風桃李盡開花。

敬和升三先生瑤韻奉呈　　　梅樵

　　中年漸悔負春華，書劍無成莫漫誇，
　　久困蛟龍雲失路，貪閒鷗鷺水爲家。
　　欣逢舊雨身逾健，得近名山願轉奢，
　　知否蓬萊仙露潤，肯分餘澤到凡花。

詩中相互推崇，客套之意雖難免，但絕非初識，升三對梅樵來墩教學嘉惠夜讀子弟，寄予敬佩與祝福。梅樵雖謙說無才，卻歡喜於能親近舊友。

（3）鹿港詩人

　　霧峰林家是臺灣柔性抗日的重要領袖，包括櫟社在內的許多組織與活動中，網羅了不少鹿港文人。施梅樵爲其中要員之外，再有如摯友洪月樵、弟子陳子敏等曾貴爲林家賓客；好友施家本、王寶書等曾任西席。而加入櫟社爲社員者，多是鹿港當地詩社社員或社長，如：莊太岳、陳懷澄、丁式周等，俱爲大冶吟社之同社。施梅樵與同鄉友生的往來，深切頻繁而長久。再與霧峰諸子同道相求，彼此間的關係因此顯得更爲綿密。

　　凡諸例，看到與中部櫟社詩友們的往來，在無奈世局中，以其共歷滄桑，同舉漢學的心志相近，而爲同道中人，相知相惜，值得珍視。

2、與霧峰林家/櫟社相關的活動頻頻

　　梅樵既與林痴仙有交情，又與櫟社社員有往來，則櫟社相關活動中，也不難發現梅樵蹤跡。包括有爲林獻堂祝壽、萊園雅集〔註97〕等，茲舉要如下：

（1）櫟社週年大會

〔註96〕升三和梅樵二作，見張麗俊著、許雪姬等解讀《水竹居主人日記》大正5年頁306。臺北：中央研究院近代史研究所，2001年8月初版。

〔註97〕如〈祝灌園詞兄六一壽辰〉，《詩報》昭和16年12月17日，第262號頁2。此詩又見於《南方》153期38頁，昭和17年6月1日，改題作「祝灌園詞兄六秩晉一榮壽」。〈萊園雅集〉，《南方》168期頁33，昭和18年（1943）2月1日。

　　明治 45 年（1912）5 月 2 日（新曆 6 月 16 日）櫟社十週年大會，天雨，依約赴會往五桂樓祝賀。

　　昭和 17 年（1942）12 月 27 日櫟社四十週年紀念大會，假萊園舉行。櫟社之所以命名爲「櫟」，源於林痴仙的一番感慨寓託，他說：

　　　　吾學非世用，是爲棄才；心若死灰，是爲朽木。今夫櫟，不材之木

　　　　也，吾以爲幟焉。其有樂從吾遊者，志吾幟。

當年以棄才朽木、悲涼無奈的心情共組的詩社，轉眼間竟已然經歷了四十年，這恐怕是癡仙當初所想像不到的吧！作爲癡仙生前好友，梅樵撰〈櫟社四十週年紀念〉〔註98〕時有言：「國風雅俗在文字，褒貶抑揚有取義。能詩許上柏梁臺，頓使才人伸素志。……」謂文字小矣，而關乎國風雅俗、褒貶抑揚，即使聯句聯吟爲雕蟲小技，能使才人伸志，其功亦大矣！梅樵此言，相信應能得癡仙之心意呀！當年會後在萊園的寫眞合照，至今仍保存於梅樵家屬手中，亦可見詩人對老友心志的緬懷。

（2）臺灣文社成立暨《臺灣文藝叢誌》發行

　　大正 7 年（1918）12 月，〈臺灣文社規則〉撰就，大正 8 年（1919）1 月《臺灣文藝叢誌》創刊號正式發行，刊佈〈設立之旨趣〉、〈文藝叢誌弁言〉等，且公開 12 位創立者暨理事姓名職務、46 位評議員姓名。而後舉行臺灣文社正式成立大會紀念擊缽吟。臺灣文社創立伊始，即見施梅樵名列評議員之四，在成立大會中也出席致賀，當天所作擊缽詩題〈秋槎〉〔註99〕，即刊載於《臺灣文藝叢誌》。另，梅樵有〈文社大會次萱草君韻〉〔註100〕一詩云：

　　　　裙屐風流語亦仙，文壇嘉會祝綿延。

　　　　有緣耆宿同登席，得意詞章可補天。

　　　　秦火劫餘生項籍〔註101〕，瑤琴彈後拜成連。

　　　　維持殘局諸公責，過眼塵灰已化煙。

對於文社的成立梅樵當然樂見其成，寄予厚望。他相信只要勇於向暴政迎戰，終究會充滿希望。但對於在日本統治之下臺灣漢文學的前途，仍然深感憂慮。

〔註98〕《南方》168 期頁 32，昭和 18 年 2 月 1 日。又見《詩報》昭和 18 年 3 月 10 日，第 291 號頁 8。刊於詩壇。

〔註99〕《臺灣文藝叢誌》第一年第 11 號，大正 8 年 11 月 15 日。臺灣文社成立大會紀念擊缽吟。作者署名「葫蘆墩　梅樵」。

〔註100〕《臺灣文藝叢誌》第一年第 11 號，大正 8 年 11 月 15 日。

〔註101〕「籍」字原誤作「藉」字，今改。

他因此認為仍然有賴眾人持續的努力。

臺灣文社是櫟社的延伸組織，同樣以霧峰林家諸子為核心，邀集櫟社諸公詩友共襄盛舉。不同於櫟社偏屬於封閉性社團的組織，臺灣文社是採行開放的態度來經營。欲以詩、文二軌並進的方式，擴大提倡漢文學，鼓吹推廣，以抵抗日本同化政策的威脅。梅樵以詩名為人所熟知，其文並不多見，更遑論其他文體。然而在《臺灣文藝叢誌》竟能發現梅樵嘗試寫作的一篇文言小說，題作〈貽金報〉〔註102〕，十分珍貴難得。而刊物上常能見到梅樵發表的詩、文作品，也顯示了他具體的支持作為。

（3）臺中公園北門樓傷懷

大正 10 年（1921）7 月梅樵有〈登北門樓次子昭韻〉〔註103〕一首發表，詩云：

> 屏藩鎖鑰委荒邱，依附名園藉紀遊。
>
> 花已落時鶯已死，傷春強上古城樓。

北門者，清末臺灣巡撫劉銘傳奏定以大墩（今臺中市）為臺灣省會後，所修築完成的省城大北門。〔註104〕乙未割臺後進行市區改正（即今稱都市計畫）時，這裡恰好是臺中公園預定地的範疇，遂遷移至臺中公園內予以保存。〔註105〕至今北門樓上還保存了一方「曲奏迎神」的匾額，是光緒 17 年（1891）臺灣知縣黃承乙題贈的珍貴文物。

乙未割臺之後，莫名遭到清廷割棄的臺灣遺民們，將內心雜陳的心緒寄託於北門樓，北門樓於是成為憑弔前清的實體象徵。當時位於公園旁原有霧峰林家位於東大墩街上的私家庭園，名為「瑞軒」〔註106〕，主人即是林朝崧，居此期間凡友人造訪或詩會召開時，幾乎必遊臺中公園。明治 39 年（1906）

〔註102〕《臺灣文藝叢誌》第三年 4 號，大正 10 年 4 月 15 日。小說。作者署名「可白」。

〔註103〕《臺灣文藝叢誌》第三年 7 號，大正 10 年 7 月 15 日。

〔註104〕北門樓所在位置約當今臺中市自由路與公園路交叉口附近。見林良哲《臺中公園百年風華》第 137 頁。臺中市：臺中市文化局，2003 年 12 月。

〔註105〕日據時修築街路，城盡拆除，僅截取北門之城樓移置於臺中公園內砲臺山左側。旋因年久失修，原物多已毀損，至民國 37 年，臺中市市長陳宗熙曾予修葺，更名為「望月亭」。見《臺中市志・卷一・土地志聖蹟篇》頁 47。臺中：臺中市政府，1978 年。

〔註106〕瑞軒位置大約在現今公園大門沿公園路、面對合作大樓一帶。據氏平要、原田芳之編《臺中市史》：從公會堂（今自由路停車場）以北、合昌商會（今合作大樓一帶）的蓮池附近，被納入公園範圍內。臺中市役所出版，1933 年。

丙午 3 月 4 日，櫟社即假大墩瑞軒正式成立。〔註 107〕明治 44 年（1911）年梁啓超應邀訪臺，櫟社於瑞軒召開歡迎會，並遊臺中公園，寫眞留念。〔註 108〕省垣唯一殘蹟──臺中公園內的北門樓，成爲中部仕衆懷念前朝最直接的憑藉，也是悼念臺灣命運的墓亭！〔註 109〕

　　施梅樵之登上北門樓，同樣是對於臺灣被割讓的苦悶心情的抒發，其所言「花已落時鶯已死」，哀痛至極，渾無生趣，令人同感其悲鬱。此語也呼應著他過訪林癡仙時的所謂：「相逢禁說滄桑事，舊雨凋零已斷魂」〔註 110〕的感慨。施梅樵早年與林朝崧、賴紹堯等人相與往來，而其次韻者臺中蔡子昭天弧，也正是櫟社詩人之一。〔註 111〕遊臺中公園雖說美景迷人，但北門樓巍然矗立眼前，清晰地提示著前朝舊事，使人終究難以揮去易代改朝的陰影。櫟社諸友的的許多詩歌都一致地顯露出酸楚的慨嘆。試看：傅錫祺「故物北門猶好在，小墩憑吊夕陽時」、陳瑚「巋然北門樓，寄我古今情」、陳懷澄「華表鶴歸應有淚，一墩高峙北門樓」、連橫「我來別有興亡感，獨對河山倚北門」、吳醉如「名園舊址北門樓，祇覺興亡尙此邱」〔註 112〕……諸般詩語和梅樵詩旨均頗相類近，乃一再地反映出：文人登望臺中公園北門樓，正是藉此得到文化哀思的慰藉，同時也在尋找著遁世避秦的精神桃花源。

　　（4）社外延伸的詩社活動

　　櫟社的外圍組織，主要是以櫟社社員爲線索延伸出去的詩社或活動。以梅樵所參與者，主要看到二項：

〔註 107〕見傅錫祺《櫟社沿革志略》第 1～2 頁。

〔註 108〕見傅錫祺《櫟社沿革志略》第 7 頁。

〔註 109〕櫟社早期在瑞軒的活動，在現有資料中具日期可考者除了 1906、1911 年之外，尚有 1909 年櫟社春會、1910 年櫟社例行春會，二次會後均吟遊臺中公園。另有未見標記日期之相關詩作數次。相關內容詳見林翠鳳〈詩遊臺中公園〉，收錄在林翠鳳主編《臺灣旅遊文學論文集》頁 327～354，臺北：五南圖書出版有限公司，2006 年 6 月。

〔註 110〕〈偕沈笛亭許存奏過林癡仙無悶草堂〉，見《捲濤閣詩草》頁 12。

〔註 111〕蔡子昭，號天弧，彰化鹿港人，於大正 8 年（1919）加入成爲櫟社社員。見《櫟社沿革志》頁 14。

〔註 112〕以上諸家依序見傅錫祺〈春日遊臺中公園〉（二首之二），見《鶴亭詩集》1992 年，頁 10。陳瑚〈追懷劉壯肅公〉，見《枕山詩抄》1987 年，頁 9。陳懷澄〈春日遊臺中公園〉（三首之二），見《櫟社第一集》，1924 年，頁 1。連橫〈春日遊臺中公園〉，見《劍花室詩集》，1992 年，頁 138。吳醉如〈臺中公園即景〉，見《臺中詩乘》，1976 年，頁 292。

A、中洲敦風吟社

昭和 12 年（1937）4 月創設於臺中，以林幼春與傅錫祺爲主要發起人，聯合施梅樵、林仲衡、張玉書、蔡梓舟、許逸漁、施讓甫等中部知名諸詩家，號召同志 30 餘名，共同組織成立。此一吟社成立的宗旨正如其社名，立意於「敦勵風化」〔註113〕，期能以漢文詩教推廣而能古風重現，有益於世道人心。這可視爲延伸櫟社意志的一個詩社。成立大會當天禮成之後隨即召開擊鉢吟會，首唱命題〈敦風吟會發會式誌盛〉〔註114〕，即敦請梅樵擔任左詞宗，張玉書擔任右詞宗。足見梅樵之甚受尊重。次唱〈首夏〉〔註115〕，入選作品皆刊載於《詩報》。當時他深具感慨曾說道：

> ……起衰具有扶輪志，復古休爲袖手人。
>
> 曲學原應思斥逐，正聲豈忍聽沉淪。……

振衰起弊，復古維新，當此世道沈淪之時，文人更應該以身作則，斥曲學，揚正聲，怎可置身事外，任憑優良傳統衰散呢？此題雖是擊鉢之作，然而梅樵的這番話鏗鏘有力，有堅毅之氣，和由他所創辦、而當時正在辦理中的《孔教報》，其倡儒教化的宗旨，幾乎如出一轍。吾人不免推想：梅樵或許是中洲敦風吟社幕後最重要的推手呢！

B、怡　社

昭和元年（1926）臺中太平東山吳子瑜小魯（1885～1951）偕其愛女吳燕生所創辦的詩社，地點即是其所居之臺中縣太平鄉興隆村東山別墅。〔註116〕小魯爲巨富，又爲櫟社社員，與霧峰林家往來十分密切，對活動熱心大方。四時佳日常與中部地區的詩友，如：王則修、林幼春、林灌園、林仲衡、傅錫祺等人攤箋鬥韻，尤其東山盛產荔枝，每年荔枝成熟時，多邀吟侶賞荔品詩，爲其特色。與櫟社、東墩吟社，在中部鼎足而三，三社社員多有交錯參加，隨興之所至，煮酒敲詩不拘泥於形式。〔註117〕梅樵亦數度受邀蒞臨東山盛會。

〔註113〕見賴子清〈古今臺灣詩文社（二）〉頁88，《臺灣文獻》11 卷 3 期，1960 年 9 月。

〔註114〕《詩報》昭和 12 年 6 月 8 日，154 號頁 16，右二左避。中州敦風吟會創社擊鉢吟會首唱，左詞宗施梅樵、右詞宗張玉書。

〔註115〕《詩報》昭和 12 年 6 月 25 日，155 號頁 8，右四左八。中州敦風吟會創社擊鉢吟會次唱，左詞宗王了庵、右詞宗吳步初。

〔註116〕見賴子清〈古今臺灣詩文社（二）〉頁82，《臺灣文獻》11 卷 3 期，1960 年 9 月。

〔註117〕假東山別墅舉行的詩會另有如：啖荔會、登高會、踏青等，活動頻繁。參閱許俊雅〈櫟社詩人吳子瑜及其詩初探〉，收在東海大學中文系主編《日治時期

　　較受矚目的有：昭和 9 年（1934）吳子瑜夫婦五十雙壽，怡園召開擊缽慶祝會，梅樵與豐原張麗俊聯袂出席，當時與會者共 33 人，席上訪柏梁體賦詩聯句〔註 118〕，盛況非常。又，昭和 15 年（1940）小魯掌上明珠知名女詩人吳燕生與醫學士蔡漢威先生結婚，以假東山別墅喜開擊缽會，〔註 119〕首唱詩題〈喜酒〉，即邀請梅樵擔任左詞宗，亦顯其德高望重。

　　櫟社是鹿港文人群跨社、跨界的域外延伸，櫟社也從鹿港文人群中獲得菁英活力的挹注。在兩者雙向多元的交流中，實際上具體地建構了中部地區的網絡主架構。霧峰林家提供了堅實的後盾，在櫟社的創立啓示之後，結合新文學、文化運動，發揮靈活的抗日方略，宛如濁浪洪流中屹立的砥柱，鼓舞著傳統詩人一秉初衷攜手走下去，是中部區域詩社連結中的領袖者，也爲全臺有志反日的詩社提出了具體的示範。

　　梅樵雖然並未加入櫟社，卻與櫟社關係密切。不僅與櫟社社員多有私人情誼，往來唱和，包括櫟社及其外圍組織的公私活動，也經常看到梅樵受邀出席，凡有擊缽，多膺詞宗重任。可見梅樵在中部詩壇的寬廣人脈及其聲望地位。藉此，而能在詩友的連結與合作中，向有效延續漢文命脈的理想，更爲落實地往前推動。而透過梅樵作爲一面鏡子，看到於私於公所交織而成的綿密詩壇網絡，讓傳統詩即使在面臨日本當局政策、新文學思潮等嚴苛挑戰下，依然能保有其韌性地與時推移。

四、詩社參與的典型——施梅樵與興賢吟社、菱香吟社

（一）興賢吟社

　　從施梅樵與全臺各地詩社往來的記錄來看，目前所能見到次數最多者，首推員林興賢吟社。彰化員林地區原有興賢書院，是地方上的文教中心，大正 13 年（1924），由宿儒黃溥造倡辦興賢吟社，並擔任首任社長，以詩歌教學寫作傳承發揚漢學。幸運的是，施梅樵與員林興賢吟社之間的活動記錄，

　　　　臺灣傳統文學》頁 202～255。臺北：文津出版社，2003 年 2 月初版一刷。
〔註 118〕〈怡園主人五十雙壽在座諸友依柏梁體各賦七言以祝〉，見《詩報》90 號頁 3，
　　　　昭和 9 年（1934）10 月 1 日。又，見張麗俊著、許雪姬等解讀《水竹居主人
　　　　日記》昭和 9 年（1934）7 月 25 日頁 472。。臺北：中央研究院近代史研究
　　　　所，2001 年 8 月初版。
〔註 119〕「祝蔡漢威醫學士吳燕生女詩人結婚」首唱〈喜酒〉，見《詩報》225 號頁 13，
　　　　昭和 15 年 6 月 5 日；次唱〈連理枝〉，見《詩報》226 號頁 14，昭和 15 年 6
　　　　月 27 日。

也同時是目前能掌握資料最多的詩社。主要的文獻依據是《詩報》，提供了日治昭和 5 年到 19 年（1930～1944）之間臺灣詩社活動及作品的記錄，是日治時期最重要古典詩專刊之一。其次，是張瑞和主編的《詹作舟全集》及其碩士論文《興賢詩社研究》。張氏透過踏實的田野調查，廣泛收集了吟社當年許多的文物，公開的第一手資料再予歸納整理，有效補充了歷史的空白處。另外補充了包括《臺灣日日新報》、《興賢吟社百期詩集》在內的相關資料，彙整製成「**梅樵參與興賢吟社活動一覽表**」，可以具體而清楚地瀏覽到施梅樵參加興賢吟社活動。

表 3-8　施梅樵參與興賢吟社活動一覽表

序	日　期	出 處 號 頁	題 目	活 動 形 式	梅樵品第
1	（大正 14 年 1-2 月）	興賢吟社百期詩集 9 期次題	春晴	（課題）	詞宗
2	（大正 14 年 1-2 月）	興賢吟社百期詩集 9 期首唱	春雨	（課題）	詞宗
3	大正 14 年 7 月 15 日	興賢吟社百期詩集 14 期次題	乞巧	（課題）	詞宗
4	（大正 14 年 8 月）	興賢吟社百期詩集 15 期	月餅	（課題）	詞宗
5	昭和 4 年 03 月 13 日	松雲吟稿〔註 120〕	觀榜	與蘭社、螺溪吟社聯吟擊缽會	右詞宗
6	昭和 4 年 04 月 21 日	松雲吟稿	三峽水	與蘭社、螺溪吟社聯吟擊缽會	左詞宗
7	昭和 4 年 06 月 23 日	臺灣日日新報第 10481 號 4 版	（未示）	與蘭社、螺溪吟社聯合吟會，興賢主催〔註 121〕	（未示）
8	昭和 4 年 06 月 24 日	松雲吟稿	夏午興賢書院雅集	與蘭社、螺溪吟社聯吟擊缽會	左詞宗
9	昭和 4 年 07 月 27 日	臺灣日日新報第 10517 號		與蘭社、螺溪吟社聯合吟會，蘭社主催	（詞宗）

〔註 120〕《松雲吟稿》，高泰山著，手稿本，由張瑞和親訪家屬得見，手稿中標示「興、蘭、螺聯吟擊缽會」。見張瑞和《員林興賢吟社研究》頁 232，雲林科技大學漢學資料整理研究所 96 年碩士論文。

〔註 121〕詳參林翠鳳〈田中蘭社百年史——一個區域文學史的史料建構實例〉，《東海中文學報》16 期，頁 394。2004 年 7 月

10	昭和 4 年 09 月 22 日	松雲吟稿	秋聲	與蘭社、螺溪吟社聯吟擊缽會	左詞宗
11	昭和 6 年 04 月 15 日	詩報 10 號頁 10	時雨	春季聯吟大會擊缽錄	左詞宗
12	昭和 6 年 07 月 01 日	詩報 15 號頁 11	過鹿港龍山寺	（課題）	詞宗
13	昭和 7 年 04 月 01 日	詩報 32 號頁 11	春睡	春季擊缽吟會	左詞宗
14	昭和 7 年 04 月 15 日	詩報 33 號頁 8	詩債	春季聯吟大會	左三
15	昭和 7 年 04 月 15 日	詩報 33 號頁 8	詩債	春季聯吟大會	左五
16	昭和 7 年 04 月 15 日	詩報 33 號頁 8	詩債	春季聯吟大會	右六左十六
17	昭和 7 年 10 月 15 日	詩報 45 號頁 8	謁宣聖廟	課題	詞宗
18	昭和 7 年 11 月 1 日	詩報 46 號頁 7	蝴蝶蘭	課題	詞宗
19	昭和 7 年 12 月 15 日	詩報 49 號頁 9	秋色	課題	詞宗
20	昭和 8 年 03 月 15 日	詩報 55 號頁 7	古硯	課題	詞宗
21	昭和 8 年 04 月 01 日	詩報 56 號頁 8	詩幟	十週年紀念會	左詞宗
22	昭和 8 年 04 月 01 日	詩報 56 號頁 8	詩幟	十週年紀念會	右十左避
23	昭和 8 年 04 月 15 日	詩報 57 號頁 8	空軍	十週年紀念會	右八左十
24	昭和 8 年 05 月 01 日	詩報 58 號頁 7	聞雞	課題	左詞宗
25	昭和 8 年 09 月 01 日	詩報 66 號頁 10	過吳鳳墓	第 93 期課題	詞宗
26	昭和 8 年 11 月 01 日	詩報 69 號頁 7	聞笛	秋季吟會	左詞宗
27	昭和 8 年 11 月 01 日	詩報 69 號頁 7	聞笛	秋季吟會	右一左避
28	昭和 8 年 11 月 1 日	詩報 69 號頁 7	聞笛	秋季吟會	右二左避
29	昭和 9 年 04 月 01 日	詩報 78 號頁 11	冬至	（課題）	詞宗
30	昭和 9 年 05 月 15 日	詩報 81 號頁 13	春泥	春季聯吟大會首唱	左詞宗
31	昭和 9 年 06 月 01 日	詩報 82 號頁 14	墨池	春季聯吟大會次唱	右八
32	昭和 907 月 15 日	詩報 85 號頁 8	興賢吟社百期詩集序		鑑定並序
33	昭和 9 年 09 月 15 日	詩報 89 號頁 10	水墨牡丹	課題	詞宗
34	昭和 10 年 04 月 01 日	詩報 102 號頁 6	春曉	春季擊缽〔註 122〕	左詞宗

〔註 122〕此次吟會消息先披露於《臺灣日日新報》昭和 10 年 3 月 10 日「興賢春季吟會」新聞：3 月 8 日中午行席舉辦文昌祭典、送紙祭，隨後召開擊缽吟會。首唱題目〈春曉〉，次唱題目〈紅竹〉，六時交卷。當日約 40 餘人與會。

35	昭和 10 年 05 月 15 日	詩報 105 號頁 6	黃鶴樓懷古	課題	詞宗
36	昭和 10 年 11 月 3 日	詩報 116 號頁 9	老伶	課題	詞宗
37	昭和 10 年 11 月 18 日	詩報 117 號頁 10	醉酒	課題	詞宗
38	昭和 11 年 03 月 20 日	詩報 125 號頁 8	春煙	春季擊缽	左一
39	昭和 11 年 05 月 1 日	詩報 128 號頁 20	聽鶯	春季擊缽	左詞宗
40	昭和 11 年 06 月 1 日	詩報 130 號頁 6	畫舫	（課題）	詞宗
41	昭和 11 年 09 月 1 日	詩報 136 號頁 9	背立美人	課題	詞宗
42	昭和 11 年 09 月 17 日	詩報 137 號頁 15	蒲劍	（課題）	詞宗
43	昭和 11 年 10 月 15 日	詩報 139 號頁 8	炊煙	課題	詞宗
44	昭和 11 年 11 月 2 日	詩報 140 號頁 16	還俗尼	課題	詞宗
45	昭和 12 年 04 月 1 日	詩報 150 號頁 16	春服	春季擊缽首唱	左詞宗
46	昭和 12 年 04 月 20 日	詩報 151 號頁 11	新柳	春季擊缽次唱	右二
47	昭和 12 年 04 月 20 日	詩報 151 號頁 11	新柳	春季擊缽次唱	左六
48	昭和 12 年 05 月 11 日	詩報 152 號頁 15	銅雀臺	（課題）	詞宗
49	昭和 12 年 05 月 25 日	詩報 153 號頁 3	桃花	課題	詞宗
50	昭和 12 年 06 月 08 日	詩報 154 號頁 11	鷺	課題	詞宗
51	昭和 12 年 06 月 25 日	詩報 155 號頁 15	櫻	課題	詞宗
52	昭和 12 年 08 月 19 日	詩報 159 號頁 6	謁寧靖王墓	課題	詞宗
53	昭和 12 年 09 月 01 日	詩報 160 號頁 9	博物館	課題	詞宗
54	昭和 12 年 09 月 22 日	詩報 161 號頁 10	牧羊兒	課題	詞宗
55	昭和 12 年 10 月 20 日	詩報 163 號頁 14	蚓笛	課題	詞宗
56	昭和 12 年 12 月 6 日	詩報 166 號頁 10	秋雲	課題	詞宗
57	昭和 13 年 01 月 01 日	詩報 168 號頁 15	村姑	課題	詞宗
58	昭和 13 年 02 月 01 日	詩報 170 號頁 20	觀音竹	課題	詞宗
59	昭和 16 年 08 月 02 日	詩報 253 號頁 15	野望	蘭齋課題	左詞宗
60	昭和 16 年 10 月 06 日	詩報 257 號頁 14	閏六月	蘭齋課題	左詞宗
61	昭和 16 年 11 月 01 日	詩報 259 號頁 12	銀河	蘭齋課題	左詞宗
62	昭和 17 年 7 月 10 日	詩報 275 號頁 10	秋曉	蘭齋課題	左詞宗
63	昭和 17 年 10 月 10 日	詩報 281 號頁 16	雲影	蘭齋課題	左詞宗
64	民國 36 年 4 月	詹作舟明信片〔註123〕	蚊語	蘭齋課題	左詞宗

〔註123〕詹作舟收藏民國 36～39 年（1947～1950）之間興賢吟社蘭齋主辦徵詩活動
　　　　的明信片，由張瑞和親訪家屬所得並整理，保存文獻，功不可沒。詳張瑞

65	民國 36 年 05 月	詹作舟明信片	清明掛紙	蘭齋課題	左詞宗
66	民國 36 年 06 月	詹作舟明信片	時雨	蘭齋課題	左詞宗
67	民國 36 年 08 月	詹作舟明信片	荔枝	蘭齋課題	左詞宗
68	民國 36 年 10 月	詹作舟明信片	讀桃花源題後	蘭齋課題	左詞宗
69	民國 36 年 04 月	詹作舟明信片		蘭齋課題	左詞宗
70	民國 36 年 04 月	詹作舟明信片		蘭齋課題	左詞宗

註：（ ）表原作未標示，由筆者擬推者。

從上表至少有兩方面的反映：

第一、梅樵與興賢吟社之間的往來合作，至少從大正 14 年（1925）1、2月，一直到民國 36 年（1947）4 月，前後長達 23 年之久。可見得梅樵與興賢吟社之間有著特別綿長的情誼。推求其可能的原因：

其一、自是土親人親，地利之便。梅樵本是鹿港人，與興賢諸子都可謂是彰化同鄉，他自大正 15 年（1926）後即可謂定居彰化城（詳前節），彰化與員林之間相距不算過遠，不論是親身與會，亦或是詩筒往來，大約都不是太困難的事。

同樣的背景下，梅樵與鄰鄉溪湖菱香詩社的往來也十分密切。以《詩報》所錄示，就有 40 餘則梅樵參與菱香詩社活動的資料，是梅樵參與各地詩社中次數僅次於興賢的詩社（請詳「**施梅樵參與菱香吟社活動一覽表**」）。而興賢與菱香兩詩社在地理上都是彰化相鄰近的區域。自昭和 10 年起至昭和 19 年，每一年都能看到梅樵到菱香吟社擔任詞宗的記錄，而且都是首席詞宗。

其二、興儒倡詩，志同道合。興賢吟社的靈魂人物黃溥造（字鏡軒），致力傳揚詩學與儒學，維護傳統〔註124〕。詩社在其領導之下，也有文化傳承的精神。其〈員林興賢吟社月課存稿序〉〔註125〕中載述了他的觀察和抱負，有

和主編《詹作舟全集、二、研究篇》頁 290。又見張瑞和《員林興賢吟社研究》頁 82「戰後初期興賢書院蘭齋主辦課題一覽表」，雲林科技大學漢學資料整理研究所 96 年碩士論文。

〔註124〕參黃溥造〈員林興賢吟社月課存稿序〉，見張瑞和《員林興賢吟社研究》頁 73 歸納興賢吟社創立宗旨有三點：1.為往聖繼絕學 2.由詩進而學經明道 3.捍衛聖道。雲林科技大學漢學資料整理研究所 96 年碩士論文。

〔註125〕見《鏡軒學院集刊》創刊號，日本京都市：鏡軒學院中國語文教室，1968 年 2 月。轉引自張瑞和《員林興賢吟社研究》頁 73，雲林科技大學漢學資料整理研究所 96 年碩士論文。

言曰：

> 漢學衰微久矣！有或興之，輒或阻之，使無人焉，不畏艱難，而勤
> 率之，將終於漸滅矣！……夫人倫之道，詩無不備，聖人垂教，以
> 詩爲先。是區區者，亦由師古之遺意也。

他期望振興漢學，以文化的傳承延續，抵抗日本政府的殖民同化。強調詩學
對聖教人倫的關鍵性作用。如上述的觀點讓黃溥造終生致力詩學，戮力從事，
勇往直前。而這些都與施梅樵長久堅持的理念是相同的，兩人之間因此在概
念上具有高度的共識。這與當時臺灣傳統文人階層普遍存在的「文化抗日」
意識，也都是一致的。梅樵有〈賦贈黃鏡軒〉〔註126〕五古一首曾云：

> 正教日式微，曲學起混亂。吾道不可行，夢寐繫憂患。……風雅誰
> 維持，斯文延一線。興賢名副實，仗君作楨幹。……我性亦耽吟，
> 對此輒戀戀。永結翰墨緣，相期初終貫。

梅樵之言雖不無頌揚之意，然其所讚亦是實言，兩人在興詩衛道以延一線斯
文上相同的苦心，讓梅樵詩歌中不禁顯出了相知相惜的情感。以黃溥造爲首，
結合諸多社員，包括繼任社長詹作舟、先後加入的社員等，多能共同爲捍衛
傳統文化而努力，正所謂志同道合，相信也因此而相互支持，攜手以往。

　　第二、在目前可知的 68 次詩會記錄（一次爲詩集選定，不計）中，梅樵
有 56 次都是擔任詞宗，其餘則 11 次競詩得第，1 次未示不詳。其中的 30 次
爲唯一詞宗，25 次任左詞宗，1 次任右詞宗〔註127〕。梅樵在興賢，幾乎就都
是詞宗。梅樵不僅是興賢吟社長期合作的伙伴，更是該社擔任詞宗次數最多
的外賓，更可見得興賢吟社對梅樵的推重。詞宗乃詩會的評審，一般由社長
聘請友社幹部或詩壇前輩擔任評審。往往德高望重，詩藝出色，地位崇高。

　　從上表所見，活動形式主要有二種：課題與擊缽吟。這也是一般詩社常
見的活動型態。統計梅樵擔任詞宗當中爲課題者共 43 次，爲擊缽吟者共 25
次。課題的次數明顯高出擊缽吟將近二倍之多。

　　課題乃每月發題徵詩，通常以郵寄的方式通知社員，社員也以郵寄的方
式寄出詩稿參加評選。這可以讓寫作者有比較寬裕的時間琢磨作品，也能達
到以詩會友，切磋詩藝的目的。比較特別的是，在昭和 12 年（1937）春季之
後，直到戰後的民國 36 年，梅樵所任都是課題詞宗。放眼這段時間的臺灣社

〔註126〕〈賦贈黃鏡軒〉，見《鹿江集》古詩部頁 19。黃溥造，字鏡軒。
〔註127〕依照一般常規：左詞宗的地位稍高於右詞宗。此乃左尊右卑的倫理傳統。

會局勢，昭和 12 年（1937）7 月中國蘆溝橋事件爆發，臺灣隨後進入戰時體制。前一年（1936 年）9 月始任臺灣總督的小林躋造宣告治臺三原則：即「皇民化、工業化、南進化」。臺灣各地文藝活動配合政策，紛紛先後告停，興賢吟社也不例外。後來的「蘭齋課題」純然以郵筒方式互通詩訊，正是黃溥造的應變之道。戰後初期時局依然紛亂緊迫，繼續依照此一模式運作。〔註 128〕長達大約十年的緊縮，詩社的運作走入沈潛期〔註 129〕。在這段風雨如晦的時期，昭和 12 年（1937）起梅樵擔任詞宗的次數，卻高達 25 次，佔全部的 36% 強，比例甚高。其中又以昭和 12 年最為密集，一年之間梅樵擔任詞宗即達 9 次之多。可以說，風聲鶴唳中詩人們的情義相挺，格外能顯出路遙知馬力的可貴。

《興賢吟社百期詩集》編選時，還慎重地邀請施梅樵及王竹修對全部詩作進行全盤的鑑別選汰，校正審訂，並請撰寫序文。在歷來所有詞宗當中，突顯出對兩位前輩詩翁的尊崇。而兩位老詩翁的確也刪除掉其中的〈五霸強〉等三題作品。〔註 130〕使這本代表全體興賢社員詩歌造詣的代表作，以整齊優良的創作，展現出較高的文學水準。施梅樵、王竹修的選鑑，實在功不可沒。

擊缽吟會是限時、限題、限韻的詩歌寫作競賽。臺灣自清末以來即風行各地，至日治時期尤為興盛。梅樵參加興賢的擊缽吟，除了例會與春秋聯吟會外，最特別的當推昭和 4 年（1929）所見的三社聯吟擊缽會。三社是指田中蘭社、北斗螺溪吟社與員林興賢吟社。此三社都同樣位於南彰化，地緣上的接近，促使詩友們相互往來密切。興賢社長黃溥造曾是田中蘭社社員中活動力最旺盛的詩人之一，他在「明治年間即加入蘭社，期間的作品包括明治 44 年（1911）擊缽〈花朝〉、明治 45 年（1912）應邀參加霧峰萊園櫟社創立十週年紀念大會，作〈追懷劉壯肅〉1 篇、〈笨港進香詞〉10 首。」〔註 131〕；《臺灣日日新報》就曾經報導：昭和 2 年（1927）10 月 8 日「興賢吟社假永

〔註 128〕參張瑞和《員林興賢吟社研究》頁 77。雲林科技大學漢學資料整理研究所 96 年碩士論文。

〔註 129〕與興賢吟社往來密切的田中蘭社，同樣在日治後期到戰後初期的十年之間沈寂，而致中斷活動。參林翠鳳〈田中蘭社百年史——一個區域文學史的史料建構實例〉頁 359。《東海大學學報》第 16 期，2004 年 7 月。

〔註 130〕見張瑞和《員林興賢吟社研究》頁 203～205。雲林科技大學漢學資料整理研究所 96 年碩士論文。

〔註 131〕見林翠鳳〈田中蘭社百年史——一個區域文學史的史料建構實例〉頁 367。《東海大學學報》第 16 期，2004 年 7 月。

靖生春醫院樓上召開例行擊鉢吟會，蘭社等諸社友數十名與會。」又依據《詩報》刊載，昭和 10 年的興賢課題，蘭社社長魏國楨、吳望雲等也還受邀擔任詞宗〔註132〕。此外，鄰近鄉鎮的詩友也常常就近加入或是互有往來，例如：北斗郭涵光、二林許存德、蕭文樵、社頭賴重謙、永靖詹作舟等均是。而蘭社與螺溪、興賢的三社聯誼、中部聯吟大會……等等，都是促成社員大交流的機會。

在日治的前半期，是南彰化地區各詩社的往來活絡期。以昭和 4 年（1929）為例，從「施梅樵參與興賢吟社活動一覽表」所示僅以梅樵參與為標所檢示的資料，就高達 6 次。實際上，在同年 7 月 27 日與 10 月 27 日，《臺灣日日新報》上還分別報導了由蘭社擔任主催值東的兩次三社聯吟會〔註133〕。則一年之間三社聯吟擊鉢會就累計達到了 8 次之多。三社往來之頻繁，可以以昭和 4 年作為互動高峰期的代表年度。而梅樵幾乎都是詞宗的角色，三社社員對梅樵的敬重，也由此可見。

從今傳《捲濤閣詩草》中就可以看到梅樵贈詩與魏國楨、黃溥造、詹作舟、許存德等人的許多作品，例如：〈與尊三、國楨、拱五三君子話舊〉、〈次魏國楨見貽原韻〉、〈喜國楨、筱顏枉顧客居〉、〈偶成次林尊三韻並贈國楨〉、〈由田中至嘉義車中書所見〉、〈秋日過北斗與黃殷榮話舊〉、〈春日偕存德、以倫、萱草重遊開元寺〉、〈喜存德、以倫見過客居賦贈並以送別〉等詩作；稍後出版的《鹿江集》中也可見到如：〈春夜蘭社諸賢留飲〉、〈偕蘭社諸子遊普興寺〉、〈過蘭社陳近鶴留飲並邀遊北斗〉、〈北斗螺溪吟社留宴〉、〈賦贈黃鏡軒〉、〈喜作舟見過兼懷見賢〉〔註134〕、〈訪徐見賢歸後卻寄〉〔註135〕、〈過生春醫院歸後賦寄作舟〉〔註136〕、〈二月十四日過永靖訪作舟見賢〉〔註137〕、

〔註132〕 以《詩報》所見為例，如：昭和 6 年（1931）11 月 1 日 23 號頁 6 課題〈遊武靈山靈寶寺〉邀請吳望雲擔任詞宗；昭和 6 年（1931）12 月 1 日 25 號頁 7 課題〈蟬〉、昭和 10 年（1935）6 月 15 日 107 號頁 10 課題〈春望〉，同年 7 月 1 日 108 號頁 8 課題〈詩囊〉等邀請魏國楨擔任詞宗。

〔註133〕 《臺日報》報導：昭和 4 年（1929）7 月 27 日午後一時至九時興賢、蘭社、螺溪三社聯吟，本次由蘭社主催，假吳望雲半樵居開會，擬題〈水車〉。詞宗蔡子昭、吳步初。社長魏國楨、社員吳望雲等共吟友計 36 人。

《臺日報》報導：昭和 4 年（1929）10 月 27 日興賢、蘭社、螺溪聯吟，本次由蘭社主催，假吳望雲半樵居開會。

〔註134〕 〈喜作舟見過兼懷見賢〉，見《鹿江集》古詩部頁 18。

〔註135〕 〈訪徐見賢歸後卻寄〉，見《鹿江集》古詩部頁 28。

〔註136〕 〈過生春醫院歸後賦寄作舟〉，見《鹿江集》古詩部頁 29。

〈作舟服官壽辰以詩索和次韻致祝〉〔註138〕等諸作。大量的作品顯示了梅樵與南彰化地區詩社、詩友的密切過從與交情。

可以說，梅樵多次參與興賢吟社的情況，反映了他個人與興賢吟社深緣的個別現象，而同時也呈現了梅樵與彰化地區詩社廣泛而密切交遊的一個縮影。

（二）菱香吟社

彰化地區是施梅樵詩社活動的中心區，全臺詩社中，梅樵參與最多的，首為興賢，次屬菱香。二者可稍作比較，以顯其異同。

但若是僅以《詩報》所見梅樵參與記錄來看，前者 53 次，後者 52 次，僅是錙銖之別，其實此二社的活動力皆屬旺盛。惟興賢吟社得力於文獻保存豐富，並得公開周知，資料始得較為完備。菱香吟社則除《詩報》之外，尚未得見有其他輔助參酌的文獻，以致所知活動有現，總數因遜一籌。由此可證文學史料保存之重要性！

日治時期興賢吟社的經營，得力於社長黃溥造的勉力投入，積極建樹，有鮮明的強人色彩。相對於菱香吟社，呈現的是另一種趨向於閒適的特色。這可以從幾方面進行比較：

1、社長作風

兩位社長的性格不同，詩社的經營作為自然也大意其趣。菱香吟社社長何策強，在地方政務上、商務上都很活躍，他經營東新製材工廠，曾任溪湖鎮農會理事長、總幹事，亦商亦農亦政，經營有成。他既身為菱香吟社社長，也同時跨足興賢吟社加入成為社員。凡此顯示了何氏外向活潑，善於經理的性格。而興賢吟社社長黃溥造，以倡儒、尊佛、興詩聞名而備受尊崇，他是一位專職的塾師，對興賢書院與詩社的事務全力以赴，頭銜雖少，但以人格風範為地方稱許。

2、詩 題

兩位社長的不同作風，也反映在詩社歷次詩題的命名上。僅以梅樵所曾參與兩社活動時的詩題抽樣來看（參見：「**施梅樵參與興賢吟社活動一覽表**」、「**施梅樵參與菱香吟社活動一覽表**」）：

〔註137〕〈二月十四日過永靖訪作舟見賢〉，見《鹿江集》古詩部頁29。
〔註138〕〈作舟服官壽辰以詩索和次韻致祝〉，見《鹿江集》七言律詩部頁26。

（1）興賢吟社有懷古尊聖類的詩題，如：〈謁宣聖廟〉、〈謁寧靖王墓〉、〈過吳鳳墓〉、〈黃鶴樓懷古〉、〈讀桃花源題後〉等，而此類題目則幾未見於菱香；

（2）若菱香吟社會出現具有現代性的詩題，諸如：〈撞球〉、〈消防組〉等，興賢則幾乎未見。

可見菱香吟社在新事物的接受度上是比較高的，而興賢吟社的傳統、保守色彩則十分鮮明。

3、詩會活動

梅樵有〈首夏望日過菱香吟社彤雲邀余及傳心秋陽策強飲於東芳旗亭〉[註139] 詩有云：

> 娟娟月色逢三五，菱香詩壇誰盟主。循例望夜共攤箋，
> 一詠一觴聚吟侶。風流叔度惠然來，主賓聯歡忘溽暑。
> 攜手同登東芳樓，紅粉兩行欣得所。開懷暢飲且飛觥，
> 惜非其時罷歌舞。佳人拇戰逞奇才，發聲如雷汗如雨。
> 座客敗北默無言，娘子一軍洵勇武。……

指出他是「循例」參與菱香吟社，是常態性地于每月望日攤箋聯吟，並且鮮明地描繪出詩會的召開地點在紅粉相伴的東芳樓，既詠且觴同樂。這番景況與興賢吟社舉開例會於端肅的書院之內，氛圍大大迥異。菱香吟社常見為社員喜慶舉開擊缽或徵詩，此類舉動興賢則很少。

4、著 作

興賢吟社合作舉辦臺中州聯吟會，又出版詩社詩集，而菱香則未見有此類舉動。可見興賢吟社在漢學傳承上的強烈使命感，促使他在文教上的作為較具計畫性，也比較積極。

諸如以上各項的比較，可以看到兩個詩社的調性走向有相當大的差異。歸納可說：興賢吟社在強人專注領導下，以鮮明的教化使命感，催動詩社全體動力的集體延續，有意志地建立以詩社為單位的歷史。菱香吟社則以詩社作為社員的交誼中心，以漢詩寫作切磋聯繫群體之功。

[註139]《詩報》昭和18年（1943）6月7日，第297號頁2。刊於詩壇。

表 3-9　施梅樵參與菱香吟社活動一覽表

序	日　期	詩　報　號　頁	題　目	活動形式	梅樵品第	備　註
1	昭和 10 年 11 月 03 日	116 號頁 13	繡幕牽絲	徵詩	詞宗	社友何挨君令三弟吉席紀念 106 號頁 1 徵詩啓事 113 號頁 2 徵詩揭曉
2	昭和 11 年 04 月 02 日	126 號頁 19	晨興	（課題）	左詞宗	
3	昭和 11 年 05 月 15 日	129 號頁 17	撞球	（課題）	左詞宗	
4	昭和 11 年 06 月 15 日	131 號頁 17	搖扇	（課題）	左詞宗	
5	昭和 11 年 07 月 01 日	132 號頁 14	春雷	（課題）	左詞宗	
6	昭和 11 年 08 月 02 日	134 號頁 16	消防組	（課題）	左詞宗	
7	昭和 11 年 09 月 01 日	136 號頁 6	荷錢	（擊缽）	左詞宗	丙子五月五日歡迎施梅樵、王淵源兩先生
8	昭和 11 年 10 月 02 日	138 號頁 12	曝栗	（課題）	左詞宗	
9	昭和 11 年 11 月 16 日	141 號頁 17	拔鐵釵	課題	左詞宗	
10	昭和 11 年 12 月 15 日	143 號頁 5	納涼詞	（課題）	左詞宗	
11	昭和 12 年 02 月 02 日	146 號頁 7	廉吏	（課題）	左詞宗	
12	昭和 12 年 02 月 19 日	147 號頁 6	並蒂蓮	（課題）	左詞宗	社員楊得時君令弟新婚紀念徵詩
13	昭和 12 年 03 月 09 日	148 號頁 18	登高	（課題）	左詞宗	
14	昭和 12 年 03 月 21 日	149 號頁 15	探海	（課題）	左詞宗	
15	昭和 12 年 05 月 11 日	152 號頁 11	良姻	（課題）	左詞宗	陳馨君新婚紀念
16	昭和 12 年 07 月 18 日	157 號頁 10	酒旗	（課題）	左詞宗	

17	昭和 12 年 07 月 18 日	157 號頁 10	酒旗	（課題）	左詞宗 擬作	
18	昭和 12 年 08 月 19 日	159 號頁 8	喬遷	（課題）	左詞宗	祝楊連基氏新築落成
19	昭和 12 年 08 月 19 日	159 號頁 8	喬遷	（課題）	左詞宗 擬作	祝楊連基氏新築落成
	昭和 12 年 08 月 30 日	孔教報 11 號頁 30	水聲	擊缽	左詞宗	
	昭和 12 年 08 月 30 日	孔教報 11 號頁 30	水聲	擊缽	左詞宗 擬作	
20	昭和 12 年 12 月 6 日	166 號頁 16	詩興	（課題）	左詞宗	
21	昭和 13 年 01 月 01 日	168 號頁 18	寒山	課題	左詞宗	
22	昭和 13 年 02 月 01 日	170 號頁 21	題麻姑進酒圖	獲選作品	左詞宗	何策強君令萱堂花甲徵詩 152 號頁 1 徵詩啓事 161 號頁 1 徵詩揭曉
23	昭和 13 年 02 月 20 日	171 號頁 16	曉粧	課題	左詞宗	
24	昭和 13 年 04 月 17 日	175 號頁 9	曼倩桃偷	擊缽	左詞宗	祝董事何策強氏令萱堂六十誕辰擊缽錄
25	昭和 13 年 04 月 17 日	175 號頁 9	曼倩偷桃	擊缽	右一左避	祝董事何策強氏令萱堂六十誕辰擊缽錄
26	昭和 13 年 05 月 3 日	176 號頁 8	雪中送碳	課題	左詞宗	
27	昭和 13 年 05 月 22 日	177 號頁 6	美人關	課題	左詞宗	
28	昭和 14 年 04 月 01 日	198 號頁 13	祝楊連基氏赴大陸發揮	（課題）	天詞宗	
29	昭和 14 年 04 月 01 日	198 號頁 13	祝楊連基氏赴大陸發揮	（課題）	天詞宗 擬作	
30	昭和 14 年 11 月 17 日	212 號頁 14	天姥峰	獲選作品	左詞宗	幹事劉時燠氏令萱堂祝壽 206 號頁 1 徵詩啓事
31	昭和 15 年 10 月 18 日	234 號頁 23	旅鴈	（課題）	詞宗	

32	昭和 15 年 10 月 18 日	234 號頁 23	旅鴈	（課題）	詞宗擬作	
33	昭和 17 年 03 月 18 日	268 號頁 17	春菊	壬午元夕擊缽吟錄	詞宗	
34	昭和 17 年 03 月 17 日	268 號頁 17	春菊	壬午元夕擊缽吟錄	擬作	
35	昭和 17 年 04 月 20 日	270 號頁 17	花朝雨	花朝擊缽錄	詞宗	
36	昭和 17 年 05 月 20 日	272 號頁 20	落花	暮春望日擊缽錄	左詞宗	
37	昭和 17 年 06 月 21 日	274 號頁 12	假面具	擊缽	左詞宗	
38	昭和 17 年 10 月 10 日	281 號頁 21	秋蟬	擊缽	詞宗	
39	昭和 17 年 10 月 26 日	282 號頁 14	釣魚	課題	左詞宗	
40	昭和 17 年 11 月 10 日	283 號頁 22	讀書燈	課題	左詞宗	
41	昭和 17 年 11 月 25 日	284 號頁 17	水月	擊缽	左詞宗	
42	昭和 17 年 12 月 21 日	286 號頁 19	老馬	課題	左詞宗	
43	昭和 18 年 02 月 01 日	289 號頁 13	眉月	課題	左詞宗	
44	昭和 18 年 02 月 21 日	290 號頁 16	秋江泛月	課題	左詞宗	
45	昭和 18 年 03 月 10 日	291 號頁 15	菊癖	課題	詞宗	
46	昭和 18 年 03 月 23 日	292 號頁 16	獵犬	課題	左詞宗	
47	昭和 18 年 04 月 06 日	293 號頁 17	佛前燈	課題	左詞宗	
48	昭和 18 年 05 月 09 日	295 號頁 20	田家多日	課題	左詞宗	
49	昭和 18 年 06 月 07 日	297 號頁 16	歲暮感懷	擊缽	左詞宗	
50	昭和 18 年 06 月 25 日	298 號頁 18	拜歲蘭	課題	左詞宗	

| 51 | 昭和 18 年 07 月 27 日 | 300 號頁 26 | 假山 | 課題 | 左詞宗 | |
| 52 | 昭和 19 年 01 月 01 日 | 308 號頁 26 | 旅況 | （課題） | 左詞宗 | |

註：（　）表原作未標示，由筆者擬推者。

第四節　漢詩教學

施梅樵於光緒 19 年（1893）24 歲考上秀才，隔年甲午（1894）戰起，再隔年乙未（1895）割臺成為定局，科舉仕途至此一夕斷絕，無可挽回。如此無法預想的巨變，對於從小被視為才子的他而言，無異是晴天霹靂，是其內心一生都無法釋懷的夢魘。當時已經家道中落的他，於是就憑藉著常為人所讚譽的詩文才華，開始設帳教授漢文。他在詩壇的聲望甚高，頗受歡迎，同時也為著現實經濟的需求，應邀馳赴全臺各地，僕僕於風塵之間。

一、教學類型

施梅樵一生以漢文教學為主要職業，設帳各地，可謂桃李天下。梅樵的教學生涯始於何時？目前所見資料中，尚未能見到明確的訊息。惟，梅樵自明治 28 年（1895）奉祖母之命返回臺灣之後，當時施家已經家道中落，完婚多年且身為長子的梅樵，極有可能需要分擔家計，或者在此時期前後，便逐漸開始了設帳授學。

以梅樵教授的對象來看，就目前所得資料歸納，可以分成以下六種型態：

（一）書房教學

施梅樵的書房教學，主要是應各地私塾之請，前往從事教授漢文。以目前資料所見前往之處，如：

1、南投草屯

草鞋墩街（今草屯舊名）名紳李春盛〔註140〕素來注重漢文教育，繼敦請鹿港名師洪月樵之後，於明治 44 年（1911）4 月又邀請施梅樵來草屯，至其宅邸（約在今明正里）為家族及鄉里中子弟，開班教授漢文，時間大約半年。〔註141〕當時的學生年紀較小，其中一位為草屯詩人張玉書養子、當時年僅七、

〔註140〕李春盛，生於 1880 年 12 月 7 日，卒於 1950 年 12 月。
〔註141〕見洪敏麟主編《草屯鎮志》頁 626。草屯鎮：草屯鎮志編纂委員會，1986 年

八歲的張深切。張深切後來回憶他的私塾時光，寫下〈上大人〉〔註142〕一文，提到對洪月樵的崇敬，對施梅樵的印象是：

> 施老師比較年輕，文雖不及洪老師（棄生），詩卻可以媲美。他的教學不嚴。教室常鬧得沒有秩序。在他教授的期間，我覺得沒有什麼進步。雖然《幼學瓊林》也讀完了，但讀的是什麼，完全不懂。

雖然讚賞梅樵詩歌，但對教學部分的評價卻是負面的。

2、嘉義溪口

大正4年（1915）5月應嘉義打貓南堡雙溪口區長張進文（天佑）之邀，〔註143〕來嘉擔任西席，教授漢學。

3、彰化二林

文獻收藏家許明山先生曾經表示〔註144〕：施梅樵名氣大，很多地方仕紳富戶會邀請他來教授子弟或成人學習漢詩漢文。梅樵應二林富紳來教學時，白日大家上班，晚上便來梅樵處上課。於是當地文人便常利用白天或假日拜訪梅樵，切磋詩學，或請其書法，互動很好。由於梅樵常來，和旅館老闆金塗都成了好朋友。

4、彰化田中

田中區長、保甲聯合會長陳坤輝〔註145〕，是地方上熱心公益的實業家，同時也是田中蘭社社員〔註146〕，建宅院題曰「茗園」。與施梅樵相交甚篤，梅樵詩集中頻見二人往來詩歌，例如：昭和15年（1940）之前的〈題陳坤輝小築〉〔註147〕；昭和15年（1940）的〈茗園小集呈醉雲君〉〔註148〕；昭和16

12月。

〔註142〕見《張深切全集·卷一·里程碑·上大人》頁82。臺北：文經出版社，1998年1月。

〔註143〕據施梅樵戶籍資料，嘉義縣溪口鄉戶政事務所提供。又張進文事蹟參邱麟翔《嘉義縣鄉賢錄》，《嘉義文獻》14期頁48～55，1983年7月。

〔註144〕據筆者採訪二林鎮許明山先生口述記錄，2008年3月5日。

〔註145〕見林進發編著《臺灣官紳年鑑》第56頁。臺北：民眾公論社，1934年10月四版。

〔註146〕陳坤輝，曾任田中（地方制度實施前）區長、田中庄第一區委員、第十二保保正等職務，是經營漢藥種商的實業家，熱心地方事務，襄贊蘭社社務甚多，又長期贊助《詩報》。詳見林翠鳳〈田中蘭社百年史——一個區域文學史的史料建構實例〉，《東海中文學報》16期頁345～407，2004年7月。

〔註147〕見《鹿江集》頁18。原收錄在黃洪炎《瀛海詩集》頁255，題作〈過茗園賦贈陳坤輝〉，臺北市：臺灣詩人名鑑刊行會發行，昭和15年（1940）12月。

年（1941）〈遇雪滄君偶成〉〔註149〕、〈壽陳坤輝五十〉〔註150〕等。而兩人的交情其實開始得更早一些〔註151〕，昭和4年（1929）7月7日《臺灣日日新報》〔註152〕上披露一則〈人事〉動態，報導內容寫道：

> 現住彰化街鹿港郡施梅樵氏，此回受員林郡〔註153〕田中庄人陳坤輝
>
> 氏之聘請，定自來八日起，每日曜日在陳宅教授詩學。

梅樵應陳坤輝之邀，擬於每週日（日曜日）前來田中庄陳宅教授詩學。雖然並未明言教授對象，但不論學生年齡長幼，必然都是書房家教式的教學了。

5、彰化和美

昭和9年（1934）《詩報》上曾刊登「和美　謝荻村」所撰〈捲濤閣諸門人詩集序〉〔註154〕一篇，引人注目。雖未能詳知作者「謝荻村」之生平，但這篇序文中謝荻村尊稱梅樵為「夫子」，又謂「吾黨上體師意，爰各蒐羅諸作」，顯示：《捲濤閣諸門人詩集》的確實存在與即將付印，此一詩集幕後推手也正梅樵本人。也顯示了梅樵在和美一帶曾經設帳授學，並且桃李成林。以早期交通不便，書房學子常是地方村里間的同鄉，因此以謝荻村〈捲濤閣諸門人詩集序〉為提示，可推知梅樵曾於和美地區開班教學。

輔證是：昭和年間，梅樵已經定居彰化街。彰化與和美緊鄰，地理上的來往便利。梅樵與和美詩壇地區早有互動。例如：昭和6年（1931）10月25日，道東書院舉行朱文公祭典及建碑除幕儀式，晚間舉開擊缽吟會，梅樵即

〔註148〕《詩報》昭和15年3月20日，220號頁14。題下原註：「拈魚韻」。又見《風月報》107期頁32，昭和15年4月15日。

〔註149〕《詩報》昭和16年6月4日，第249號頁2。刊於詩壇。

〔註150〕見《鹿江集》頁47。陳坤輝，清光緒18年（1892）5月23日生於田中庄。見林進發編著《臺灣官紳年鑑》第56頁。臺北：民眾公論社，1934年10月四版。五十大壽恰為昭和16年（1941）。

〔註151〕陳坤輝與梅樵應早在大正14年（1925）之前就已經相識往來了。因為據筆者推考：《捲濤閣詩草》所收錄詩歌的年代，大約是梅樵五十六歲（大正14年，1925）之前的中壯年時期的作品。（詳本論文第三章第一節）而〈坤輝留飲即事仍疊前韻〉收在《捲濤閣詩草》頁80，則此詩之寫作必然早於大正14年，二人之相識當然也就早於1925年了。

又，梅樵與陳坤輝及田中詩友的互動，昭和12年9月《孔教報》11號〈騷壇消息〉可為一參考。

〔註152〕見《臺灣日日新報》第10495號4版，昭和4年（1929）7月7日。

〔註153〕「郡」字原文作「人」字，於義不通，筆者擬以「郡」字代之。

〔註154〕見《詩報》昭和9年3月15日77期頁8。

擔任左詞宗。〔註155〕至昭和 10、11 年（1935～1936）間，梅樵尤其頻繁地擔任和美道東書院詩會詞宗〔註156〕，幾乎是凡《詩報》上有見道東書院詩詠，即可見梅樵，顯示他與包括道東書院在內的和美詩友的合作良好而密切。

6、南臺中

戰後初期民國 35 年（1946），施梅樵致詹作舟書信曾提及〔註157〕：

> 愚現在南臺中老松町一目丁鈴蘭樓上教授生徒，其宿舍在櫻町二丁
> 目五番地，係借居並貼伙食。

「南臺中老松町一目丁」大約在今臺中市南區，觀其記述應似漢文專班。

類似的講學在臺中南屯區也有，同在民國 35 年（1946）梅樵有〈南屯新集吟會偶作〉〔註158〕，詩末自註：

> 於每星期到南屯講解，現十餘人，以後定有增加，每星期九點乘自
> 動車往，午後三點歸臺中，似不辛苦。

上述兩處的詩學班一在市區，一在屯區，應該是同時期之間進行的。戰後初期臺灣社會風行中國熱，或許此亦是這股風潮中之一例。

（二）夜　學

施梅樵曾經在大墩（今臺中）夜學教授漢文。這是依據張麗俊《水竹居主人日記》大正 5 年（1916）2 月的記載〔註159〕。然並未詳述夜學的相關背景。

梅樵大約於同一時期時也在豐原地區教授夜學。同樣出自於張麗俊日記的記錄。時任下南坑第一保保正的張麗俊（1868～1941），當時為梅樵的到來，曾賦〈喜晤梅樵先生奉呈〉〔註160〕一詩歡迎之，其云：

> 斗山才學早高華，東箭南金兩足誇。
>
> 鹿島羣英推巨擘，鯤洋庶士仰方家。

〔註155〕見《臺灣日日新報》昭和 6 年（1931）10 月 28 日，第 11331 號 4 版。

〔註156〕檢閱《詩報》，其中所見梅樵參與道東書院的詩會記錄有：昭和 10 年 4/15、6/15、10/1、11/3、11/18、12/1 六期，昭和 11 年 1/1、2/15、5/1、7/16、11/16、12/2 六期，密集程度可見一斑。

〔註157〕見張瑞和編《詹作舟全集・三・書信雜文篇、施梅樵書信（五）》頁 211。永靖鄉：詹作舟全集出版委員會，2001 年 11 月初版。

〔註158〕見張瑞和編《詹作舟全集・四・傳統詩篇・上》頁 394。

〔註159〕見張麗俊著、許雪姬等解讀《水竹居主人日記》大正 5 年頁 304。臺北：中央研究院近代史研究所，2001 年 8 月初版。

〔註160〕見張麗俊著、許雪姬等解讀《水竹居主人日記》大正 5 年頁 306。

　　人爭採玉師崧切，我愛拋磚望蝦奢。

　　長冀蘆墩施夜雨，春風桃李盡開花。

詩中對梅樵名聞三臺的才學和聲望，十分推崇，因此深望能嘉惠葫蘆墩（豐原）夜學學子，讓桃李春風，教學皆有所得。

　　梅樵在夜學中教授的情況，並未見其他相關資料。但當時梅樵「醉墨堂」於臺中綠川旁開業，又於豐原、大墩兩地教授夜學，與豐原臺中吟友時相往來。從張麗俊日記中即可見到其門生數位，有：門人楊漢欽、黃茂盛、英深喜、袁錦昌、王叔潛、蔡梓舟等。

（三）詩社指導

　　詩社除了是詩人切磋、聯誼的組織，也是觀摩學習的機關。或是例課，或是擊缽，或是敦請高明評賞指教。茲舉顯例如下：

1、埔里櫻社（1932）

　　先是梅樵來到山城教授漢學，繼而就其門人之能詩者，於昭和 10 年（1935）成立詩社〔註161〕，他一手創辦、組織，社員乃其學生，除了偶爾擔任詞宗〔註162〕之外，梅樵更是當然不二的社團指導老師。

　　當櫻社一週年時，包括陳景賢、趙曉東、黃秋霖、楊肇源、楊少波、林宇義、施雲梯等社員學子們，以〈埔里櫻社創立一週年感懷〉〔註163〕的閒詠詩作，紛紛提到一年來的用功與收穫，例如詩云：

　　一入師門志益堅，研磨有願倏經年。

　　自慚未解推敲力，也結騷壇翰墨緣。（陳占峰）

　　百歲光陰撚指邊，青燈苦讀已週年。

　　放懷祇解吟詩樂，羣怨興觀意未圓。（王語聖）

由詩意推知：櫻社成立的第一年其實是在老師的帶領之下，研修詩學。經過一年的苦讀勤學終能綴字成詩，分享同好，的確是甘苦有味，令人欣慰。

〔註161〕賴子清〈古今臺灣詩文社（二）〉（《臺灣文獻》11 卷 3 期頁 74～100，1960年 9 月）載「民國二十五年成立詩社」，是比實際晚了一年。應予修正。

〔註162〕例如：埔里櫻社主催丁丑春季中部聯合吟會，詩題〈春日登虎頭山〉，施梅樵與莊太岳分任左、右詞宗，《孔教報》昭和 12（1937）年 3 月 6 號頁 29。又《詩報》昭和 12 年（1937）8 月 1 日 158 號頁 9，詩題〈曉行〉，施梅樵、陳子敏分任左、右詞宗。

〔註163〕見《詩報》147 期頁 18 頁，昭和 12 年（1937）2 月 19 日。

2、白沙吟社

大正 15 年（1926）白沙吟社社長楊英梧偕同仁特地南下府城敦請梅樵返鄉主講，梅樵記述道：

> ……時余家居臺南。英梧、雪若過訪，勸余歸，主講席。余與白沙吟社誼關桑梓，詎敢推辭？又得楊宗堯、楊玉衡、楊心靈、楊全、楊英梧諸君子極力鼓舞，得以成其事。爰於丙寅春初中澣〔註164〕移硯斯地。……〔註165〕

白沙吟社以清代白沙書院（今彰化孔廟）為社址，就地由詩社辦理詩學班與書學班，由施梅樵主持講席。對於能夠返鄉育英，服務桑梓，梅樵內心也懷抱著一份期許。為此他特別親自撰成絕句八首並揮毫寫成《施梅樵先生書帖》，作為學習的帖子和教本。他且看他八首之三：

> 依舊名稱示不忘，詞場旗鼓亦堂皇。
> 吾儕各有扶輪責，挖雅揚風豈淺嘗。（六）
> 文明人物尚詞華，島瘦郊寒各自誇。
> 力為斯文存一脈，偏師制勝願尤賒。（七）
> 牛耳由來乏主盟，中年猶有故鄉情。
> 歸巢卻似含泥燕，佇看群雛養育成。（八）

梅樵胸中素來懷抱的民族意識，在前朝的儒學聖殿——白沙書院舊址上，能夠重新張揚詩幟，格外顯得意義非凡。也藉期待著詞華文明，揚風挖雅，力保斯文一脈之續存，共扶正道大輪之前進。

（四）入門教授

向梅樵行拜師之禮成為門下弟子者，所知有竹塹曾文新。曾文新《了齋詩鈔》中回憶了當年那一段特殊的機緣，云：

> 實為日據時代，昭和 7 年春（民國廿一年）環島詩人聯吟大會開于竹塹，前清茂才施梅樵先生，由竹塹前輩鄭香圃先生陪同來訪，拙喜甚。遂同暢飲于東門凌雲閣酒家。席間，施茂才欲試我詩力高低，當場命拙成律詩一首助興。拙思索頗幾久，在酒酣耳熱之際詩成，施茂才看到頷聯曾曰：豈敢。看到五六兩句即大圈而特圈。至於轉結二語，向拙笑曰：可造之才也。當場答應收為門下弟子。拙拜謝

〔註164〕丙寅年乃大正 15 年（1926）。中澣即中旬。
〔註165〕施梅樵《施梅樵先生書帖》，彰化：楊英梧發行，大正 15（1926）年 6 月。

　　者再。從此以後，遂以師生之禮行之。

上述歷程頗有古風再現的雅趣。那首令梅樵動心的詩歌，就是收錄在曾文新
《了齋詩鈔》中的〈竹塹喜晤施梅樵先生〉〔註166〕，詩云：

　　喜見春風客刺投，塹城高會續盟鷗。
　　英名已振三仙島，大手還推五鳳樓。
　　花侍吟筵曾識面，山迎才子也低頭。
　　程門倘遂遊楊願，敢把新詩當束脩。

詩中頗寄褒譽，又託其孺慕之情，企求從學的誠意溢於言表，梅樵歡喜之餘
當場答應收爲弟子，遂成就了一段佳話。

（五）機關學校教席

　　日治時期縱橫於書房與詩社之間的梅樵，大約在戰後初期則轉而積極的
同時在各機關、學校之間擔任教席。年近八旬猶如此奔波，實在是他經濟上
的迫切需要所催逼。他與老友詹作舟往來書信中並不諱言。根據目前所見書
信文件顯示的機關學校包括有：

1、臺灣銀行

　　施梅樵書信（一）：「近日有臺銀員言，臺銀欲聘教漢文，每日一點鐘，
每月束脩參千，愚因鹽中已許之，不便再許臺銀。」年度未詳。

2、鹽水中學、臺北大學

　　施梅樵書信（四）：「新任鹽水街中學校長，專欲聘愚爲教員，……。愚
思臺北大學每月五、六千圓而已。……」約在1946～47年間。

3、臺中省立圖書館

　　施梅樵書信（六）：「近日洪炎秋、莊垂勝二君，薦愚爲臺中省立圖書館
顧問，並爲講師。」時在1947年。

4、彰化中學

　　施梅樵書信（九）：「近日已接省教育廳許恪士先生薦函，已受彰化中學
校長陳榆山先生聘請。」〔註167〕時在戰後初期。

〔註166〕曾文新《蕉窗聞話》，轉引自氏著《了齋詩鈔》頁24。臺北：龍頭山房，1991
　　　　年12月。
〔註167〕以上書信均收在張瑞和編《詹作舟全集・三・書信雜文篇》，（一）見頁207、
　　　　（四）見頁210、（六）頁212、（九）頁215。永靖鄉：詹作舟全集出版委員
　　　　會，2001年11月初版。

5、彰化女中

梅樵病逝翌日，時台灣省參議會議長黃朝琴隨即親筆寫下便條函辦，謂：「省立彰化女子中學教員施梅樵為前清秀才，矢志忠貞，身後蕭條，請函請教育廳從優予救恤。」〔註168〕

（六）詩妓教讀

在日治的特殊時代背景下，秦樓楚館找來老師教詩，或妓女向老師問學，曾經蔚為一股學習漢詩的風尚〔註169〕，甚至有所謂詩妓的出現，知名者如王香禪、小雲英、奎府治等。當時施梅樵即曾因教導妓女有成而數度為報紙報導。例如：

> 臺南市新町酒杯亭妓女荷香，及玩春園支店阿桂，性好讀，自二年前從施梅樵氏學習詩文，每日殷勤誦讀，無少休息。妓女中能得如此好學，其志誠可嘉也。（《臺灣日日新報》）〔註170〕

> 阿桂，字香蟾，年二十，愉快樓藝妓。性淫詩賦，文雅可愛，殷勤款客，財念甚輕。該妓，施梅樵之女弟子也。受業數年，智惠卓絕，頗有詩妓之狀態。（《臺南新報》）〔註171〕

> 邇來文風稍振，漢學漸興。無論學界生徒，年年增加。學級加額，甚至本島娼寮妓女，就捲濤閣施梅樵氏之私學者，計有數人。（《臺南新報》）〔註172〕

梅樵詩妓弟子的作品至今難尋，惟見荷香曾於梅樵即將離開臺南返彰時，作〈次梅樵夫子留別原韻〉〔註173〕，其詩云：

> 眉頭鎮日鎖深愁，襟袖今朝有淚留。
> 葵藿有心親絳帳，飛花無意戀揚州。
> 師恩雖厚羞難報，我命如斯志未酬。

〔註168〕此檔案原件今藏臺灣省諮議會。並見「數位典藏聯合目錄」，網址：http://catalog.digitalarchives.tw/dacs5/System/Exhibition/Detail.jsp?OID=1516677。此則承臺灣師範大學國文系許俊雅教授提供，謹此誌謝。

〔註169〕參呂明純〈西風殘照，漢家陵闕──日據時期臺灣藝旦的文化傾向及其影響〉：http://www.srcs.nctu.edu.tw/cssc/essays/10-2.pdf

〔註170〕見《臺灣日日新報》1926年2月7日4版〈赤崁特訊‧文雅可嘉〉。

〔註171〕見《臺南新報》8188號〈詩妓脫籍〉。

〔註172〕見《臺南新報》8161號〈店員好學〉，1924年11月7日5版。

〔註173〕見《臺南新報》8626期6版，大正15年（1926）2月15日。

別酒一杯憑遠送，文旌到處足遨遊。

離愁別緒絲絲牽縈，眞是溫婉委曲，無限柔情。

二、弟子名錄

梅樵設帳教授漢學，大約長達五十年的時間。其春風桃李遍布天下，勢難勝數。吾人盡力從各種文獻中蒐羅，將可以確認彼此師生關係者，逐一載明證明文獻及其出處，並略加簡介詩文成果，自北而南彙整序列，目前計得101 位。期能以此呈現弟子群像，並彰揚梅樵畢生春風化雨的育才之功。

001、**臺北陳友欽**。《鹿江集》出版時，大書「文章氣節」四字爲出刊題詞。

002、**中壢古少泉**。以文吟社社員，有〈席上敬呈施梅樵夫子〉（《詩報》307 期頁3）。

003、**中壢朱傳明**。以文吟社副社長，有〈喜施梅樵夫子枉顧〉（《詩報》307 期頁3）。

004、**竹塹曾文新**，字東農〔註174〕，號小多郎，昭和 7 年（1932）全島詩人大會召開於竹塹，拜爲門下弟子。〔註175〕後遷居花蓮，著《了齋詩鈔》。有〈竹塹重晤施梅樵老夫子喜贈〉（《孔教報》1 卷 3 號頁 30）。

005、**竹塹鄭幼香**。梅樵有〈送鄭幼香鄭玉田之香港〉：「紈袴年來習已除，壯遊此日有琴書」句，見《捲濤閣詩草》頁 51。以鄭氏豪門之姿，施梅樵極可能爲其師尊，方能有此訓勉之語。

006、**竹塹鄭玉田**。梅樵有〈送鄭幼香鄭玉田之香港〉：「紈袴年來習已除，壯遊此日有琴書。」句，見《捲濤閣詩草》頁 51。

007、**銅鑼某老門人**。見《詹作舟全集・三・書信雜文篇》頁 217。

008、**豐原袁飲湘**。以門人身份擔任施梅樵《捲濤閣詩草》校正（頁 1）。

009、**豐原楊漢欽**。從梅樵於葫蘆墩夜學。見《水竹居主人日記・四》（頁 313）。

010、**豐原黃茂盛**。從書記業。從梅樵於葫蘆墩夜學。見《水竹居主人日記・四》（頁 313）。

011、**豐原英深喜**。從梅樵於葫蘆墩夜學。見《水竹居主人日記・四》（頁 313）。

012、**豐原袁錦昌**。從梅樵於葫蘆墩夜學。見《水竹居主人日記・四》（頁 313）。

〔註174〕《詩報》昭和 10 年 1 月 15 日，97 號頁 8。
〔註175〕曾文新《了齋詩鈔》頁 24 轉載其自著《蕉窗閒話》。臺北：龍頭山房，1991年 12 月。

013、**豐原廖柏峰**。梅樵有〈豐原訪柏峰〉(《鹿江集》頁 51)〔註 176〕。富春吟社
社長。

014、**臺中楊子青**。梅樵有〈冬夜東京庵席上偕楊子青李櫻航同作〉(《捲濤閣詩草》
頁 21)〔註 177〕。

015、**臺中李榮煌櫻航**。以門人身份擔任施梅樵《捲濤閣詩草》校正 (頁 1)。梅
樵有〈冬夜東京庵席上偕楊子青李櫻航同作〉(《捲濤閣詩草》頁 21)。

016、**臺中蔡梓舟說劍**。梅樵有〈梅村梓舟來訪〉(《鹿江集》頁 52)。臺中東墩吟
社創社長。

017、**彰化楊樹德笑儂**。有〈對酒二首謹次梅樵夫子原玉〉(《詩報》74 期頁 4)。
應社社員、白華吟社社長。

018、**彰化王友芬蘭谷**。《鹿江集》〈贊助者芳名〉(頁 136)、有〈敬步梅樵夫子留
別原韻〉(《臺南新報》8634 期頁 6)。彰化宿儒王義貞次子,詩文之友社長,
中國詩文之友發行人。

019、**鹿港施石甫**。爲梅樵族侄。亦從學之,擔任施梅樵《捲濤閣詩草》校正 (頁
1)。

020、**鹿港施廉讓甫**。爲梅樵族侄。亦從學於其門下之,以門人身份擔任施梅樵《捲
濤閣詩草》校正 (頁 1)。加入大冶吟社,又與施性湔創辦聚鷗吟社,擔任
社長。淬礪吟社社員,應聘指導大成漢文研究會、大成吟社、二林漢文研究
會等,主編《鹿江集》,著《讓甫詩稿》。亦擅書法。參《彰化縣文學發展史》
(頁 250)。

021、**鹿港施性湔瀧如**。加入大冶吟社,與施讓甫、施江西、施一鳴並稱「鹿港四
施」,又與施讓甫創辦聚鷗吟社,擔任總幹事、淬礪吟社創社員。參《彰化
縣文學發展史》(頁 251)。

022、**鹿港陳子敏勉之**。梅樵有〈子敏一鳴見過喜賦〉(《鹿江集》頁 19),大冶吟
社社員。後移居臺中。

023、**鹿港施炳揚一鳴**。《昭和皇紀慶頌集》(頁 85)。梅樵侄,大冶吟社社員。

024、**鹿港王一儂警秋**。梅樵有〈勉王一儂有作〉(《鹿江集》頁 131)。潮社社員,
擅書法金石,著《紅豆館詩草》。

〔註 176〕 〈過豐原芳谷招飲感作〉,原題作〈過豐原與叔潛柏峰話舊適國芳招飲有感而
作〉,《詩報》昭和 18 年 (1943) 6 月 25 日,298 號頁 3。
〔註 177〕 「青」,《彰化縣文學發展史》頁 105 誤作「清」,應改。

025、**鹿港粘漱雲**。《鹿江集》〈贊助者芳名〉（頁 135）。

026、**鹿港尤書竹**。《鹿江集》〈贊助者芳名〉（頁 135）。

027、**鹿港王養源哭厂**。有〈敬題施梅樵夫子鹿江集卷後〉（《鹿江集》頁 138）。創設鹿港鐘樓吟社、芸香室吟社。後移居臺東，加入寶桑吟社，著《夢寄樓詩草》、《鹿江感舊集》。

028、**鹿港王叔潛墨仙**。有〈施梅樵夫子以詩見示次韵奉和〉（《臺灣日日新報》6009號 3 版）。大冶吟社社員，後移居豐原，創立豐原（富春）吟社，擔任社長。

029、**鹿港吳東河**。《彰化藝文》（頁 68）。半閒吟社社員，書法家，精勘輿，經營裱褙業。

030、**鹿港葉榮鐘**。有〈我的幼年時期〉（手稿）〔註 178〕。幼年隨梅樵習漢文，曾擔任林獻堂通譯兼私人秘書，創辦《南音》雜誌。

031、**員林陳木川牧村**。梅樵有〈寄懷牧村賢同學〉（《鹿江集》頁 131）。興賢吟社總幹事，業土地代書。

032、**和美謝荻村**。有〈捲濤閣諸門人詩集序〉（《詩報》77 期頁 8）。

033、**二水許江**。《鹿江集》〈贊助者芳名〉（頁 135）。

034、**二水陳古鍼**。有〈祝施夫子孔教報創刊〉（《孔教報》3 號頁 28）。

035、**溪湖楊連基楚石**。有〈次梅樵夫子玉韻〉（《詩報》165 期頁 22），有〈小築落成承梅樵夫子子敏先生暨諸吟侶惠臨喜賦〉（《詩報》160 期頁 12），菱香吟社社長。

036、**溪湖尤瑞**〔註 179〕。有〈次梅樵夫子原玉〉（《詩報》165 期頁 22）。菱香吟社社員。

037、**花壇劉時煥傳蔾**。有〈次梅樵夫子原玉〉（《詩報》165 期頁 22）。菱香吟社幹事，曾任保正，業醫。

038、**草屯張玉書笏山**。有〈喜門人張玉書過訪寓齋賦此示之〉（《捲濤閣詩草》頁 43）。〔註 180〕經營腦館致富，曾加入櫟社、東墩吟社等，著《笏山詩草》。

〔註178〕清華大學圖書館典藏。並見「數位典藏聯合目錄」，網址：http://catalog.digitalarchives.tw/?URN=2708149。

〔註179〕黃洪炎《瀛海詩集》頁 217 有「尤世瑞」一名，爲菱香吟社創社社員，並膺理事。未詳是否即《詩報》之「尤瑞」？抑或《瀛海詩集》「世」爲衍字？關疑暫存。《詩報》284、289 號另見有尤世瑞者，未知是否爲同一人？

〔註180〕張玉書參考：《彰化縣文學發展史》頁 105、張子文、郭啓傳、林偉洲撰文《臺

039、**草屯洪元煌**。有〈喜梅師偕玉書德六二君見過〉、〈梅師偕諸友中秋前二日見過即次瑤韻〉。(《碧山吟社詩稿》第 18、86 首〔註 181〕)

040、**南投張深切**。《張深切全集・卷一・上大人》(頁 81)〔註 182〕。著名文藝家、演劇家,張玉書養子,著《遍地紅》等。

041、**南投張聰岳雪崖**。《彰化縣文學發展史》(頁 105)。南陔吟社社員。經商為巨賈。梅樵有〈次雪崖韻〉(《鹿江集》頁 37)。

042、**集集黃雪樵**。有〈喜施可白夫子遙臨謹呈短古四篇〉(《詩報》313 號頁 5)。集賢、南陔吟社社員。

043、**屯楊嘯霞**。《彰化縣文學發展史》(頁 105)。

044、**埔里邱榮習**。櫻社創社吟會〈秋夜賞月〉(《詩報》119 期頁 3)。櫻社社長,曾設書房執教。亦加入集萍吟社。

045、**埔里王梓聖**。(1913～1997) 學名語聖,字心齊,號碧龍。年 18 師事梅樵於櫻社。光復後設塾於孔廟,重振櫻社。有〈埔里櫻社創立一週年感懷〉(《詩報》147 期頁 18)。著《王梓聖詩集》〔註 183〕 (1997 年 2 月)。

046、**埔里陳占峰南要**。有〈埔里櫻社創立一週年感懷〉(《詩報》147 期頁 18)。櫻社社員。

047、**埔里陳景賢**。有〈埔里櫻社創立一週年感懷〉(《詩報》147 期頁 18)。櫻社社員。

048、**埔里趙曉東**。有〈埔里櫻社創立一週年感懷〉(《詩報》147 期頁 18)。櫻社社員。

049、**埔里黃秋霖**。有〈埔里櫻社創立一週年感懷〉(《詩報》147 期頁 18)。櫻社社員。

灣歷史人物小傳・明清暨日據時期》頁 417~418,臺北市:國家圖書館,2003 年。

〔註 181〕 1999 年九二一大地震,草屯洪元煌古宅不幸塌陷,意外出土洪元煌親筆所寫的《碧山吟社詩稿》與《雪峰詩集》。參考陳文松〈從傳統士人到「近代青年」的文化交錯與轉換──「不倒翁」洪元煌與草屯碧山吟社──〉,收在《異時空下的同文書寫──臺灣古典詩與東亞各國的交錯國際學術研討會會議論文集》頁 156,成功大學文學院主辦,2008 年 11 月 29～30 日。

〔註 182〕 見《張深切全集・卷一・里程碑・上大人》頁 81。臺北:文經出版社,1998 年 1 月。

〔註 183〕 《王梓聖詩集》,作者家屬出版,1997 年 2 月。〈王梓聖簡歷〉:「師承施秀才梅樵老師」。

050、**埔里楊肇源**。有〈埔里櫻社創立一週年感懷〉(《詩報》147 期頁 18)。櫻社社員。

051、**埔里楊少波**。有〈埔里櫻社創立一週年感懷〉(《詩報》147 期頁 18)。櫻社社員。

052、**埔里林宇義岳葶**。有〈埔里櫻社創立一週年感懷〉(《詩報》147 期頁 18)。櫻社社員。

053、**埔里施雲梯**。有〈埔里櫻社創立一週年感懷〉(《詩報》147 期頁 18)。櫻社社員。

054、**埔里趙長春**。櫻社創社吟會〈秋夜賞月〉(《詩報》119 期頁 3)。櫻社社員。

055、**埔里欽鶴**。櫻社創社吟會〈秋夜賞月〉(《詩報》119 期頁 3)。櫻社社員。

056、**埔里陳韻青**。櫻社創社吟會〈秋夜賞月〉(《詩報》119 期頁 3)。櫻社社員。

057、**埔里進春**。櫻社創社吟會〈秋夜賞月〉(《詩報》119 期頁 3)。櫻社社員。

058、**埔里宜生**。櫻社創社吟會〈秋夜賞月〉(《詩報》119 期頁 3)。櫻社社員。

059、**竹山何鐵鋒**。有〈過彰化謁施梅樵夫子〉(《詩報》52 期頁 13)。

060、**西螺何孔昭**。有〈春日訪梅樵夫子竝晤諸君子僅依原韻〉(《臺灣日日新報》4923 號 3 版)。

061、**嘉義施天福**。《鹿江集》〈贊助者芳名〉(頁 135)。

062、**嘉義陳雲翔**。《鹿江集》〈贊助者芳名〉(頁 136)。

063、**朴子楊爾材近樗**。澎湖人，乙未後渡臺，定居朴子。曾任司法書士。大正 9 年 (1920) 與日籍東石郡守森永信一起創設樸雅吟社，擔任社長。以門人身份擔任施梅樵《捲濤閣詩草》校正 (頁 1)。有〈敬次梅樵夫子留別韻〉(《臺南新報》8653 期頁 10)。著《近樗吟草》。

064、**義竹周文俊國彬**。有〈對酒敬次梅樵夫子瑤韻〉(《詩報》74 期頁 4)。創設竹音吟社，亦岱江吟社社員。

065、**鹽水黃金川**。《金川詩草》梅樵撰〈序〉、有〈壽施梅樵老夫子六秩令旦〉(頁 1、137)。年十八遊於梅樵門下。月津吟社社員，著《金川詩草》。〔註184〕為黃朝琴、黃朝碧胞妹。

066、**鹽水黃朝碧補青**。(《臺南新報》8225 號)。月津吟社社員。

〔註184〕關於《金川詩草》版本的變化，請參林翠鳳〈黃金川《金川詩草・續編》原稿本的發現〉，《東方人文學誌》1 卷 1 期頁 139～172，2002 年 3 月。

067、臺南王傳池棄人。(《臺南新報》8225 號)

068、臺南黃蒼園。(《臺南新報》8225 號)

069、臺南王模。(《臺南新報》8225 號)。醫生。

070、臺南周登梯。(《臺南新報》8225 號)

071、臺南楊雲龍。(《臺南新報》8225 號)

072、臺南王臥蕉。《鹿江集》〈王臥蕉留飲〉(頁 45)。

073、臺南陳有田。《鹿江集》〈贊助者芳名〉(頁 135)。

074、臺南林申生。《鹿江集》〈贊助者芳名〉(頁 136)。

075、臺南許韻梅。梅樵有〈韻梅女弟子寄詩詢及近況次韻答之〉(《鹿江集》頁 94)。

076、臺南阿桂香蟾。愉快樓藝妓(《臺南新報》8188 號〈詩妓脫籍〉)。

077、臺南阿桂。玩春園支店女校書(《臺灣日日新報》9252 號 4 版〈赤崁特訊・文雅可嘉〉)。

078、臺南荷香。有〈次梅樵夫子留別原韻〉(《臺南新報》8626 期頁 6)。新町酒杯亭女校書。

079、臺南林延年。有〈將赴大陸敬呈梅樵夫子斧削〉(《臺南新報》8282 期頁 9)。

080、臺南黃宗垣。有〈次梅樵夫子留別原韻〉(《臺南新報》8620 期頁 6)。

081、臺南黃建安。有〈次施梅樵夫子留別瑤韻〉(《臺南新報》8624 期頁 60)。

082、臺南王秋笙。有〈敬次梅樵夫子留別瑤韻〉(《臺南新報》8662 期頁 6)。

083、路竹林子香。《鹿江集》〈贊助者芳名〉(頁 135)。

084、路竹蘇文禛。《鹿江集》〈贊助者芳名〉(頁 135)。

085、屏東楊顯達敬亭。有〈敬步施梅樵夫子春日過屏東韵〉(《臺灣日日新報》10390 號 4 版)。

086、屏東尤鏡明。有〈敬步施梅樵夫子春日過屏東韵次韻〉(《臺灣日日新報》10390 號 4 版)。

087、屏東薛玉田種藍。有〈敬步施梅樵夫子春日過屏東韵次韻〉(《臺灣日日新報》10390 號 4 版)。

088、潮州蔡元亨登龍。有〈敬步施梅樵夫子春日過屏東韵次韻〉(《臺灣日日新報》10390 號 4 版)。擅書法,以雙管齊下聞名。

089、洪伯初世禎。「爲捲濤樓詩弟子」（許天奎《鐵峰詩話》〔註 185〕）。梅樵有〈秋日得洪世禎書詩以答之〉（《捲濤閣詩草》頁 126）。

090、劍英女史。梅樵有〈寄質劍英女史〉（《捲濤閣詩草》頁 68）。女校書。

091、蕉元亭。有〈對酒敬和梅樵夫子玉韻〉（《詩報》74 期頁 4）。

092、青木姿森。有〈次梅樵夫子七十述懷韵〉（《詩報》224 期頁 4）。

093、梅村。梅樵有〈梅村梓舟來訪〉（《鹿江集》頁 52）。

094、陳秋農。有〈祝施夫子孔教報創刊〉（《孔教報》1 卷 3 號頁 28）。

095、李玉斯。有〈祝孔教報創刊並呈施梅樵夫子〉（《孔教報》1 卷 5 號頁 13）。

096、趙作霖。有〈敬步施梅樵先生瑤韻〉〔註 186〕（《孔教報》1 卷 10 號頁 13）。

097、周鴻濤。有〈旅次呈梅樵夫子彤雲詞弟〉（《孔教報》2 卷 2 號頁 21）。

098、曾蓮墀。有〈寄懷施梅樵夫子〉（《孔教報》2 卷 4 號頁 20）。

099、丕烈。梅樵有〈喜門人丕烈過訪有賦兼寄懷壽眉叔〉（《臺灣日日新報》5924 號 3 版）。

100、玉輝。梅樵有〈賀玉輝同學得男〉（《孔教報》2 卷 2 號頁 22）。

101、渡邊詞友。梅樵有〈贈渡邊詞友〉：「立雪程門稱弟子，講經渠閣愧先生」句（《臺灣日日新報》4892 號 3 版）

三、爲人師表的教育風範

　　梅樵絳帳春風五十年，植播漢學種子於各地，更栽培詩壇新秀無數，受其學者何止數千！前列確知姓名之諸弟子有 94 人，僅可謂爲九牛之一毛而已。雖然如此，尚可資爲以管窺豹之一徑。梅樵的育英生涯，就是日治臺灣的五十年餘。在異族統治下教授漢文，梅樵是否有其從事漢文教育的精神宗旨或理想？他又如何落實漢文薪火相傳的時代使命？

　　歸納所見，吾人認爲梅樵在以下兩方面的作爲，展現了他個人的教育風範。

（一）以民族精神為教育主旨

　　過去科舉時代以國家政策爲最高指導，從書院到私塾，都貫徹著較爲一

〔註185〕許天奎《鐵峰詩話》頁 5，收在《鐵峰山房唱和集》，臺中州：博文社印刷商會，昭和 9 年（1934）6 月。

〔註186〕趙作霖〈敬步施梅樵先生瑤韻〉有云：「……黃卷浸淫知學富，絳帳坐久作師尊。……」

致的教育導向。爲了通過考試，取得功名，不論塾師或學子，也都會趨向於去接近或認同。學子們從活潑未定到符合國家科舉要求的思考與書寫，這其中的雕琢關鍵，就是教師。教師透過教導閱讀、批閱詩文等，在思想上塑造價值觀、人生觀等，在書寫上訓練出詩文賞讀與創作的能力。

乙未割臺之後，臺灣原來準備舉業的文人頓失前程，雖然日本政府讓人民自由選擇要不要留在臺灣，但絕大多數的文人還是繼續在這個島嶼上世代相守。文人失去了科舉仕宦的途徑，爲了謀生，很多人轉業，或從醫，或從農，或從商，其中一大部分是以原有的學識爲憑藉，擔任漢文教學或服務，如：私塾教師、富紳西席、巨戶書記等。

日本政府接收臺灣之後，挾明治維新之餘威，採行現代化的新式教育制度，完全取代了清代原有的府縣儒學、書院、義塾等體制和設施，科舉取士的傳統完全廢止，只有原本即盛行於臺灣民間的書房教育仍然存在。民間自動地設置書房，請漢文老師教讀傳統經典、學作詩文，使臺灣子弟仍能識漢字、說漢語、讀漢書、寫漢文、作漢詩，藉此將傳統語文傳遞給下一代。更重要的，是在指導寫作及批改詩文時，除了在美感藝術上字斟句酌之外，更將傳統漢文化的觀念、認知、價值、精神等，在一點一滴的潛移默化中，灌輸或扭正於學子們的人生思考中。

在日治前期此一風尚仍普遍盛行，對塾師們存在著一定程度的需求。而藉由準備仕宦者的大量轉入從事教育，再由於受到日本統治激發出來對漢文的危機感，臺灣在日治時期的書房教育，雖經歷盛衰起伏，但一直到日本結束統治臺灣爲止，漢文書房始終未曾眞正滅絕。〔註187〕這不僅在傳統教育上做出了延續的貢獻，更對傳統文化在臺灣的香火傳續、漢族意識的傳播與凝聚，都產生了可觀的影響。肩負此一工作的塾師們，實在具有不容抹煞的功勞。

面對著日本以異族入主臺灣，又大力推動同化和新式科學教育的現實局面，站在傳承漢文的最前線，梅樵是以什麼態度來面對世局、面對學生呢？他在其〈六十初度放歌述懷〉〔註188〕詩中表明心跡道：

〔註187〕參考吳文星〈日據時代臺灣書房之研究〉，《思與言》16 卷 3 期頁 2～89，1978年 9 月。又吳文星〈日據時期臺灣書房教育之再檢討〉，《思與言》26 卷 1 期頁 101～132，1988 年 5 月。
〔註188〕原刊於《臺灣日日新報》10589 號 4 版，昭和 4 年 10 月 10 日。又收錄在《鹿江集》頁 14。

委巷壯士氣激昂，欲談時事爲掩口。……

生成傲骨自嶙峋，未敢徇人以枉己。

蜈蚣蜆蠃半人間，傾家沽名驕鄉里。

旁人爭笑沐猴冠，靦然面目不知恥。

妬忌還多婦女心，只好大言欺孺子。

我與若輩久割席，防却穢氣污杖履。

老夫嫉惡本如讐，詎以乞憐日搖尾。

梅樵很清楚這是一個強霸扭曲的時代，多少人爲干求名利，拋名改姓在所不惜。但他更清楚作爲一個讀書人、臺灣人，不能忝不知恥。即使不富不貴，功業無成，也要堅持讀書人的傲骨，是非正邪分明。他羞於沽名釣譽，看不起搖尾乞憐、詔媚逢迎的作爲。這是一篇人格表白的宣言，坦露了自己憤世嫉俗的不群。以如此認知分明的態度面對世局，吾人所見便是一個絕意仕進，詩酒人生的梅樵，而學子們所受到的教誨和薰陶，也自然以精神氣節爲重了。

梅樵的得意門生楊爾材（1882～1953）四十歲時曾撰句寄贈，其中提到：「滄桑便覺文章賤，憂憤拚將筆硯焚。夜聽雞聲頻起舞，攤書怕讀送窮文」、「自笑生來多傲骨，誰憐窮處不低頭」、「牢騷只爲愁中積，富貴都從夢裏求」〔註189〕……他有滿腹理想與熱情，卻深感世亂文章賤，距離富貴是那麼遙遠！現實生活的貧困讓人憂愁，楊爾材詩中透露出人至中年的煩憂與惶恐。而身爲老師的梅樵以〈近樗四十初度有詩次韻祝之〉〔註190〕如此回應云：

英雄未遇耐艱辛，得失分明視一塵。

飽閱白雲蒼狗變，恥爲俯首折腰人。

放懷眞覺乾坤小，遯世翻嫌骨肉親。

紈袴何曾皆餓死，此生貽誤是儒巾。

梅樵以其飽閱世事的高度，告訴爾材：得失等灰塵，不必太掛心。心寬了，天地就大了，世事變化快速難料，生活一時的困頓事小，此生既然身爲讀書人，就要有傲骨志氣，「恥爲俯首折腰人」，不能隨風搖擺，短視近利。他還說：「末俗心傷狐假虎，大淵眼見獺殿魚。平生未敢論成敗，一任行雲自卷舒。」不幸身當亂世，難論成敗，尋其究竟，還是應該堅定道心，一任良知而行，才眞能在天地間安心自在。梅樵此詩與其說是勸慰，不如說是在教導

〔註189〕見《捲濤閣詩草》頁53。

〔註190〕見《捲濤閣詩草》頁52。

訓勉。他看到了爾材的不安與懷疑，而以超越世俗名利的道德氣節，諄諄勸勉，砥礪其弟子的心志。可見梅樵不僅是詩學的經師，更是一位苦心孤詣的精神導師。

梅樵用心於精神教育，受教學子們所體會到的漢文學習的重要性又是什麼呢？梅樵學生謝荻村在爲《捲濤閣諸門人詩集》所寫的〈序〉〔註 191〕文中的一番闡述，可以作爲代表，他說：

> 凡物之有係於世道人心，而爲興衰之關鍵者，無不各適其勢之用也。若能極其致以盡其妙，則世道人心之復古，可接踵而奏效也。……如詩之一道，正適其勢之一大關鍵也。……今之爲詩者，蓋見夫漢學之衰頹，……幸賴老宿輩，起而鼓吹之，藉詩學爲導引，後生小子，一時響應，漢學漸覺有復興之勢。此乃由詩學善於權用，爲漢學一線之延。故知詩學以興，則漢學以存，詩學以頹，則漢學以索，此必然之理也。

這段話頗能得梅樵興揚詩教的心意，對詩學之於漢學的重要聯繫關係，闡述得十分詳明。詩學不只是一門文字創作的藝術，更重要的是在此時代趨勢中，傳統詩歌正代表著世道人心盛或衰的關鍵，是漢學存續或頹毀的香火種子。詩歌本身的藝術呈現不是最主要的考量重點，能不能有更多人教授傳揚、更多人接續學習，這民族文化薪火相傳的期望，才是最精粹的意識與使命。

換句話說，漢詩在日治時期是漢文化的具體符碼，是民族意識凝聚認同的象徵，讓這個符碼的存在基礎擴大，意味著漢文化消失的可能性可以絕對減小，臺灣人不被異族同化的韌性可以繼續延伸。不論是教詩的老師，抑或學詩的弟子，在這一份理念上的共識愈強，振興世道、復古人心的成效愈鮮明，抗衡於此一濁世的力量才能更強大。因此，傳統詩學不僅是遺老們懷舊的慰藉，也是此一時代作爲文化抗日的重要武器。

門人子敏與一鳴遠道來訪，小酌閒談間梅樵仍不忘期勉叮嚀，其〈子敏一鳴見過喜賦〉〔註 192〕詩云：

> ……談詩藉以遣愁悶，薄酌殊愧酒非醇。方今國家正多難，宜葆〔註 193〕元氣奮精神。相逢一語莫吾瞋，手撥劫灰救斯民。

〔註 191〕見《詩報》昭和 9 年 3 月 15 日 77 期頁 8。

〔註 192〕見《鹿江集》頁 19。

〔註 193〕「葆」，守也，通「保」字。《史記‧天官書》:「主葆旅事。」《索隱》:「葆，守也。」

師生三人飲酒談詩，藉以發抒牢騷愁悶，但梅樵沒有忘記長存心中的使命，要學生別怪他嚴肅，他還是要強調：不能懷憂喪志，要好好振奮元氣精神，一定可以廓清濁惡塵世，挽救同胞百姓。梅樵筆下的「葆元氣奮精神」，既指個人小我，也喻指民族大我。而如何能「手撥劫灰救斯民」？正是他們所談論的「詩」，因為詩歌是日治時期漢文化的元氣象徵。振奮漢詩的精神，就是振興漢文化活氣的關鍵手法。

　　梅樵對民族精神的維繫念茲在茲，時刻牽縈於心，因此總見他隨機地提醒學子們毋忘漢詩之於世道、民族的重要性。他的諄諄教誨相信對學生們必然產生潛移默化的效果。門人謝荻村就形容他「於世道人心時縈方寸，痛斯文之委地，慷慨悲歌」〔註194〕。而其弟子青木姿森在〈次梅樵夫子七十述懷韻〉〔註195〕尤其鮮明地描繪出他眼中的師尊圖像，其詩云：

　　蓬萊麗島有先生，孔教宣傳仗老成。
　　開口無邪明大義，化人以正見深情。
　　顏筋善畫身猶健，王法能遵夢不驚。
　　晨夕步趨難遂願，陽春許和最光榮。（一）

　　壽算纔登七十年，遍栽桃李已三千。
　　吟成佳句傳諸子，育就英才輔聖天。
　　秦火焚餘勤補綴，歐風吹急費周全。
　　憑公隻手狂瀾挽，不憚精神志浩然。（二）

　　樂天知命韜胸襟，流水清風善審音。
　　世上人情同楮薄，腹中道義等淵深。
　　三山奇樹鍾靈秀，一線斯文喜未沉。
　　雅誨諄諄誰可及，玲瓏一片濟時心。（三）

此題雖是次韻之作，卻是以學生的立場，描繪出一個清高持正，不與世俗同流的人格圖像。青木筆下的梅樵老師對興儒倡詩不遺餘力，以無邪大義、正見深情開導教化眾弟子。無懼於日人烽火的殘暴毀壞，也無懼於疾疾而來的歐美新風潮，梅樵力挽狂瀾的浩然志氣，贏得學子溢於言表的敬佩之意。即使在人情澆薄的現實生活中，他也不喪失對道義的堅持，和對延續一線斯文

―――――――――――――

〔註194〕見謝荻村〈捲濤閣諸門人詩集序〉，《詩報》昭和 9 年 3 月 15 日 77 期頁 8。
〔註195〕見《詩報》昭和 15 年（1940）5 月 21 日 224 期頁 4。

的香火情。這樣的老師具有諄諄不懈的高度熱情，和匡時濟世的玲瓏婆心，因為有他的講學宣教，而得以孔道張揚，詩吟朗朗，蓬萊寶島似乎也揚起了更多的希望和光明。

梅樵的民族氣節還表現在生活中。他一生未曾接受過日本人所給予的任何職位，甚至連當日本人的漢文老師都拒絕。梅樵妻子施李却曾經驕傲地告訴兒孫：日本時代同時一起有幾位先生在關帝廟教漢文，日本人來取締，禁止所有塾師教學，但唯一不敢取締梅樵。甚至日本人還敦請梅樵教他們漢文，但梅樵保持一貫的態度，始終都推辭。〔註196〕

臺灣受到日本殖民統治五十年，而傳統文化仍然得以盎然，其中一大部分可以歸功於站在文化傳承第一線、為臺灣文化的存續默默付出的許多漢學先生們。而施梅樵正可以是一個典型的代表。梅樵不僅以他詩歌創作的造詣聞名三臺，也以他對民族精神的努力宣倡，贏得詩友、門生，甚至是日本人的尊敬。

（二）鼓舞詩社詩教，傳承漢學薪火

梅樵一生寫詩，也以半百歲月教人讀寫漢詩文。漢詩是他心靈情感的最重要出口，也是他藉以讓民族意識得以傳揚宣倡的最主要工具。只要不斷的有人寫詩、吟詩，民族文化就可以傳續於後世，漢人香火就可以不斷絕。這是多麼卑微的期望，卻也是日治時期臺灣傳統詩壇普遍的共識。詩社，正是這股共識的具體化實踐，更是維繫傳統文化精神傳承的關鍵。

梅樵對於詩社設立的意義，頗為看重。臺中敦風吟社成立時，他在擊缽賀詩〈敦風吟會發會誌盛〉〔註197〕中曾說：

……起衰具有扶輪志，復古休為袖手人。

曲學原應思斥逐，正聲豈忍聽沉淪。……

句句聽來擲地有聲，梅樵眼中的詩社是起衰、復古的大機關，詩社中人應該要有斥曲學、揚正聲的使命感。這樣的詩社當然是積極入世的，有捨我其誰、力挽狂瀾的壯志。也因此，詩社不能只作為避世遣懷的消極聯誼中心，重要的工作，是應該將漢學、詩學推展出去，讓社會人心受到薰陶、教化及導正。

詩社，可說是梅樵在親自教學之外，落實其漢文薪火相傳使命、與社會

〔註196〕據筆者記錄施景明、施林錦霞夫婦訪問稿，2008年6月16日於彰化施宅。

〔註197〕《詩報》昭和12年6月8日，154號頁16，右二左避。中州敦風吟會創社擊缽吟會首唱，左詞宗施梅樵、右詞宗張玉書。

人士連結推廣的理想機關。

　　這樣的理想也是日治時期很多臺灣傳統文人的理想。日治時期五十年全臺詩社高達 300 餘個，就足以部份有力地反映出這股時代意志的強烈。而施梅樵正是這個激變時代的自覺先鋒。早在明治 30 年（1897）梅樵就結合有志一同的好友，與洪棄生、許劍漁、蔡啓運等人聯合組織鹿苑吟社，顯示了以文制武、以柔制暴的文化抗日的具體可行性，及其凝聚民族聲氣的顯著功效。當年 28 歲的施梅樵，展現出的青春熱血、桀傲不馴，隨著歲月的推移，不僅沒有消失，還寄望延續到下一代。

　　梅樵本身積極參與於臺灣各地詩社活動，在三臺詩壇受到極高的尊崇。而他的弟子們受到他的鼓舞，加入詩社者比比皆是。而追隨梅樵腳步，在各地教授漢學，接力延續一脈斯文者，更是不乏其人。包括他的兒子也是克紹箕裘，投身於書房教育。其中挺身而出成爲詩社領袖者，爲數也不少，其利益詩壇，於功尤大。例如：

　　1、中壢朱傳明，擔任以文吟社副社長。

　　2、臺中蔡梓舟，創設臺中東墩吟社，並擔任社長。梅樵對後生晚輩是寄予希望的，他曾提示梓舟爲學爲人體會在「詩工從鍛鍊，境逆莫悲哀」〔註198〕，詩要多鍛鍊琢磨才能出色，猶如人也要歷經困境磨練而能不懷憂喪志，才是真正成長。梓舟的前途梅樵是有所期待的，在〈題梓舟小照〉〔註199〕他曾說：「……艱難時世豪宜歛，綺麗才華雅出群。有用身材需護□，請纓他日看終君。」有用之身應該有所貢獻，蔡梓舟後來創設東墩吟社，努力推動中臺灣詩風，梅樵屢屢應邀擔任詞宗，長期給予指導支持，〔註200〕以實際行動展現對學子文學事業的鼓勵。

　　3、彰化王友芬，受到二林洪寶昆（1906～1974）的邀請，擔任詩文之友社社長，又任中國詩文之友社發行人。〔註201〕發行《詩文之友》與《中國詩

〔註198〕〈喜梅村梓舟見過〉，見《詩報》昭和 17 年（1942）11 月 10 日，283 號頁 2。

〔註199〕《臺灣文藝叢誌》第一年第 2 號，大正 8 年（1919）2 月 10 日。

〔註200〕梅樵參與東墩吟社的活動，如在《詩報》上可見昭和 8 年 70 號頁 6〈待菊〉、71 號頁 6〈行腳僧〉；昭和 9 年 12 月 94 號頁 7〈秋晴〉；昭和 10 年 99 號頁 5〈花市〉；昭和 14 年 207 號頁 12〈雙鶴〉；昭和 15 年 219 號頁 8〈種菜〉、220 號頁 8〈賽馬〉；昭和 18 年 288 號頁 10〈夜寒〉、294 號頁 22〈春暖〉、297 號頁 13〈橋柳〉等。

〔註201〕參林翠鳳〈王友芬生平及其詩社活動初探〉，收在彰化縣詩學研究協會主辦《大彰化地區漢詩專題研討會會議論文集》，2008 年 6 月 15 日。

文之友》月刊，連續長達 40 餘年，創下臺灣傳統詩期刊發行時間最久的空前記錄，〔註202〕對戰後臺灣詩壇功勞大矣！

4、鹿港施讓甫，從於捲濤閣門下學習詩文、書法等達 4 年，造就突出的詩書雙藝，早年即加入大冶吟社、淬礪吟社，又與施性湍等聯合創辦聚鷗吟社，前者擔任社長，後者擔任總幹事，攜手爲中部詩壇創立新局。而施讓甫又應聘指導彰化大城地區的大成漢文研究會、大成吟社、二林漢文研究會等，投入甚多，門生甚眾，頗具名氣，有直追梅樵步履之勢。梅樵對讓甫在賞識之餘也寄予厚望，謂「石渠家學誰能繼，望汝生花筆一枝」〔註203〕。

或許二人因爲關係既密切，讓甫才華又突出，梅樵才會在臨終前，將出版詩集的遺願託付給讓甫。而他勉力突破經濟、人力、健康等許多困難，終於能完成《鹿江集》，並付梓公開。〔註204〕不僅告慰梅樵在天之靈，也爲臺灣詩壇留下寶貴文獻，功勞可謂大矣。

5、鹿港施性湍，是一位熱中於詩社活動的青年詩人，從梅樵學詩之後，詩藝大進，先後加入鹿港大冶吟社、淬礪吟社等，在吟會中時出驚人之句。又極富熱情，聯合同好籌組的詩社，昭和 2 年（1927）與施讓甫合組聚鷗吟社，擔任總幹事；昭和 4 年（1929）與王養源創設鐘樓吟社，是專作詩鐘的小型詩社，十分活躍。只可惜天妒英才，以 33 歲（1937）壯年殞落。梅樵以痛失英才的惋惜心情題下弔聯〈輓性湍宗侄〉〔註205〕，謂：「才思比肩吾，正望匠心多著作。年華同賈誼，誰知短命累嚴慈。」確實令人不勝欷噓！

施性湍與施讓甫、施一鳴、施江西都是當時詩壇才子，四人結爲好友，並譽爲「鹿港四施」。四人中性湍、讓甫、一鳴都是梅樵弟子，是新一代青年才俊中的佼佼者，在梅樵詩集中亦頻頻得見往來，直可謂爲名師高徒。在四子交叉參與的諸詩社間，共同的交集之一，是都淵源於梅樵老師。

梅樵在諸子積極參與的大冶、聚鷗、淬礪等詩社多有支持與參與，一方面雖是故里情誼，另一方面也同時是對學子熱情的具體支持。

6、鹿港王養源，創設鹿港鐘樓吟社、芸香室吟社。後移居臺東，加入寶

〔註202〕參林翠鳳〈論洪寶昆與詩文之友〉，收在林翠鳳主編《洪寶昆詩文集》頁 266。彰化市：彰化縣詩學研究協會，2007 年 6 月。
〔註203〕見〈讓甫姪以漫遊即景詩寄慰次韻賦示〉，《鹿江集》頁 105。
〔註204〕參施讓甫〈鹿江集編後語〉，《鹿江集》頁 137。
〔註205〕《詩報》昭和 13 年（1938）2 月 20 日，171 號頁 24。鹿港大冶吟社創社員，生於明治 38 年（1905），卒於昭和 12 年（1937），得年 33 歲。

桑吟社，與對溝通臺灣東西詩壇，出力甚多。

　　7、鹿港王叔潛、豐原廖柏峰，梅樵對這兩位弟子的純眞熱情既欣賞又看重，曾說「舉世方飢渴，吾徒只率眞」〔註206〕、「殘棋待收局，袖手看爭雄」〔註207〕，當此離亂現實之世，能懷抱理想，率眞任事，眞是倍感難能可貴，梅樵詩語中透露著珍惜疼惜。他二人先後擔任豐原（富春）吟社社長，對豐原地區詩風的提倡，關係甚大。梅樵看在眼裡，也深感欣慰，他曾分別賦詩鼓舞道：

　　　　一村春色映吟旌，南陌西疇看晚耕。不負當年深冀望，偶爲霖雨澤
　　　　蒼生。（〈喜叔潛見過〉之二）〔註208〕

　　　　瀟洒原天性，疎狂震一時。……富春蕭索甚，隻手賴維持。（〈豐原
　　　　訪廖柏峰詞友〉之二）〔註209〕

幸得兩位熱情，讓豐原地區詩風拂揚，吟旌高豎，猶如雨潤旱境，利益蒼生。能秉持書生本色勇往直前，疎狂瀟洒而力挽狂瀾，不負爲師深切期許，詩語中既是讚許，也是期勉。

　　8、溪湖楊連基，擔任菱香吟社社長。溪湖尤瑞菱香吟社社員。

　　9、埔里邱榮習，在梅樵指導之下，成立櫻社，擔任社長，又曾設立書房執教。

　　10、朴子楊爾材（1883～1953.10.06），先是設帳開辦書塾於朴子街，大正11年（1922）季秋9月在日籍東石郡守森永信光邀集下，與地方文士黃啓棠、黃傳心等人，聯合創立樸雅吟社，並受推舉擔任社長兼主講。〔註210〕在朴子地區弘揚國粹，鼓吹詩風，維護甚力，其功不可滅。其主持吟社期間，時往邀梅樵與吟社詩友切磋。近樗早在四十歲之前就已經開始問學於梅樵，《捲濤閣詩草》中即已頻見兩人往來詩作〔註211〕。大正11年（1922）詩社成

〔註206〕〈過豐原與叔潛柏峰話舊適國芳招飲有感而作〉，《詩報》昭和18年（1943）6月25日，298號頁3。又收錄在《鹿江集》頁50，改題作「過豐原芳谷招飲感作」之一。

〔註207〕〈過豐原芳谷招飲感作〉，見《鹿江集》頁50。

〔註208〕見《捲濤閣詩草》頁36。

〔註209〕（一）原載《風月報》122期頁21，昭和16年（1941）1月19日。又見《詩報》昭和16年（1941）1月20日，第240號頁8。（一）、（二）收錄在《鹿江集》頁51。

〔註210〕見邱奕松〈樸雅吟社沿革〉，收在邱奕松編《樸雅詩存》頁219，嘉義：嘉義縣詩學研究會，1994年2月。

〔註211〕如：〈寄示近樗〉、〈喜近樗至〉、〈客赤崁寄示近樗〉等，依序見《捲濤閣詩草》

立當年，恰當近樗四十歲之時，梅樵有詩祝之〔註212〕，曾云：

……酒爲懸弧心易醉，詩因傳世稿休焚。

自慚雅誼成師友，尚乏如椽寫大文。

飲酒爲澆愁，寫詩期傳世。這是梅樵的心得，也是對門人近樗的期許。雖然他謙稱兩人亦師亦友，但人可醉眼看世，糊塗安貧，卻仍要保持心眼清明，以文章傳世，「休焚」二字，正表示了他對詩文學之足堪傳世以明志的堅定認同。楊爾材自從擔任樸雅吟社首任社長之後，善誘不倦，忠誠任事，歷達三十餘年，至死而後已。這樣的精神和堅持，或許正是受到梅樵老師精神的感召與鼓舞所致。

梅樵對於弟子願意投身於詩文漢學的傳布，總給予肯定與支持，一如他自己在詩教道路上的堅定勇往，諄諄善誘。不管是雅集唱和，亦或是飲宴酬酢，在放聲高歌、杯光鬢影之間，在風流歡會的笑語之下，內在其實都擔負著悲壯嚴肅的民族情操與文化使命。即使是女弟子，也能薰染於這份濃郁的民族文化情懷，而展現出巾幗氣概，傲然於詩壇。

梅樵親歷滄桑之痛，深體文化危亡的恐懼，他要以堅定不貳的心志，維繫傳統漢學於不斷。這是他對臺灣這片土地深厚淵源的信心與愛護，煥發在外，便是強調民族精神教育，鼓舞詩社詩教。他以一生的身教言教，實踐身爲文人對傳統文化的護衛，而傳承漢學薪火，就成爲梅樵師生間最堅定的默契，一份希望代代相傳下去的文化志業，成爲師出梅樵門下者最爲顯著的特質了。

頁 23、50、66。

〔註212〕見梅樵〈近樗四十初度有詩次韻祝之〉之一，《捲濤閣詩草》頁 52。